免許更新講習から学ぶ教職論

新・教職リニューアル

―教師力を高めるために―

篠原清昭 編著

ミネルヴァ書房

まえがき

　本書は，教員免許状更新講習制度の改正に対応した新しいテキスト及び参考書として刊行された。教員免許状更新講習制度は，平成28年度から「選択必修領域」の導入により，大きくその内容が変更される。

　その変更点は以下のようである。第一にこれまでの「必修領域」と「選択領域」に新たにその中間領域とも言える「選択必修領域」を加えた。第二に，その「選択必修領域」の内容として「教育相談」「進路指導及びキャリア教育」「学校における危機管理上の課題」「学校，家庭並びに地域の連携及び協働」など，新たに七つの事項が設定された。同時に，「必修領域」にも新たに「国の教育政策や世界の教育の動向」の事項が追加された。

　現状では，おそらく各大学等ではこうした教員免許状更新講習内容の改正に対応した取り組みに苦労されていると思われる。新たに追加された八つの事項（「国の教育政策や世界の教育の動向」を含む）の開講については，スタッフの数や専門領域の違いから相当に困難が予想される。また，受講生も「選択必修領域」の事項の選択に悩むことが予想される。

　本書は，そうした状況を想定し，新たに追加された八つの事項を中心に「必修領域」及び「選択領域」の講習に対応できる新たな教員免許状更新講習のテキスト及び参考書として刊行された。本書の編集上の特徴は以下の点にある。

・各事項（専門領域）に関して第一線級の研究者が執筆している。
・体系的な内容構成と平易な記述により事項の全体を整理している。
・図表及びデータを多く掲載し，受講生の視覚的な理解を助ける利用しやすい講習テキストとなっている。
・各章に「学校の民営化」「デジタル教科書の行方」など，最新の話題をテーマとする「コラム」を設け，トピカルな話題提供を行っている。
・各章末に「設問」を置き，試験対応の措置をとっている。
・各章末に「推薦図書」欄を置き，受講生の発展的な学びをサポートしている。

　なお，本書はその内容の広範さから大学における「教職の意義等に関する科目」や「教育の基礎理論に関する科目」としても利用が可能である。

2015年10月22日

編著者　篠原清昭

CONTENTS

まえがき

第1章　日本の教育改革と世界の教育動向　………………………………………篠原清昭…1
 1　学校組織運営：学校運営協議会 …………………………………………………………… 1
 2　校長の属性・資格 …………………………………………………………………………… 4
 3　教師の自己効力感と労働環境 ……………………………………………………………… 6
 4　学校評価 ……………………………………………………………………………………… 6
 5　学力向上策 …………………………………………………………………………………… 9
 Column　学校の民営化……12

第2章　教師の子ども観と教育意識　………………………………………………辻野けんま…13
 1　教職アイデンティティを問い直す ………………………………………………………… 13
 2　学校の使命と教師の職責 …………………………………………………………………… 14
 3　子ども観の変遷と教職専門性 ……………………………………………………………… 17
 4　教職専門性と子ども観・教育意識 ………………………………………………………… 19
 5　教育に寄与する教職専門性へ ……………………………………………………………… 23
 Column　すれ違う〈教育〉と〈成長〉……24

第3章　子どもの発達と特別支援教育　……………………………………………平澤紀子…27
 1　子どもの発達 ………………………………………………………………………………… 27
 2　今日の特別支援教育 ………………………………………………………………………… 29
 3　子どもの教育的ニーズへの対応 …………………………………………………………… 31
 4　学校全体の取り組み ………………………………………………………………………… 33
 Column　担任を支える校内委員会……35

第4章　子どもの生活実態と生徒指導　……………………………………………原田信之…37
 1　自己指導能力の育成：変化の時代の不変の目的 ………………………………………… 37
 2　子どもを取り巻く環境と生活実態の多様化 ……………………………………………… 38
 3　学級担任の役割とカウンセリング・マインド …………………………………………… 40
 4　社会的・経済的環境の変化への対応力を育成するキャリア教育 ……………………… 43
 5　新たな対応戦略としてのスクールソーシャルワーカーとの連携 ……………………… 46
 Column　主体性の顕れとしての「参加」：グループ活動はアクティブな参加を促すツールか……48

第5章　現代社会と学校の変化 ……末松裕基…51

1. 現代社会における学校 …… 51
2. 「改革」の対象としての学校 …… 54
3. 近年の学校の組織運営の課題 …… 55
4. 学校づくりのリーダーシップ …… 57

Column 学校を批判的に考える視点……61

第6章　教育課程とカリキュラムマネジメント ……山﨑保寿…63

1. カリキュラムマネジメントの重要性 …… 63
2. 教育課程の定義とカリキュラムの機能 …… 64
3. 教育課程の基本となる法的根拠 …… 65
4. カリキュラムマネジメントの推進とサイクル …… 67
5. カリキュラムマネジメントのビジョン …… 68
6. カリキュラムマネジメントの要点と課題 …… 70

Column 個に応じた指導の実施状況……73

第7章　教育法の変化と学校法の課題 ……佐々木幸寿…75

1. 教育法の変化 …… 75
2. 学校法という視点の重要性 …… 77
3. 学校でおきている法的な課題への対応 …… 78

Column 新しい行政解釈への期待：勤務場所外研修の位置づけ……83

第8章　学校改善 ……大野裕己…87

1. 環境変動期における「学校改善」の必要性を考える …… 87
2. 学校改善の考え方（視点と構図）をつかむ …… 89
3. 学校改善の方法論を構想する …… 93

Column 学校改善の「ギャップ・アプローチ」と「ポジティブ・アプローチ」……99

第9章　学校における危機管理 ……阪根健二…101

1. 学校の危機管理とは …… 101
2. 危機的状況における対応 …… 103
3. コンプライアンスの視点が重要 …… 105
4. 保護者対応に悩む現場 …… 107
5. 心の危機管理を考える …… 108
6. 個人を責めて終わりでは対策にならない …… 110
7. 出現する新たな危機に対応する …… 111

Column 心のケアとは……112

第10章　教育相談　　　　　　　　　　　　　　　　　　　　　　片山紀子…115

1. 教育相談とは……115
2. 教育相談が抱える難しさ……116
3. カウンセラーとは異なる教師のカウンセリング・マインド……117
4. いじめと不登校にみる課題……118
5. 校内の教育相談体制……122
6. 学校外の相談機関……124
7. これからの教育相談……125

Column 教育相談へのプロローグ……126

第11章　進路指導・キャリア教育　　　　　　　　　　　　　　　若槻　健…127

1. 進路指導・キャリア教育とは……127
2. キャリア教育が求められる背景：子どもたちの進路をめぐる状況……129
3. キャリア教育で育む力：基礎的・汎用的能力とは……132
4. 学校におけるキャリア教育……134
5. 課題と留意事項……136

Column コミュニケーション能力の低下？……137

第12章　学校と地域社会の連携　　　　　　　　　　　　　　　　佐藤晴雄…139

1. 「学校と地域社会の連携」の軌跡……139
2. 地域連携による学校支援活動……140
3. 地域・保護者による学校運営参画……143
4. 学校の情報提供と学校関係者評価……147
5. 考察とまとめ……151

Column 「網戸張り」の学校経営……151

第13章　新たな道徳教育　　　　　　　　　　　　　　　　　　　柳沼良太…155

1. 道徳教育改革の経緯……155
2. 道徳教育の目標……156
3. 道徳科の指導内容……158
4. 道徳科の指導方法……160
5. 道徳科の評価方法……165
6. 今後の課題と展望……166

Column 「読む道徳」から「考え議論する道徳」へ……167

第14章　小学校における英語教育　　　　　　　　　　　　アレン玉井光江…169

1. 小学校における外国語教育の意義……169

2 外国語活動が導入された経緯とその成果…………………………………… 171
　3 教科としての小学校英語の可能性…………………………………………… 176
　Column 他国の小学校英語……179

第15章　国際理解及び異文化理解教育 ………………………………… 臼井智美…181
　1 「外国にルーツのある子ども」の増加……………………………………… 181
　2 教員にとっての異文化理解………………………………………………… 185
　3 児童生徒にとっての異文化理解…………………………………………… 190
　Column 自分と他者を区別する「文化」の機能……193

第16章　教育の情報化 ……………………………………………………… 赤堀侃司…195
　1 教育の情報化と情報教育…………………………………………………… 195
　2 ICTを用いた授業の展開…………………………………………………… 198
　3 情報活用能力の育成………………………………………………………… 202
　4 情報の光と影への対応……………………………………………………… 204
　Column デジタル教科書の行方……206

あ と が き……209
索　　　引……211

第1章 日本の教育改革と世界の教育動向

　本章では，現在の日本の教育改革を対象として，国際比較的な観点でその特性や課題を理解する。ただ，「教育改革」と言ってもその内容は広範なため，学校改革に焦点をあて，学校組織運営，校長の属性・資格，教師の勤務状況，さらに学校評価や学力向上策などを対象とする。

　現在，世界は共通に経済のグローバル化や情報の革新化を求め，それが学校教育の質の向上を求める学校改革の収斂化の現象に表れている。その意味では，諸外国の学校改革の「姿」（状況）を「合わせ鏡」として，日本の学校改革を理解することはより有用性をもつと言えよう。

1　学校組織運営：学校運営協議会

　学校の組織運営の改革は大きくは組織内の再編化と組織外とのオープンな協働化に分かれる。前者は主に新しい学校管理職（副校長，主幹教諭，指導教諭）制度の導入などによる学校運営の企業的マネジメント化をいい，後者は「学校運営協議会制度」の導入による学校と地域社会（学区）との連携・協働化をいう。ここでは，世界的なトレンドである後者をみてみる。

　まず，学校と地域社会（学区）との連携・協働化のための制度である日本の学校運営協議会制度のイメージ（データ1-1）をみてみよう。

　この学校運営協議会制度は，教育委員会の指定により特定の学校に設置され，教育委員会から任命された保護者や地域住民が一定の権限と責任により，学校運営の基本方針を承認し，教育活動について意見を述べ，学校の運営に参加する制度をいう。その主な特徴は，保護者や地域住民が積極的に学校運営に参画し，教育課程の編成や学校予算など学校運営の基本方針に意見を述べ，承認し，教職員の任用に関しても人事権のある教育委員会に意見を述べることにある。

　この学校運営協議会制度が導入された学校（コミュニティ・スクールと呼ばれる）は，現在（2015年4月現在），すでに全国で2389校あり，44都道府県に及び，今後その拡大が教育政策上期待されている。しかし，一方，学校運営の承認や人事への意見など法律上規定された機能については実際に協議されることが少なく形骸化し，また協議会委員の「熟議」が少ないという指摘もある。現在，その制度としての社会的有用性が議論されている。諸外国の例をみてみよう（デー

> データ1-1　学校運営協議会制度のイメージ

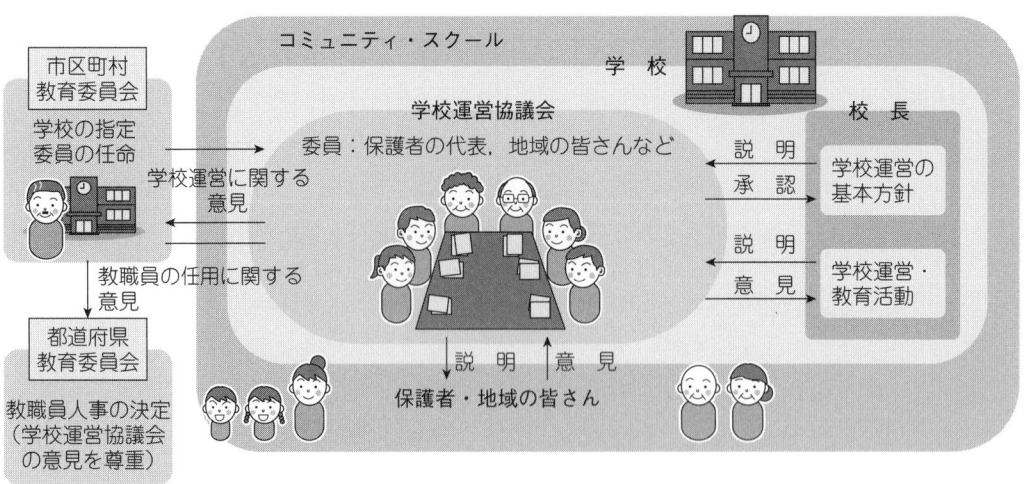

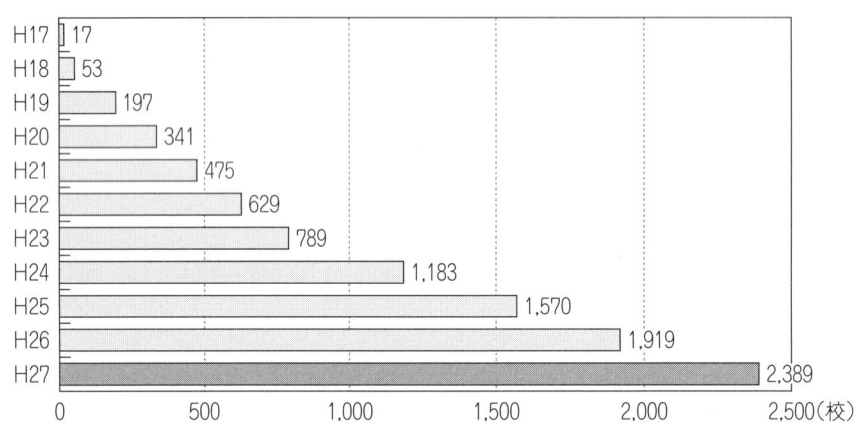

（出所）　文部科学省パンフレット「コミュニティ・スクール」2015年を一部筆者修正。

タ1-2）。

　イギリスの学校運営協議会は「学校理事会」（school governing body）と呼ばれる。その特徴は大きくは学校理事会自体が学校運営の「意思決定機関」（校長はこの場合「執行機関長」）であり，学校予算，人事さらに教育課程の編成などのおよそすべての学校運営事項（85項目）を決定するという点にある。例えば，人事に関しては教員の能力評価から校長や副校長の選考・任命まで行う。イギリスの公立学校は学校理事会の監督（direction）下にあるといえる。なお，学校理事会の構成員には校長，保護者代表・地方当局代表以外に，教職員の中から互選された教職員代表（Staff governor）や理事会で学校運営の専門性を有すると認められた任命理事（Co-opted governor）が全体の3分の1を超えない範囲で（理事総数は7名以上）含まれる。

データ1-2　諸外国の学校運営協議会

イギリス	ドイツ	フランス	韓　国
学校理事会 　教育課程・人事・財務の意思決定を行う。	学校会議 　学校生活，時間割，教室の割振り，学校の行事等の決定に関与する。	学校評議会，管理評議会 　学校の管理運営に関する助言，決定を行う。	学校運営委員会 　学校運営に関する審議を行う。

（出所）文部科学省（2013b, 16-17頁）から抜粋。

　また，ドイツの学校運営協議会は「学校会議」（Schulkonferenz）と呼ばれる。州によりその権限は異なるが，主に校則や休み時間，教室の割振りなどの学校生活，通学路の安全や校内事故防止の取り組みなどの児童生徒の保護さらに林間学校・企業見学などの学校行事を協議し，拘束力のある決定を行う。さらに，その他教科書の採択や学習評価基準などの教育事項や学校の存続・分割・統合や州により校長の選任にも関わるとされる。なお，学校会議のメンバーには教員と保護者以外に（中等教育以上の場合）生徒代表が含まれる。

　一方，フランスの学校評議会・管理評議会や韓国の学校運営員会は，日本の学校運営協議会に類似し，学校運営に関する（意思決定機関ではなく）審議機関として位置づけられ，学校予算案，学校計画や校則の制定，教育課程の運営方法や時間割の編成などを審議する。ただし，すべての公立学校に設置が義務づけられ，その審議結果は最大限尊重される。

　以上のことを総合すると，日本の学校運営協議会は諸外国に比して「審議機関」及び「決定機関」としての権限と機能が弱いと言える。この背景には，実は個々の学校自体に運営上の裁量権が少ないことが理由としてあげられる。

　諸外国の学校の裁量権を比較してみよう。**データ1-3**は諸外国の学校の裁量権の比較をしたものである。これによると，日本は「学習評価」や「生徒規則の制定」など，教育実践上のことがらに関しては，諸外国と同等もしくはそれ以上に個々の学校の裁量権をもつが，「教員採用」，「学校予算」さらに「カリキュラム編成」など組織運営上のことがらについては裁量権が小さい。例えば，「学校予算」や「教員採用」に関して諸外国は個々の学校が独自に編成権や人事権をもつが，日本の場合上級行政庁である教育委員会の権限とされている。一般に，日本の場合教育委員会と学校の関係は「本社と工場」の関係に類似しており，「工場（長）」としての「学校（長）」には，生産ライン（人格形成）に限定されたマネジメントの権限はあるが，ヒト・モノ・カネに関する権限は本社（教育委員会）に統括されているといえる。

　以上のことを総括すると，本来学校（長）自体に裁量権のない「教員採用」「学校予算」などを協議する権限を法定した日本の学校運営協議会は，制度上最初から矛盾を含むものであったと考えることができる。この点，制度上の権限にとらわれない学校運営協議会の機能の見直しが求められる。

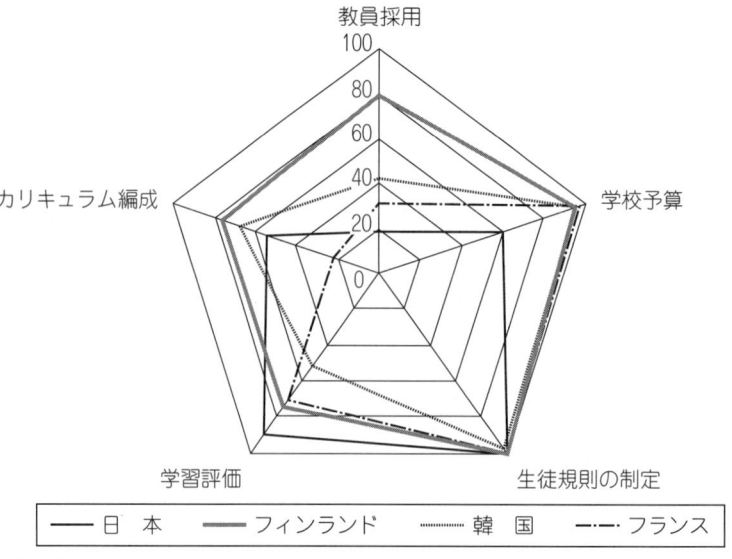

データ1-3 学校の裁量権の国際比較

(出所) 国立教育政策研究所編 (2014a, 74頁) のデータより筆者作成。

2 校長の属性・資格

　学校改革の課題として校長のリーダーシップの強化と教師の自己効力感の向上がある。近年世界共通に学校のリーダーである校長の資質力量の向上は大きな政策課題となっている。実際，日本でも教職大学院による学校管理職養成や教育委員会による学校管理職養成研修の事業化が進行しつつある。また，学校改善の方法として教師集団の協働的組織化が重視され，個々の教師の自己効力感の向上が求められている。

　先に校長の資質力量の前提となる属性（年齢）をみてみる（データ1-4）。

　世界的にみれば日本の校長の平均年齢は韓国と同様に高い（57歳）。このことは，校長職自体が一般教員から研究主任・学年主任さらに教務主任そして教頭職という一定の「徒弟制度」により登用されるという実情による。しかし，一方，その登用年齢は小学校校長54.5歳，中学校校長54.1歳と高く，その分在職年数は短く，1校あたりの勤務年数も小・中学校で平均2.9年と短い（文部科学省「平成25年度公立学校教職員の人事行政状況調査について」2013年）。

　一方，校長の資格については世界ではほとんどの国が校長の資格任用制度を制定し，校長養成制度を整備している。例えば，アメリカは大学等を中心に校長職免許状を授与し，イギリス，中国等は校長職資格認定のための講習による養成を制度化している。この点，日本は逆に民間人校長登用の政策化のための省令改正（2000年）により校長の資格を無資格化した（データ1-5）。具体的には，学校教育法施行規則第20条では校長資格として「教諭の専修免許状又は一種免許状

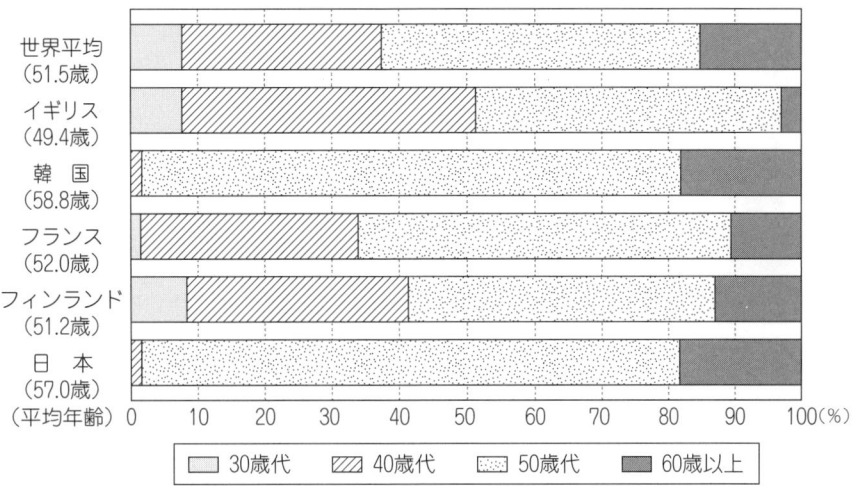

データ1-4　校長の年齢の国際比較

（出所）国立教育政策研究所編（2014a, 94頁）のデータより筆者作成。

データ1-5　日本の校長の資格

> **第二十条**　校長（学長及び高等学校の校長を除く。）の資格は，次の各号のいずれかに該当するものとする。
> 一　教育職員免許法（昭和二十四年法律第百四十七号）による教諭の専修免許状又は一種免許状（高等学校及び中等教育学校の校長にあつては，専修免許状）を有し，かつ，次に掲げる職（以下「教育に関する職」という。）に五年以上あつたこと
>   …（略）…
> 二　教育に関する職に十年以上あったこと
> **第二十二条**　国立若しくは公立の学校の校長の任命権者又は私立学校の設置者は，学校の運営上特に必要がある場合には，前二条に規程するもののほか，第二十条各号で掲げる資格を有する者と同等の資質を有すると認める者を校長として任命し又は採用することができる。

（出所）学校教育法施行規則。

と教育に関する五年以上の経験」もしくは「教育に関する十年以上の経験」を要件として形式上規定するが，同規則第22条では任命権者が学校の運営上特に必要がある場合には裁量により任命できるとした。結果，事実上日本に校長の資格基準はないといえる。

また，日本には校長養成のための研修制度もない。事実上は各地区の校長会によるインフォーマルな研修会や一部の大学あるいはつくば教員研修センター主催の選択的な研修講習はあるが，登用試験につながる学校管理職養成研修はフォーマルには制度化されていない。なお，一部の都道府県には登用試験自体もなく，校長登用の透明性と公正性が問題とされる。今後の日本の学校改善による学校改革においては，単に「教師の教師」あるいは「管理職」ではなく高度専門職（スクールリーダー）としての校長のマネジメント能力の向上が求められており，その早急な制度化が求められる。

3　教師の自己効力感と労働環境

　一方，教師の場合はどうであろうか。近年教師の資質力量の向上のための教員養成制度及び教員免許制度の見直しが政策論として論議されているが，世界的には日本の教師教育制度は相当に高度なシステムとして評価されている。むしろ，課題とするのは教師の日常の実践意識や労働環境にある。

　例えば，学校改善においては校長のリーダーシップのみならず，教師集団の内発的な動機づけと組織的協働化が現在求められる。この場合，個々の教師の「自己効力感」（「自分ならできる感」）がなければ学校改善はスタートできない。その「自己効力感」をみてみよう（**データ1-6**）。

　データ1-6をみると，日本の教師の自己効力感は全体に大きく諸外国を下回る傾向にある。それは，「生徒への学習の動機づけ」や「発問の工夫」といった授業の次元に止まらず，「学級の秩序維持」や「きまりの遵守」など，学級指導の次元にも及ぶ。

　一方，教師の勤務時間については，**データ1-7**の結果となっている。日本の教師の勤務時間は圧倒的に長い。このデータは「通常の1週間」の時間を対象とするものであるが，日本の教師は週末や夜間など就業時間外での仕事時間が多い。また，「勤務」（仕事）の内容については，本来の授業や授業準備さらに採点等の教育活動以外の仕事，具体的には「課外活動」（日本7.7時間，世界平均2.1時間）や「一般事務業務」（日本5.5時間，世界平均2.9時間）の時間が多い。この点，例えばフィンランドの教師は勤務時間が一般公務員に準じて年間1600時間に設定され，終業（授業の終了）とともに子どもたちと同様に帰宅し（授業準備等は自宅で），校長以外の教員には授業時間以外の勤務拘束はない。

　以上の点，教師の多忙感が教育実践の自己効力感に影響を与え，学校改善に負の影響を与えているといえる。教員養成制度及び教員免許制度の見直し等の制度改革よりも，教師の労働条件の改善が強く求められる。

4　学校評価

　世界的に学校改革の方法・手段として現在最も期待されている制度が学校評価といえる。日本の学校評価の種類と内容は以下のようである。（**データ1-8**）

　その種類は「自己評価」「学校関係者評価」さらに「第三者評価」の三種類に及ぶ。この場合，「自己評価」は当該学校の教職員による内部評価であるが，児童生徒の授業評価アンケートや保護者・地域住民への学校評価アンケートの実施等により，「他者評価」性を加味したものとなっている。また，「学校関係者評価」は基本的には外部評価であり，保護者や地域住民等を「学校関係者」と位置づけ，学校の「自己評価」の結果と次年度への学校改善の方向性を透明性と妥当性により外部評価する。さらに，「第三者評価」は学校と当事者性をもたない学校運営における

第1章 日本の教育改革と世界の教育動向

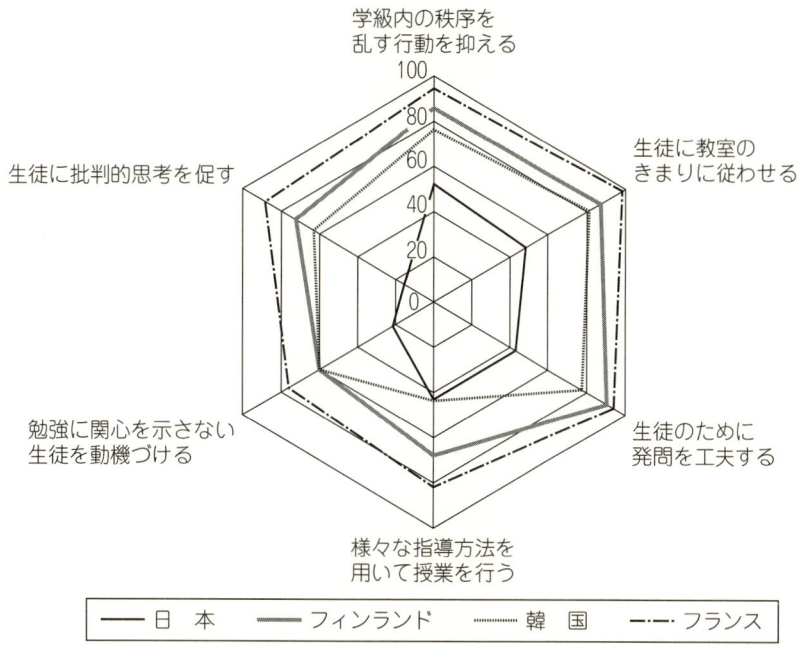

データ1-6 教師の自己効力感の国際比較

(出所) 国立教育政策研究所編(2014a, 194頁)のデータより筆者作成。

データ1-7 教師の勤務時間の世界比較

日 本	フィンランド	フランス	韓 国	世界平均
53.9時間	31.6時間	36.6時間	37.0時間	38.3時間

(出所) 国立教育政策研究所編(2014a, 174-175頁)のデータより筆者作成。

専門家等による外部者の専門的評価をいう。

しかし，一方，現状では，「自己評価」が外部アンケートを形式的に使うだけの総括的評価に終わり，「学校関係者評価」が行事化され，その実効性に難があることが指摘されている。また，「第三者評価」の実施率・導入率が低く，外部評価の専門性が低いことも指摘されている。世界をみてみよう(データ1-9)。

世界の学校評価は全体に学校の上級行政庁(教育行政機関)による「視学制度」に基づく「第三者評価」が「学校監査」(School auditing)として実施されている(フランス，ドイツ，中国，韓国)。例えば，フランスでは地方に国の出先機関として視学官チームが置かれ，学校の視察・監督・評価が「監査」として行われる。また，ドイツでは州学務局に配置された視学が学校の服務監督・法規監督さらに専門監督を行う。中国や韓国もほぼ同様と言えよう。

データ1-8 日本の学校評価

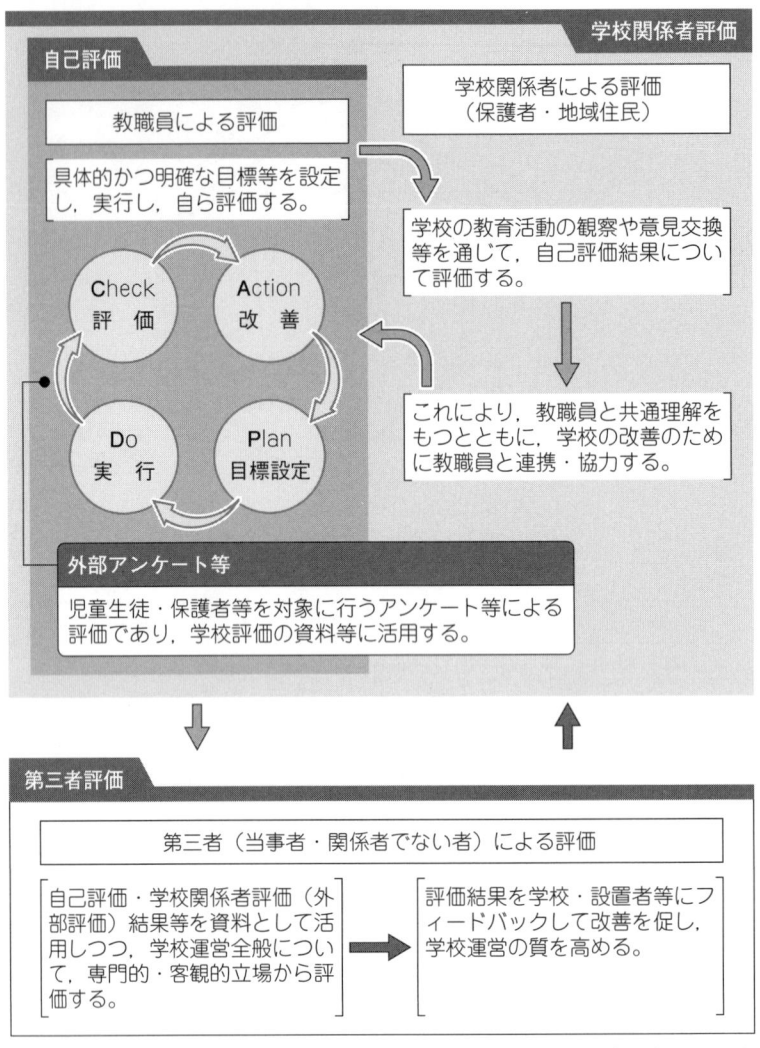

（出所）文部科学省パンフレット「学校評価──『学校評価ガイドライン〔改訂〕』の概要」。

　一方，イギリスは，「監査」に加えて継続的な学校改善のための形成的評価（Formative evaluation）のための「査察」（Inspection）が中心となっている。詳細には，学校の査察のために独立に設置された教育水準局（OFSTED）の専門監査チームが直接に学校を訪問し（査察の周期は5年），校長・教職員さらに児童生徒へヒアリングや授業観察さらにエビデンスの収集を行い，査定を行う。この場合，「改善の余地あり」（requires improvement）や「不十分である」（inadequate）と査定された学校は，モニタリングや支援を受けることとなる。なお，アメリカは学校評価が学力テストの成績を中心に行われる。その場合学力テストの結果，一定の目標値に達成できない「要改善校」は改善計画の策定の義務や補習支援を受け，さらに州当局による組織再編

データ1-9　世界の学校評価

イギリス	フランス	ドイツ	アメリカ	フィンランド	中国	韓国
・教育水準局による専門的な学校監査 ・全国テストの実施と学校ごとの成績公表。低水準校には支援措置や廃止あり	・国の出先機関の視学官による学校視察・監督・評価 ・自己評価，外部評価視学官制度	・視学官制度 ・州学務局の視学官による学校監督 ・（服務及び法規監督）一部の州では補完的に学校点検	・州政府が到達目標（教育スタンダード）に対応した学力テストを実施し，学区及び学校の成果を公表。是正措置あり	・地方教育当局による外部評価と各校の自己点検評価	・視学団制度 ・視学団による監督・評価・指導	・奨学官（士）制度 ・教育庁の奨学官（士）による監督・指導

（出所）　文部科学省（2013b，16-17頁）を参考に筆者が加筆。

（リストラクチャリング）や民間委託の措置を受ける。

　以上の意味では，日本の学校評価は，システムとしては自校評価が中心であり外部評価特に第三者評価がないといえる。また，学校評価のコンテンツ（評価指標）においては教育活動や組織運営の総括的指標性が高く，学力向上など一定の成果指標性が低い。

5　学力向上策

　学校改革の最大の目標は何か。それは端的には学力の向上にある。その意味では，学校の組織運営や校長のリーダーシップ強化さらに学校評価の導入など，一連の学校改革は学校の教育力の強化による学力の向上を最終目的とするといっても過言ではない。現在，日本は文部科学省による学力向上のための調査研究事業，都道府県教委による学力向上のための緊急対策プランそして各学校の学力向上の重点目標化など，学力向上を国家の重点施策として展開している。ここでは，学力向上のための教育政策に注目してみよう。

　基本的に国家が学力の向上のための政策を設定する方法は三つある。第一に中央がナショナル・カリキュラムとしての教育課程標準を学力向上に向けて改訂し，さらにその指導方法に関して標準化をする。第二に地方が中央の教育課程と教育方法の標準を受けてその実施のための実行プランを策定する。第三に現場の学校（教師）が日常的な授業のカリキュラムと授業方法の見直しを図る。

　以上の視点に立てば，日本の学力向上策は，①基礎的な知識や技能の習得さらに思考力や判断力，表現力の育成を目指した国による新学習指導要領の制定（2011年）や「全国学力学習状況調査」の実施（2012年）がある。さらに，②「全国学力学習状況調査」に対応した都道府県教委による学力向上のための緊急対策プランの策定，③各学校の学力向上の重点目標化とカリキュラム開発を内容とする。その学力向上策は効果をもつのであろうか。世界をみてみよう（データ

データ 1-10　世界の学力向上策

イギリス	フランス	ドイツ	アメリカ	フィンランド
・ナショナルカリキュラムの改訂。キー・コンピテンシーの導入 ・「全国読み書き戦略」(1998年)、「全国計算戦略」(1999年)	・全国一斉学力テスト（国語，算数）の実施（1989年～）。結果を国民教育省ウェッブサイトに公表	・KMK（常設各州文部科学大臣会議）による教育スタンダードの作成と全国学力テストの実施	・全米統一基準としての「共通基礎スタンダード」の制定。同基準にもとづく全米悉皆学力テストの実施 ・州学力テストの実施，公表。学校への改選措置，制裁あり。具体的には，教職員の入れ替え，民間委託など。学力テストにもとづくアカウンタビリティ強化	・全国学力テスト，設置者の学校評価の導入。「全国教育課程基準」(到達目標)や「基礎教育の質の基準」(管理運営の指針)の制定。規制緩和，学校裁量権の拡大による教育の質の低下への懸念から教育の質保障への政策化

（出所）　二宮皓編著（2014）を参考に筆者が加筆。

1-10)。

　世界的にみて，学力向上策の特徴は第一に共通にナショナル・カリキュラムの制定及び改訂にある。それは，これまで学校及び教師の裁量を重視してきたフィンランドも例外ではなく，近年PISAにおける学力順位の下降を問題として，「全国教育課程基準」（到達目標）や「基礎教育の質の基準」（管理運営の指針）を制定した。ただ，この場合重要視しなければならないのは，世界はナショナル・カリキュラムの制定（改訂）に「新しい学力」の考え方の導入を積極的に進めている点にある。例えば，イギリスは1999年のナショナル・カリキュラムからすでにPISAのキー・コンピテンシーを意識したキースキル（コミュニケーション力や問題解決力など）を重視している。また，アメリカは全米統一基準となる「共通基礎スタンダード」の制定において，すべての子どものハイスクール卒業時点でのキャリア準備能力の基準化を行っている。

　また，第二に世界の学力向上策の特徴は全国的な悉皆による学力テストの結果をその政策のエビデンスであると同時に成果指標としている点にある。例えば，先に「学校評価」に関して述べたように，イギリスやアメリカの学校評価は学力テストの結果をストレートに学校の「査定」の基準として，学力向上につながる学校評価をシステム化していた。

　以上のことを総合すると，日本の学力向上策は，①ナショナル・カリキュラムの次元でPISA型学力など新しい学力の思考が深く導入されておらず，②学力向上策の成果指標となる全国的悉皆学力テストが未実施（その意味では「学力調査」に止まる）の段階にあり，③結果において学力向上策の実行力及び実効力が弱いといえよう。

　この場合，特に重要な部分は各学校における実行力と実効力であるが，後者の「実効力」については，実際の授業における対応が今後の課題とされる。例えば，データ1-11は数学的リテラシー得点に影響を与える生徒サイドの心理要因を示すが，日本の生徒は数学に関して「興味・関心」「動機づけ」「自己効力感」「自己概念」などがいずれも世界平均より低い。この点，カリキュラム開発に加えて授業方法のレベルの改善が今後の日本の課題とされる。

第1章　日本の教育改革と世界の教育動向

データ1-11　数学的リテラシー得点に影響を与える生徒ガイドの五つの要因

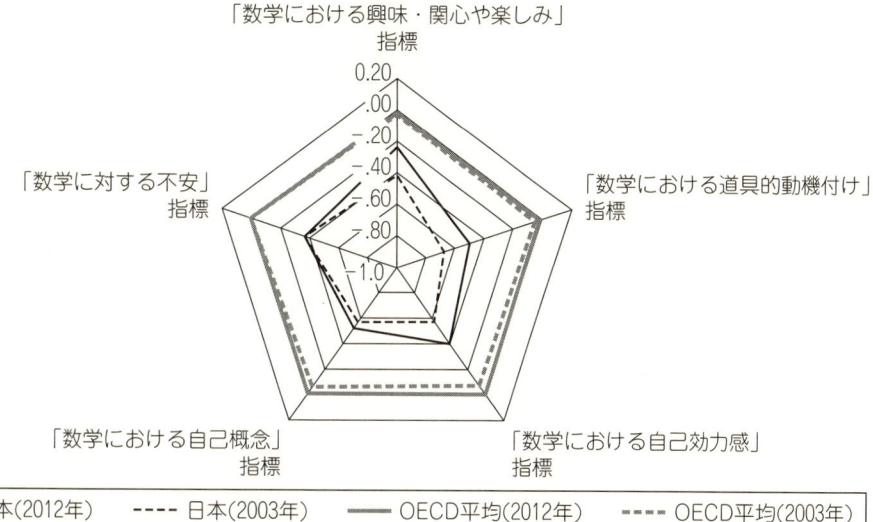

（出所）国立教育政策研究所編（2014b, 17頁）。

引用参考文献

江原武一・南部広孝共編著『現代教育改革論――世界の動向と日本のゆくえ』放送大学教育振興会，2013年。
国立教育政策研究所編『教員環境の国際比較――OECD 国際教員指導環境調査（TALIS）2013年調査結果報告書』明石書店，2014a 年。
国立教育政策研究所編『OECD 生徒の学習到達度調査――2012年調査国際結果の要約』2014b 年。
篠原清昭編著『学校改善マネジメント』ミネルヴァ書房，2012年。
鈴木晶子『教育文化論特論』放送大学教育振興会，2013年。
二宮皓編著『新版　世界の学校――教育制度から日常の学校風景まで』学事出版，2013年。
文部科学省『平成25年度公立教育制度の人事行政状況調査について』2013a 年。
文部科学省編『諸外国の教育行財政――7 か国と日本の比較』ジアーズ教育新社，2013b 年。
文部科学省『諸外国の教育動向（2013年度版）』（「教育調査148集」）文部科学省，2014年。

設　問

1．世界と比較して日本の学校運営協議会にはどのような特徴があるか，簡単に述べなさい。
2．世界と比較して日本の校長や教師にはどのような特徴があるか，簡単に述べなさい。
3．世界と比較して日本の学校評価にはどのような問題点があるか，簡単に述べなさい。
4．世界と比較して日本の学力向上策にはどのような問題点があるか，簡単に述べなさい。

推薦図書

・国立教育政策研究所編『教員環境の国際比較――OECD 国際教員指導環境調査（TALIS）2013年調査結果報告書』明石書店，2014年
　OECD 国際教員指導環境調査結果の概要を説明するが，校長のリーダーシップや教師の自己効力感など，リアルな意識次元を掘り下げる部分はおもしろい。

Column

学校の民営化

　現在世界的な教育の市場化の方法として学校の民営化がある。それは，詳細には企業やNPO等の民間組織が学校を設置することや既設の公立学校の運営を委託されることをいう。日本では，現在「構造改革特別区域法」などにより，公立幼稚園及び公立高校の学校法人への民間委託化と企業とNPOによる学校設置が認められているが，企業等の学校設置についてはそれほど拡大していない。

　一方，世界ではイギリス，アメリカ，中国さらに台湾において急進的に学校の民営化が拡大している。詳細には，企業やNPOが公立学校の民間委託を受け，さらに直接に学校を設置するケースが多い。この場合，企業やNPOの設置する学校については校地・校舎の無償提供や貸与，学校運営費（教員等の人件費を含む）の公費負担や補助がある。この点，学校の民営化は「学校の市場化」と「学校設置の自由化」の両面性をもつ。

　なお，日本の場合，企業やNPOへの公立学校の民間委託は認められていない。また，企業やNPOの設置する学校についても公費負担はなく，さらに学校法人の設置する「私立学校」に与えられる私学補助もない。

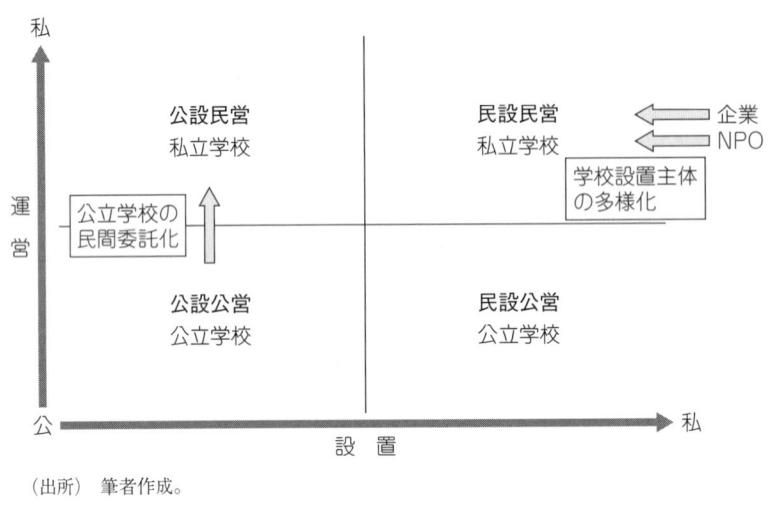

（出所）　筆者作成。

- 二宮皓編著『新版　世界の学校――教育制度から日常の学校風景まで』学事出版，2013年
  副題にあるように，諸外国の学校に焦点をあて，教育制度から日常の学校風景まで広く解説している。特に学校の日常状況を「学校の風景」として記述している部分はおもしろい。
- 文部科学省編『諸外国の教育行財政――7か国と日本の比較』ジアーズ教育新社，2013年
  教育行財政制度について主要国の状況を実証的なデータにより正確に整理している。特に，学校の管理運営や学校評価の項目は，制度状況のみならず運営の実態を詳細に説明しており，参考となる。

（篠原清昭）

第2章 教師の子ども観と教育意識

　本章では、教師の職業的アイデンティティを支える子ども観と教育意識をとりあげる。まず、教師の職責や義務違反などの具体例から概観し、次に、子ども観と教職像の変遷をたどる。そして、教職専門性の観点から子ども観・教育意識を再考する。いじめや体罰など学校の機能不全が取り沙汰される中、教師個人としてのあり方だけでなく、現実の学校づくりに教師の子ども観・教育意識がどう生かされるべきかという観点からも考えてみたい。

1 教職アイデンティティを問い直す

　変化の激しい現代社会において、学校教育に求められることが多様化している。学校現場の教師は目の前の指導に手いっぱいであり、教師を研究する者も視野が狭隘になっている（油布編著, 2009）。子どもから時に寄せられる素朴な疑問への答えに窮したり、保護者との意思疎通がうまく図れなかったり、あるいは同僚の教師たちとの意見の違いをうまく表明できず周囲に流されてしまったりしたことはないだろうか。時には、教師という仕事そのものに対する自信が揺らぎ、アイデンティティの危機を感じることさえあるかもしれない。

　今日の多忙化する学校現場では、教師という仕事に安んじて従事し、教育に専心することが難しくなっている。立ち止まって、「そもそも論」から考えるゆとりはない状況もある。では、子どもはどうだろうか。現在教師である世代の多くは子ども期に経済的な豊かさの恩恵を受けてきたが、現在の子どもたちは不安定さの時代に生きている。ICT技術を駆使する一方で、不安定な経済・雇用・社会情勢の中に生き、さらには戦争やテロの足音を聞かざるをえない時代でもある。子どもにとって学校は意義を感じられるものになっているだろうか。

　教師の多忙化は、時に視野を狭くし目前の問題の対症療法（「ハウツー」など）に教師を駆り立てがちだが、そうした日常から少し離れ、子ども観や教育意識をあらためて問い直し、教師という仕事に固有な職業的アイデンティティ（教職アイデンティティ）を考えてみよう。そもそも、「教師」と言われる職業の内実は様々だが、本章では初等・中等教育段階の学校及び幼稚園に勤務する教員を想定する。もちろん、校種間の違いや担当教科、分掌業務、教職経験年数、勤務校の状況などによる違いはある。その一方で、教師という仕事に通底する特質もある。自らの教職アイデンティティを再問する機会としていただきたい。

2 学校の使命と教師の職責

1 学校の使命をどう考えるか

そもそも日本の教師の仕事は、授業、生徒指導、部活動、学校行事、保護者面談、地域との連携、と実に多岐にわたっている。学校の目的が「授業」に焦点化されている欧米諸国の学校と異なり、日本の学校には授業に専心できる環境はないとさえ言える。もともと、欧米圏における「teacher（教える人）」としての教師像と異なり、儒教道徳の影響をうけている東アジアの教師像は「師」としての高潔な人格性が求められている（岩田、2008、189頁）。

とりわけ、日本の学校制度や慣習の中では教師の職務が、授業や生徒指導、学校行事、部活動と、広範多岐にわたる状況が続いてきた。OECD（経済協力開発機構）が2013年に実施したTALIS（国際教員指導環境調査）では、日本の教員の勤務時間は参加国中で最も長く、課外活動など授業以外の業務の時間の長さも際立っていた（**データ2-1**）。国内の教育政策をみても、学校に求められる教育は、人権教育、環境教育、キャリア教育、情報教育、インクルーシブ教育、防災教育など、「〜教育」と銘打つものが増加している。

国内では「学力問題」が広く指摘されているが、国際的にはPISA（国際学習到達度調査）やTIMSS（国際数学・理科教育動向調査）、PIAAC（国際成人力調査）など各種調査において、日本の子どもから大人までの成績水準は世界トップレベルである。もちろん、各国がテスト政策へと舵を切り、日本でも教師の仕事をテストの成績によって測るような風潮があることには注意を要する（北野、2011）。しかし、より深刻なのは、上記の国際調査TALISで、「もう一度仕事を選べるとしたら、また教員になりたい」と感じる教員が参加国中2番目に低かったことだろう（最低はスウェーデン）。なぜ教職への思いが揺らぐのか。

かつて、1966年にILO・ユネスコから出された「教員の地位に関する勧告」は、教職を専門職と位置づけ、その専門性の発揮に必要な裁量を保障すべきことを明示した。しかし、日本では、その教職の専門性の内実がどのようなものなのか曖昧にされてきた経緯がある。学校の職務は広範多岐にわたり、教師の専門性を特定しにくいばかりか、学校は「あいさつ運動から犯罪対策まで」を扱う状況さえある。多忙化する教師の職務を再編するためには、今一度、学校の使命とは何であるのか問い直す必要がある。**データ2-2**は、学校の教育活動を構造化したものである（辻野、2012、235-237頁）。試みに、それぞれの教育活動が学校教育のどこに位置づくか考えていただきたい。

2 教師の職責とリーガル・マインド

2011年10月、滋賀県大津市の中学生がいじめを苦に自殺するといういたましい事件が起こり、その後の対応のあり方も含めて社会に衝撃を与えた。いじめは子どもにとって切実な問題であるとともに、教師にとっても対応が難しい問題である。2013年に制定された「いじめ防止対策推進

データ2-1　教員の労働時間および職業観の国際比較：TALIS調査より

	教員の仕事時間	課外活動の指導に使った時間（例：放課後のスポーツ活動や文化活動）	「もう一度仕事を選べるとしたら，また教員になりたい」	「教職は社会的に高く評価されていると思う」
日　本	53.9	7.7	58.1	28.1
韓　国	37.0	2.7	63.4	66.5
フィンランド	31.6	0.6	85.3	58.6
フランス	36.5	1.0	76.1	4.9
オーストラリア	42.7	2.3	81.1	38.5
アメリカ	44.8	3.6	84.0	33.7

注：1時間は60分換算。なお，アメリカは実施率が国際ガイドラインの定める基準に達しなかったため，参加国平均や統計的な分析には含まれていないが参考データとして示した。
（出所）　国立教育政策研究所編（2014）より筆者作成。

データ2-2　学校の教育活動の複層性

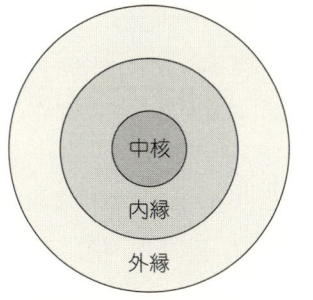

【教育活動（例）】
・授業
・生徒指導
・学校行事
・部活動
・しつけ
・ボランティア
・地域交流
・職場体験
………

「中核」は専門性が高く，学校の判断と責任が優先される領域
「内縁」は専門性が中程度で，子どもや親の意思とが調整されるべき領域
「外縁」は専門性が弱く，外部連携やアウトソースが必要な領域

（出所）　筆者作成。

法」では，いじめが法律上定義（第2条）されるとともに，いじめを行うことが明確に禁じられた（第4条）。しかし，そもそも学校で「いじめ」として処理されがちな事象でも，「犯罪」行為として本来「いじめ」という言葉では片づけられない事象が含まれている（篠原編著，2013，144-163頁）。文部科学省（2013）も，「早期に警察へ相談・通報すべきいじめ事案について（通知）」においていじめの様態を具体的にあげ，それらを刑法上の暴行（第208条），傷害（第204条），強要（第223条），強制わいせつ（第176条），恐喝（第249条），窃盗（第235条），器物損壊等（第261条），脅迫（第222条），名誉毀損（第230条），侮辱（第231条），あるいは児童買春，児童ポルノに係る行為等の処罰並びに児童の保護等に関する法律（児童買春・児童ポルノ禁止法）上の児童ポル

データ2-3　教育的行為と法的行為の関係性

	リーガルマインド[有]	
II 合法的非教育的行為		I 合法的教育的行為
III 違法的非教育的行為		IV 違法的教育的行為
	リーガルマインド[無]	

（エデュケーショナル・マインド［無］←→［有］）

（出所）佐藤・学校運営実務研究会編（2009, 19頁）。

データ2-4　寺子屋の教育風景

（出所）江森（1990, 16頁）。

ノ提供等（第7条）に分類し，いずれも犯罪性をもつものと分類している。

　一方，教員による体罰もまた社会問題化している。2012年12月，大阪市立桜ノ宮高校で体罰を苦にする生徒の自殺という悲しい事件が起こり，文部科学省は通知等により厳格に体罰を戒めるようになった。そもそも学校教育法では，「教育上必要がある」と認める時は児童生徒に懲戒を加えることができるとされるが，体罰を加えることは許されていない（第11条）。懲戒の判断基準としての「教育上必要がある」と認める時とは，代替手段がない場合を指す。また，懲戒を加えても効果が期待できなかったり，逆効果が予測される場合には，この趣旨に反すると言える。高等学校における退学は，この意味において最も非教育的な要素をもつため留意が必要である。なお，保育を目的とする幼稚園では，懲戒は行わないこととされている。このほか，性行不良による（学校教育法第35条・49条［準用規定］）「出席停止」が認められているが，これは「本人に対する懲戒」という観点からではなく，学校の秩序を維持し，ほかの児童生徒の教育を受ける権利を保障するために行われる。

　体罰にせよいじめにせよ，教師の教育的な理性（エデュケーショナル・マインド）とは別に，法的な理性（リーガル・マインド）が求められる。例えば，「カッとなって子どもを殴った」などの行為が教育実践と呼ばれることはないとしても，これが同時に犯罪にあたるとの認識が必要である。何が「教育的」であるかは教師の主観的判断に委ねられるが，それだけでは教育の正当性は維持できない。そこで，客観的な「法的」基準をあわせもつことが求められる。法的に筋道をたてて合法的かつ教育的に構成できる力（データ2-3の「I．合法的教育的行為」）は，教育実践を独善化させないためにも必要となる。

　なお，法的な理性は，単に教育実践上に有用なだけでなく，多忙化する教員の職務環境の改善にも資する。勤務時間外の部活動担当をどうみるかや，学校外で生徒が犯罪に及んだ場合の責任

主体，不登校の子どもの就学義務の関係性など，必ずしも学校の責任とは言えない事柄を考える参考になる。もちろん，学校の教育責任放棄を意味するのではなく，子どもの成長や発達における様々な機会や場を尊重したり学校の「教育独占」を防ぐためにも重要なのである。この点，教育基本法が家庭教育（第10条）や社会教育（第12条）について明文化し，教育行政（第16条）について言明していることは重要である（付言すれば，終身の教員免許状を取得したのに事後に実質的な有効期限［10年］が付され免許更新講習を義務化される状況もまた法の不遡及の原則から問われうる）。

これまで，国際学力調査やいじめ，体罰などについてみてきたが，一方で「体罰は必要悪」「理論と実践は別物」といった本音があるかもしれない。そこには，現代に特有な学校内部における子ども観や教育意識も影響していると考えられる。では，そもそも学校教育とはどのような歴史的文脈の中で変遷し，現代がどのように位置づけられるのかみることとしよう。

3　子ども観の変遷と教職専門性

1　子ども観と教職像の変遷

「この問題，分かる人は手をあげて」と黒板を背に子どもに問いかける教員——日本では「学校」と聞けばこのような情景が浮かんでくるのではないだろうか。各教室の机が教壇に向かって整然と並び，生徒が制服に身を包んで授業をうける。授業が終われば部活動に励む。いずれも取り立てて違和感のない，ごく常識的な教育風景である。しかし，このような風景は明治時代以降の近代学校制度における教育風景とされ，それ以前にはみられなかった教育風景と言える。

明治以前にも寺子屋，私塾，藩校など教育のための機関は存在したが，江戸時代に全国に普及していた寺子屋を例にとれば，**データ2-4**のように教師は生徒と向かい合うのではなく隣の部屋から子どもの様子を見守るなど，今日とは異なる教育風景があったことが分かる（秋田・佐藤編著，2006，174-175頁）。今日のように同じ年齢の子どもが集められて一斉に同じ内容を学ぶのではなく，子どもの活動も一人ひとり異なっていた。もちろん，当時これが「学級崩壊」と問題視されることもなかった。なお，寺子屋は幕府や藩からの管理を受けずに自発的に展開されていたことも今日の学校とは異なる。生徒（「寺子」）は教師（「師匠」）を選んで就学していたため，今日のような就学義務に基づく制度でもなかった。

一方，ヨーロッパ諸国では，かつて大衆教育機関としての学校が多く教会の付属施設として存在し，やはり国家から直接に管理されない存在だったが，産業革命以降，学校が大規模化し一斉教授形式をとる場へと変容していった。

データ2-5は18世紀イギリスで開発された「モニトリアル・システム」と呼ばれる教授方法であり，500名もの子どもを一つところに集めて教育を行う風景である。図の中央壇上に位置するのが教師にあたり，子どもたちの列の左端にはモニター（助教＝年長の子ども）が位置づけられた。学校に競争原理を導入するとともに，軍隊的秩序により教授と訓練とを結びつける一定の型（パターン）が考えられたのである（中野・平原，2004，23-26頁）。ここに近代学校の原型が見

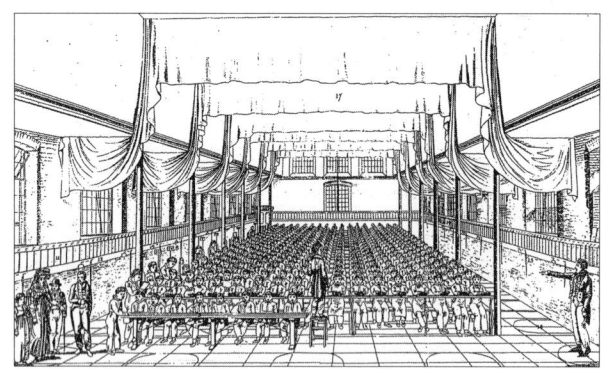

データ2-5 モニトリアル・システムの教場

(出所) 柳（2005, 35頁）。

出される。

　近代学校制度を国家的に最も早く整備した国の一つがドイツ（プロイセン）とされる。当時ヨーロッパにおいて資本主義の後発国だったことから、公教育によって資本主義体制を支える能力を有した国民の育成が急務とされ、近代公教育制度を国家事業として整備した経緯がある（辻野、2015）。19世紀の日本でも、西欧列強がアジアにも勢力を拡大する中、国をあげての近代化が必要となった。明治維新を機に富国強兵や殖産興業を担う国民育成を目指す近代学校制度が創設された。それは、居住する地域ごとの学校への就学や、同年齢の生徒が同じ教育を受ける一斉教授システム（学年制・学級制）などを特徴としており、先行して西欧で発展していたものが範とされた。これにより、寺子屋は姿を消す。以後、国家的に養成された近代的職業人としての教師という職業によって学校教育が担われる。

　日本における教職像の変遷は、次のように説明される（広岡編著、2008, 16-30頁）。戦前は教育勅語体制の下で、「教師＝聖職者」とされ、子どもや保護者に対する絶対的な権威の保持者とされた。同時に、天皇＝国家権力に対しては従順な下級官吏として位置づけられた。戦後の教育改革は、戦前に教師自らが皇国主義思想と軍国主義の教育を担わされた反省に立ち、教師は天皇に仕える官吏ではなく「全体の奉仕者」（旧教育基本法第6条第2項）となった。また、教師自らも「教師＝労働者」と自己定義した。しかし、教職に待遇改善がともなわず、「三ト先生」と呼ばれる問題（プレゼント［保護者からの贈り物］、リベート［便宜供与した業者からの礼金］、アルバイト［塾や家庭教師などの副業］）なども生じるようになった。その後、教員人材確保法（学校教員の水準の維持向上のための義務教育学校の教育職員の人材確保に関する特別措置法）による給与引き上げ（1974年）などを契機に教職の待遇改善が進み教職志望者を急増させ、折しものILO・ユネスコ勧告（前出）にも後押しされる形で「教師＝専門職」論が興隆していった。

② 教職専門性の論理と構造

　「専門職化」という時、教育活動にともなう「専門性」の高度化であるのか、あるいは医師や

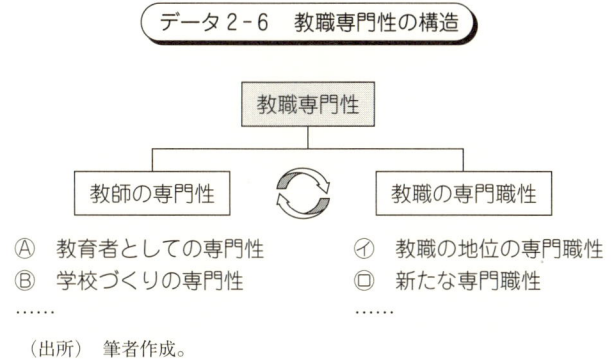

弁護士など，ほかの専門職と並ぶ「専門職性」の高度化であるのかが錯綜しがちである（今津，1996，43-44頁）。「専門性（professionality）」とは，教師が生徒に対して教育行為を行う場合に，どれだけの専門的知識・技術を用いるか，という「役割／実践」を問題にする。これに対して「専門職性（professionalism）」とは，教職が職業としてどれだけ専門職としての職業的地位を獲得しているのか，という「地位」を問題にする。教職が専門職であるならば，具体的にどのような専門性をともなう職業であるのかが問われ，また教職の専門性の内実を本質的に捉えようとすれば，そもそも教職がどのような特質をもつ専門職なのかを考えなければならない。二つの議論は相互に深く関連しているのだ。

これら〈教師の専門性〉と〈教職の専門職性〉とが密接不離の関係にあることに着目して，両者を包括する上位概念として「教職専門性」を位置づけるならば，**データ2-6**のように構造化できる。その際，〈教師の専門性〉には，少なくとも子どもに対する教育者としての専門性Ⓐのほかに，教育専門的な組織への学校づくりの専門性Ⓑが求められる。前者は教育者として日々研鑽を積むことで向上が期待できるが，それだけで学校全体がおのずと発展するわけではないため峻別する必要がある。一方，〈教職の専門職性〉についても，教職の地位の専門職性㋐だけではなく，専門職支配の弊害を克服した新たな専門職性㋺のあり方が探究される必要がある。そこで，次に子ども観及び教育意識とかかわって，教師の専門性と教職の専門職性のそれぞれがどのように捉えられるかみていこう。

4 教職専門性と子ども観・教育意識

① 教師の専門性と子ども観・教育意識

教師に求められる力量は今日，枚挙にいとまがない。例えば，教科指導や生徒指導の力量，子どもの心に寄り添う力（カウンセリング・マインド），組織体の一員として同僚と協働する力（マネジメント・マインド），保護者等との対話を生産的に導く力（コンフリクト・マネジメント），子どもの安全にかかわる危機管理能力（リスク・マネジメント）等は，校種や免許種をこえて教師

一般に共通して求められる力量と言える。近年でも「アクティブ・ラーニング」や「21世紀型能力」に対応する専門性が求められている。これらはいずれも，教育者としての専門性（データ2-6のⒶ）に位置づく。

　一方，これら社会的に求められる能力のすべてを教師が兼備すべきとするのは現実的ではない。教師にもできることとできないことがあり，またそもそも学校教育にあまねく社会問題の解決を期待するのは無理難題でもある。教育社会学者の広田照幸は，現代社会における教育への過剰な役割期待を「教育神話」と呼び，そこでの「万能」な教育観が子どもを過度に「（教育的）コントロール」の下へ置くものと批判している。大人の「子ども観」としてしばしば「少年の凶悪化」や「家庭の教育力の低下」，「学校の機能不全」等が問題視されるが，犯罪統計上「少年の凶悪化」などの傾向はみられない（広田，2003）。なお，広田は「家庭の教育力の低下」言説の危うさについても指摘している。教育社会学者の本田（2008）は現代社会における家庭教育への強い期待・圧力の状況について「子育てに強迫される母親たち」という表現を用いて警鐘を鳴らしている。「とにかく現状が問題であり，だからこそ改革が必要なのだ」といった論法に教育論議が陥りがちだが，状況を俯瞰する視点は必要だろう。

　では，学校づくりの専門性（データ2-6のⒷ）についてはどうだろうか。アップル（1992）は，「今世紀の大半において，教育一般，特にカリキュラムの分野は，些細なことにその関心を集中してきた。長い間，教育の計画と評価のための一般的原理ばかりを追求してきたのである」（17頁）とし，学校が資本主義社会における階層再生産の機能を果たす「国家の装置」（22頁）であることを指弾している。

　また，日本の憲法学者からは次のような指摘もなされている。「子どもは毎日，朝の段階で国家的施設に収容され，一定の時間が経過して外に出ることが許されるまで閉じ込められ，特殊な任務を負った公務員に監視されながら，価値観に関わる多くのメッセージを与えられ続ける。そのメッセージの消化度合いは定期的にチェックされ，その成績順に将来の社会的成功への機会が開かれるとされる。かくして各個人のものの見方，考え方は，国家権力が組織的に働きかける中で形成される。このような国家による一方的な影響力行使は，成人の場合には憲法上許されない。子どもには，本当に思想・良心の自由などあるのだろうか」（西原，2009，130-131頁）。

　では，どのような学校づくりが子どもにとって有意義になるのだろうか。この問いに定式的な解は存在しない。だからこそ，学校にかかわるあらゆる主体が問い続ける必要があり，とりわけ専門職としての教師の役割は大きい。参考までにドイツの教育学者クラフキ（1992）は，「よい学校の基準」として以下をあげている。①理想と現実の緊張・矛盾を教師も生徒も問い続けていること，②生徒が，現状を自明視せず別の可能性を考えられること，③学校や授業について生徒を含めて話し合い改善し続けること，④学校自らが正義や平等，人間性の充実などを志向していること，⑤現実から離れすぎず，かつそれを批判的に捉えられること，⑥多様な生徒を形式的に平等化せず違いをふまえて対応すること，⑦生徒を真剣に受け止め，可能性に働きかけ続けること，⑧直接の観察や経験などを省察し抽象化できること，⑨国や国際レベルでこの社会や将来に

ついて考えていること，である（93-110頁を元に引用者作成）。

　ここで求められているのは，現状へのあきらめでもなく，空虚な希望でもないリアリティであり，生徒との対話である。形式主義は批判され，正義や人間性といった根本価値が直視され，そして教育を国や国際レベルの視野で考える必要性が提起されている。

② 教職の専門職性と子ども観・教育意識

　次に，教職の地位の専門職性（データ2-6の④）について考えてみよう。代表的なのは「専門職の特質と重要性」を次の8要件を満たすものとして描き出したリーバーマンによる定式化である（Lieberman, 1956, pp.2-6）。

　①独自であり限定的かつ不可欠な社会的サービスであること，②サービスの行使に際して理知的な技術が重視されること，③長期間にわたる専門的養成があること，④個々の実践者及び職業集団全体の双方に対して広範な自律性があること，⑤専門的な自律性の範囲の中でなされた判断及び行われた行為に対する広範な自己責任を実践者自身が了解していること，⑥実践者の経済的利益よりも職業集団に任されている社会的サービスの組織化と履行に基づくサービスを提供すべきことが重視されていること，⑦包括的な実践者の自治的組織があること，⑧具体的な事例に基づくあいまいで疑わしい点を明らかにし解釈できる倫理綱領をもつこと。

　これらは医師や弁護士，大学教授に代表される特質と言えるが，教師については多くの要件を満たしていない。そのため，教師の場合は完全専門職と対置される「準専門職（semi-profession）」と位置づけられてきた。佐藤（2015）は，専門家の要件をさらに5点に縮約した上で，「現実の教師は『専門家』ではなく『公僕』以上の存在ではない」「マイナーな専門職」（36頁）となっている状況を指摘している。教職が理想的な専門職に向かう「専門職化（professionalization）」の課題はこれまでも問われてきた。教職専門性は，教職アイデンティティを考える上でも核心的な問いだろう。

　ただし，そもそも公教育制度は巨大な官僚制の側面を含み，教職専門性との間で葛藤を生じさせる。ウェーバーは官僚制の特質を次のように定式化する（武川，2011，129-130頁を元に筆者作成）。①組織内の権限が規則によって明確に定められている，②各部署は上下の関係にある（ヒエラルヒー），③職務は明文化されたルールに基づいて遂行される，④職務は公私が明確に分離された場で遂行される，⑤職務は専門的訓練を前提とする，⑥官僚は職務に専念することが求められる，⑦官僚の職務は規則に基づいて遂行される，である。

　官僚制は個人的な恣意を排して公平性の担保に資する反面，上位権力への服従や規則・文書に基づく職務遂行，形式主義，儀礼主義，杓子定規，事なかれ主義，目的と手段の転倒などの逆機能が指摘される。これに対して，専門職としての行為規範は，教師自身のためではなく子どものためにこそ求められる行為を専門職の自律性において行うため，画一主義や規則主義，形式主義を是とする官僚制と相容れない面をもつ。そこで，教師は以上の官僚的な特質と専門職的な特質とのジレンマを抱えることとなる。

> データ2-7　旧来的な専門職と省察的実践者の違い

旧来的な専門職	省察的実践者（Reflective Practitioner）
不確かだと思うことも，知っているようにふるまう。 →クライエントは問題解決を専門家に一任する。	自分にとって不確かなことは，クライエントにも貴重な学びの機会となることを認識している。 →クライエントも専門家と一緒に問題解決の方途を探ろうという感覚をもつ。
クライエントと距離を置き，専門家の権威を保とうとする。 →クライエントは専門職に従うだけでうまくいくと考えている。	クライエントの考え方や感情を知るよう努め，問題解決のプロセスを共有する。 →専門職に頼りきりになるのではなく，自分自身も情報提供したり行動したりする。
クライエントが服従し尊敬の念を抱くことを求める。 →問題が解決したあかつきには，良い専門家に任せて良かったと感じる。	クライエントとの真の結びつきを求め，自由な感覚を尊重する。専門家としての体裁を繕うことが問題解決を阻害すると認識している。 →クライエントは専門職の知識や実践によって生じる現象，クライエント自身の変化などについて判断・発見することに喜びを感じる。

（出所）Schön（1983, pp.290-307）より筆者作成。

　ただし，当の子どもにとってみれば，官僚であれ専門職であれ，圧倒的なイニシアティブをもつ権力主体であることに変わりはない。そこで，権力性を抑制するためにも，子ども（や親）の意思が汲み取られるような参加が保障される必要がある（辻野，2012）。

　ここで，医師や弁護士など既存の専門職の特質に教職がどれだけ合致するかを考えるのではなく，教育の重要性を前提にして，教師という仕事に固有の専門性が何であるのかを積極的に捉える必要がある（ウィッティー，2004，93頁）。そうした議論においては，旧来の専門職支配の弊害（市川，1986）を克服した新たな専門職性（データ2-6の㋺）が求められる。これについて有力な学説の一つにショーンの「省察的実践者モデル」がある。「完成」された系統的知識・技術を習得すれば専門性が担保されるという旧来的な専門職観ではなく，知識・技術を対象（クライエント）とのかかわりの中で適切に変化・創造させる力量（行為の中の省察：reflection in action）を，従来完全な専門職とは位置づけられてこなかった職業の新たな専門性と把握する。ここには既存の専門職主義への批判が含意されている。すなわち，旧来的な専門職とクライエントの関係（例えば，医師と患者，弁護士と依頼人，大学教授と学生など）においては，高度な専門的知識を背景とした不当な専門家支配が生まれたり，クライエントの専門家依存が生じたりしやすく，クライエント自身が自律的・省察的に問題を解決する機会が排除されるとする（データ2-7）。

　何よりショーンのモデルにおいて重要なことは，「子どもの成長・発達」を専門家である教師が保障するという一方的な認識ではなく，それが「教師―子どもの関係性」の中で生じるという認識である。実際，子どもの言動は彼らの前に立つ教師によりかなり変動的であるため，教師は「最近の子どもは～」「この学校の子どもは～」と言いたくなる時に，それが自身の教育（親）とも結びついていることに留意すべきだろう。

5　教育に寄与する教職専門性へ

　本章においては，子ども観や教育意識との関連から，教師の仕事を捉えなおしてきた。繰り返しになるが，「教師」と一括される仕事にも様々な多様性がある。教育の難しさや重要性，そしてそれゆえに求められる教職専門性について，教職に通底する普遍的な構造や要素を本章ではとりあげてきた。しかし，教師個々人によって教職専門性の内実は多様でもあるため，それぞれが個々の文脈に即して探究していただきたい。

　いじめや体罰の問題の影響をうけ「学校の中でなされている活動は本当に教育的なのか？」という疑義がある。また，家庭・地域の変化やICTの高度化，社会のグローバル化の影響などをうけ「教師の力量が社会の変化に対応できているのか？」といった疑義もある。しかし，学校が真に〈教育的〉であろうとするならば，教師にできることとできないことがある現実も直視する必要があるだろう。

　「20世紀の福祉社会は『会社の時代』であったと同時に『病院の時代』，『学校の時代』でもあった」（佐口・中川編著，2005, 14頁）。会社や病院，学校という存在が，労働，医療，教育の諸分野でいかに大きな存在となったかを象徴している。しかし，その反面で「労働は会社で，医療は病院で，教育は学校で行われるもの」といった意識を人々の間に浸透させた。21世紀の教育は，社会の中でどのように位置づけられ，また学校の使命はどのように捉えられていくべきなのだろうか。探究し続け，かつ創造していくことが求められる課題だろう。

引用参考文献

秋田喜代美・佐藤学編著『新しい時代の教職入門』有斐閣，2006年。
アップル，マイケル・W.／浅沼茂・松下晴彦訳『教育と権力』日本エディタースクール出版部，1992年。
市川昭午編著『教師＝専門職論の再検討』教育開発研究所，1986年。
今津孝次郎『変動社会の教師教育』名古屋大学出版会，1996年。
イリッチ，イヴァン／東洋・小沢周三訳『脱学校の社会』東京創元社，1977年。
岩田康之「『東アジア型』教師像と教育改革」東京学芸大学教員養成カリキュラム開発研究センター編『東アジアの教師はどう育つか――韓国・中国・台湾と日本の教育実習と教員研修』東京学芸大学出版会，2008年。
ウィッティー，ジェフ／堀尾輝久・久冨善之監訳『教育改革の社会学――市場，公教育，シティズンシップ』東京大学出版会，2004年。
江森一郎『「勉強」時代の幕あけ――子どもと教師の近世史』平凡社，1990年。
遠藤孝夫『管理から自律へ』勁草書房，2004年。
北野秋男『日米のテスト戦略――ハイステイクス・テスト導入の経緯と実態』風間書房，2011年。
クラフキ，ヴォルフガング／小笠原道雄編『教育・人間性・民主主義』玉川大学出版部，1992年。
国立教育政策研究所編『教員環境の国際比較』明石書店，2014年。
佐口和郎・中川清編著『福祉社会の歴史』ミネルヴァ書房，2005年。

Column

すれ違う〈教育〉と〈成長〉

　遠藤周作の『海と毒薬』の一節に，夏休みあけの模範作文を紹介する教室風景が描かれている。病気の友達のお見舞いに行った戸田クンは，大切な蝶の標本箱をプレゼントするが，標本箱を惜しむ道中での内心の葛藤を書いた。教師は，「みなの作文には時々，ウソがある。しかし戸田クンは本当の気持ちを正直に書いている。良心的だナ」と語りかける。

　ところが，戸田クンの内心の葛藤はフィクションだった。実は，彼は同じような標本箱を三つもっていたのだ。「作文の時，ぼくはいつも，一，二か所のサワリを作っておく。サワリとは師範出の若い教師が悦びそうな場面である」というのだ。

　このように，教育場面においては，教師側の意図や解釈と子ども側のそれとが食い違うことも生じる。子どもの「みとり」や「予想される反応」を意識しすぎると，逆に見えなくなるものがある。学校教育の基礎にある「幻想」の一つに「学習のほとんどが教えられたことの結果だとすること」（イリッチ，1977，32頁）がある。

　人間は教育を通じて自立した成人になる。カントは，「成人性」の対概念である「非成人性」を「他者の指導なしには自らの悟性（知性）を自由に使用することができないこと」と定義した。であれば，教師は子どもを「成人性」に向けて直接的に指導できない。なぜなら，仮に教師が子どもに「成人」としていかにあるべきかを示せば，それは生徒の「非成人性」を宣告したことにほかならないからである。「成人性」を最終的に決定できるのは子ども自身でしかないのだ（遠藤，2004）。

　「反面教師」といった言葉や「先生と／言われるほどの／馬鹿でなし」といった川柳も想起する時，〈教育〉を考える難しさとあわせて，「人間は〈教育〉できるのか」（田中・山名編著，2004）との問いもリアリティを帯びてくるのではないだろうか。

　ともすると悦に入りやすい教師という仕事への自戒としたい。

佐久間亜紀「更新講習・養成制度のゆくえと現場の課題」『月刊高校教育』5月号，2010年。
佐藤晴雄監修・学校運営実務研究会編『教育法規［解体新書］』東洋館出版社，2009年。
佐藤学『専門家として教師を育てる――教師教育改革のグランドデザイン』岩波書店，2015年。
篠原清昭編著『教育のための法学』ミネルヴァ書房，2013年。
武川正吾『福祉社会〔新版〕――包摂の社会政策』有斐閣，2011年。
田中智志・山名淳編著『教育人間論のルーマン――人間は〈教育〉できるのか』勁草書房，2004年。
辻野けんま「教師の力量開発」篠原清昭編著『学校改善マネジメント』ミネルヴァ書房，2012年。
中野光・平原春好『教育学　補訂版』有斐閣，2004年。
西原博史「教師の〈教育の自由〉と子どもの思想・良心の自由」広田照幸編『自由への問い　教育』岩波書店，2009年。
広岡義之編著『新しい教職概論・教育原理』関西学院大学出版会，2008年。
広田照幸『教育には何ができないか』春秋社，2003年。
本田由紀『「家庭教育」の隘路――子育てに強迫される母親たち』勁草書房，2008年
柳治男『〈学級〉の歴史学――自明視された空間を疑う』講談社，2005年。
山崎準二・榊原禎宏・辻野けんま『「考える教師」――省察，実践，創造する教師』学文社，2012年。
結城忠『日本国憲法と義務教育』青山社，2012年。

油布佐和子編著『教師という仕事』日本図書センター，2009年。
文部科学省「国際学力調査」2014年（http://www.mext.go.jp/a_menu/shotou/gakuryoku-chousa/sonota/07032813.htm　2014年8月1日アクセス）。
文部科学省「国際成人力調査（PIAAC：ピアック）」2014年（http://www.mext.go.jp/b_menu/toukei/data/Others/1287165.htm　2014年7月28日アクセス）。
文部科学省「平成25年度公立学校教職員の人事行政状況調査について」2014年（http://www.mext.go.jp/a_menu/shotou/jinji/1354719.htm　2015年6月12日アクセス）。
文部科学省「早期に警察へ相談・通報すべきいじめ事案について（通知）」（2013年5月16日）「別紙1　学校において生じる可能性がある犯罪行為等について」2013年（http://www.mext.go.jp/a_menu/shotou/seitoshidou/1335369.htm　2015年6月28日アクセス）。
文部科学省「TALIS（OECD国際教員指導環境調査）」2014年（http://www.mext.go.jp/b_menu/toukei/data/Others/1349189.htm　2014年7月28日アクセス）。
Lieberman, M., *Education as a Profession*, Prentice-Hall, 1956.
Schön, D. A., *The Reflective Practitioner: How Professional Think in Action*, Basic Books, 1983.（ショーン，D.A.／柳沢昌一・三輪建二監訳『省察的実践とは何か——プロフェッショナルの行為と思考』鳳書房，2007年）。

設問

1．教師にとって，エデュケーショナル・マインドだけではなく，リーガル・マインドがなぜ必要なのか，具体例をあげて述べなさい。
2．歴史的にどのような背景から近代学校制度が創設され，教育にどのような変化が生じたのか，近代以前の教育などと比較して述べなさい。
3．教師の専門性と教職の専門職性の二側面に留意しながら，あなた自身の教職専門性について，具体的に述べなさい。

推薦図書

- イリッチ，イヴァン／東洋・小沢周三訳『脱学校の社会』東京創元社，1977年
  私たちは学校教育を意義あるものとして正当化しがちだが，子どもにとって学校はときに権力装置ともなりうる。学校の自明性をうたがう視点を提供し，美辞麗句でないリアリズムに基づく教育観を鍛えてくれる。
- 広田照幸『教育には何ができないか』春秋社，2003年
  教育政策上，学校には様々な役割が期待されてきたが，教育に期待されることだけではなく「できないこと」をふまえた現実的な視点を提供してくれる。
- 油布佐和子編著『教師という仕事』日本図書センター，2009年
  教師という仕事について考えるために有用な，複数の著者による多くの論文が所収されている。目前の問題への対処を解くハウツー本ではなく，教師をめぐる根本問題に迫り多様な教育観や教職像に気づかせてくれる。

（辻野けんま）

第3章　子どもの発達と特別支援教育

　本章では，子どもの発達にかかわる教育課題である発達障害を中心として，インクルーシブ教育に向けた今日の特別支援教育についての理解を目指す。まず，子どもの一般的発達をふまえて，発達障害について理解する。そして，発達障害のある子どもの教育的ニーズへの対応やその子どもを含む学級経営や授業づくりについて考える。さらに，学校全体で特別支援教育に取り組むための課題について検討する。

1　子どもの発達

1　発達とは

　人間は，一生涯にわたり，心身の変化を示し，その変化を発達という。発達は遺伝的要因と環境的要因の相互作用から生じるものであり，生物学的基盤（成熟）とともに，経験（学習）がかかわる。時間軸に沿った変化の質をその共通性から区分したものが発達段階である（**データ3-1**）。

　学校教育の対象となる児童期や青年期は，子どもの生理的，心理的諸機能が形成され，整う段階である。すなわち，学校教育が子どもの発達を促す重要な環境的要因となるとともに，学校教育に子どもの発達をふまえた内容・方法が求められる。とりわけ，同年齢集団をベースとして行われる学校教育においては，その集団を構成する子どもの発達を理解しておく必要がある。例えば，学習や対人関係にかかわる認知や社会性の発達について，小学生段階では次のような特徴が示されている（**データ3-2**）。

　藤村（2011, 299-326頁）によれば，小学校低学年（7, 8歳）における認知については，みかけに左右される段階から，具体的な事象に関する論理的思考へと進む。また，ことばが不特定多数の聞き手に対して，意識的に用いられはじめる。社会性については，他者との区別が分かり，教師の支えにより，他者とかかわりながら自分の世界を広げていく。小学校中学年（9, 10歳）では，様々な具体的事象に対して論理的思考がはじまり，自身の認知過程についての認知（メタ認知）や二次的ことばとしての概念が発達する。遊び仲間を自発的に形成し，価値や規則を共有し，他者の視点を理解するようになる。一方，「9歳の壁」と言われるように，ことばによる抽象的思考を要する内容が多く含まれる学習に困難さを示す子どもがみられるようになる。さらに，

データ3-1　一般的発達段階

発達段階	段階区分の目安	およその時期
胎児期	受精～出生	―
乳児期	～歩行・言語使用の開始	誕生～1, 2歳
幼児期	～運動・会話がいちおう自由	1, 2歳～6歳
児童期	～第2次性徴の出現	6歳～12歳
青年期	～生理的成熟と心理的諸機能のいちおうの完成	12歳～22歳
成人期	～家庭生活・職業生活のいちおうの安定	20代, 30代
壮年期	～社会の一線からの退却	40代, 50代
老年期	～死	60歳以降

(出所)　石崎（2004, 30頁）。

データ3-2　児童期における認知の発達と社会性の発達

認知の発達	社会性の発達
小学校低学年（7, 8歳）　論理的思考のはじまり 小学校中学年（9, 10歳）　具体的事象の概念化と思考の計画性 小学校高学年（11, 12歳）　現実を超えた思考のはじまり	自他の内面的把握のはじまり 自律意識と仲間集団の成立 友人との精神的共感

(出所)　藤村（2011, 300頁, 表5-1）より筆者作成。

小学校高学年（11, 12歳）では，現実を超えて，潜在的な可能性を考慮し，推定に基づいて論理的推論を行えるようになり，また，友人との精神的共感を重視するようになる。

② 発達障害

このような子どもの発達には個人差があり，一律ではない。その中で，認知や社会性の発達の偏りから学習につまずいたり，対人関係をうまく築けなかったりする子どもがいる。こうした子どもには，問題が発生した後に，対応していることが認識されるようになった。それが発達障害である。

そもそも障害とは，個人のもつ問題ではなく，環境とのかかわりの中で生じる活動や参加の制約を指し，その解決に社会が責任をもつことを示す用語である。その中で，発達障害とは，中枢神経系の障害に起因する発達期に生じるいくつかの障害を包括し，それらに共通した対応の必要性から使われ始めた障害概念である（太田，2000，538-539頁）。わが国においては，2005年施行の発達障害者支援法において，「自閉症，アスペルガー症候群その他の広汎性発達障害，学習障害，注意欠陥多動性障害その他これに類する脳機能の障害であってその症状が通常低年齢において発現するもの」（第2条）と定義されている。教育においては，2007年施行の改正学校教育法に位置づけられた特別支援教育において，従来の特殊教育の対象ではなかった「学習障害，注意

データ3-3　発達障害の定義

学習障害 (LD：Learning Disabilities)	・基本的には全般的な知的発達に遅れはないが，聞く，話す，読む，書く，計算する又は推論する能力のうち特定のものの習得と使用に著しい困難を示す様々な状態を示すものである。 ・学習障害は，その原因として，中枢神経系に何らかの機能障害があると推定されるが，視覚障害，聴覚障害，知的障害，情緒障害等の障害や，環境的な要因が直接の原因となるものではない。
注意欠陥・多動性障害 (ADHD：Attention Deficit Hyperactivity Disorder)	・年齢あるいは発達に不釣り合いな注意力，及び／又は衝動性，多動性を特徴とする行動上の障害で，社会的な活動や学業の機能に支障をきたすものである。 ・7歳以前に現れ，その状態が継続し，中枢神経系に何らかの要因による機能不全があると推定される。
高機能自閉症 (High Functioning Autism)	・3歳位までに現れ，他人との社会的関係の形成の困難さ，ことばの発達の遅れ，興味や関心が狭く特定のものにこだわることを特徴とする行動の障害である自閉症のうち，知的発達の遅れを伴わないものをいう。 ・中枢神経系に何らかの要因による機能不全があると推定される。

（出所）　文部科学省（2004，8頁）。

欠陥・多動性障害，高機能自閉症」を指している（**データ3-3**）。

　文部科学省の全国調査によれば，通常学級に在籍する発達障害の可能性のある子どもは6.5％（小学校7.7％，中学校4％）と推定されている（文部科学省，2012）。すなわち，こうした子どもはどの学級，どの学校にもいる。そこで，①生まれながらに困難さをもつ子どもがいること，②本人の努力不足やわがままではないこと，②家庭の養育が原因ではないこと，③同じ障害でも，年齢や環境によって一人ひとりの状態は異なること，④適切な支援により，人として成長し，社会で活躍できること，⑤ライフステージを通じた理解や支援が必要なことを理解しておく必要がある（平澤，2008，163頁）。

2　今日の特別支援教育

1　特別支援教育

　発達障害のある子どもを教育の対象に位置づけたのが特別支援教育である。「特別支援教育は，障害のある幼児児童生徒の自立や社会参加に向けた主体的な取組を支援するという視点に立ち，幼児児童生徒一人ひとりの教育的ニーズを把握し，その持てる力を高め，生活や学習上の困難を改善又は克服するため，適切な指導及び必要な支援を行うものであり，これまでの特殊教育の対象の障害だけでなく，知的な遅れのない発達障害も含めて，障害のある幼児児童生徒の在籍するすべての学校において行われるものである」（文部科学省，2007）。特別支援教育の制度化により，まずは義務教育を中心に取り組みが進められ，さらに，2011年の大学入試センター試験において発達障害が受験特別措置の対象に加えられたことから，高等学校や大学における取り組みも進められるようになってきている。

データ3-4　合理的配慮の観点

①	教育内容	・学習上又は生活上の困難を改善・克服するための配慮 ・学習内容の変更・調整
	教育方法	・情報・コミュニケーション及び教材の配慮 ・学習機会や体験の確保 ・心理面・健康面の配慮
②	支援体制	・専門性のある指導体制の整備 ・幼児児童生徒，教職員，保護者，地域の理解啓発を図るための配慮 ・災害時等の支援体制の整備
③	施設・設備	・校内環境のバリアフリー化 ・発達，障害の状態及び特性等に応じた指導ができる施設・設備の配慮 ・災害時等への対応に必要な施設・設備の配慮

（出所）　中央教育審議会初等中等教育分科会特別支援教育の在り方に関する特別委員会合理的配慮等環境整備検討ワーキンググループ（2012）。

2　インクルーシブ教育

　このような特別支援教育は，さらに今日，インクルーシブ教育に向けて推進することが求められている。その背景には，2006年12月の国連総会において採択され，わが国は2014年1月に批准した「障害者の権利に関する条約」（外務省，2014）がある。これは，障害を理由とする差別の禁止や機会の不平等を解消し，障害者の権利を実現するための取り組みを要請するものである。第24条の教育においては，多様な人々のあり方が尊重され，包有される社会に向けて，①障害を理由として一般教育制度から排除されないこと，②自己の生活する地域において初等中等教育の機会が与えられること，③個人に必要な「合理的配慮」が提供されることを求めている。それらに基づいて，わが国では次のような方向性が示され，また法整備が進められている（中央教育審議会初等中等教育分科会特別支援教育の在り方に関する特別委員会合理的配慮等環境整備検討ワーキンググループ，2012）。

①インクルーシブ教育システム

　障害のある子どもと障害のない子どもが同じ場で学ぶことを追求するとともに，個別の教育的ニーズのある幼児児童生徒に対して，自立と社会参加を見据えて，その時点で教育的ニーズに最も的確に応える指導を提供できる，多様で柔軟な仕組み（通常の学級，通級による指導，特別支援学級，特別支援学校）を整備し，連続性のある「多様な学びの場」を用意することが重要である。

②就学先決定の仕組みの改正

　2013年9月施行の改正学校教育法施行令において，就学先決定の仕組みが変更された。従来の就学基準に該当する障害のある子どもは特別支援学校に原則として就学することから，子どもの状態や保護者の要望，学校や地域の状況等をふまえた決定となった。その際には，合理的配慮に関する合意形成を丁寧に進める必要がある。また就学指導委員会には，就学の場とともに必要な支援を検討する教育支援委員会の機能が求められる。

③合理的配慮

「合理的配慮」とは，障害のある子どもが，ほかの子どもと平等に「教育を受ける権利」を享有・行使することを確保するために，学校の設置者及び学校が必要かつ適当な変更・調整を行うことであり，障害のある子どもに対し，その状況に応じて，学校教育を受ける場合に個別に必要とされるものである。2016年4月から，「障害を理由とする差別の解消の推進に関する法律」が施行される。合理的配慮を講じないことは，障害を理由とする差別に当たることに留意する必要がある。合理的配慮の観点として，教育内容や方法，支援体制，施設・設備が示されている（**データ3-4**）。

3 子どもの教育的ニーズへの対応

① 子どもの教育的ニーズ

発達障害は学校教育が始まってから気づかれることが多く，必ずしも障害の診断を有していない。それも，認知や社会性の発達の偏り（でこぼこさ）は理解されにくく，「できるのに，しない」，「勝手なことをする」と捉えられ，周囲は叱責や否定的な対応に陥りやすい。一方，子どもはどうすればよいか分からず，失敗経験を繰り返す。それは自信や意欲の低下，ひいては不適応等の二次障害をまねいてしまう。このような悪循環を解決する鍵が教育的ニーズの理解である。これは，障害の診断の有無にかかわらず，子どもの発達や特性に応じて必要な教育上の配慮や支援を指す。すなわち，学習や対人関係の問題を子どもの問題とするのではなく，教育や支援の問題として捉え，子どもが学びやすいように教育の内容や方法を工夫する。それは子どものもつ困難さだけでなく，優秀さも対象とする。これを個々の子どもにまとめたものが個別の指導計画や教育支援計画であり，教育を受ける権利という観点からは「合理的配慮」となる。

② 子どもの「できていること」を活かした支援

教育的ニーズに対応するには，子どもの「できていること」を活かすという考え方が重要である。子どもの「できていること」と「難しいこと」を整理し，「できていること」を活かして，課題を達成できるようにする。また，「難しいこと」は「どのような条件があれば学びやすいか」を探る。学びやすい条件については，学習のメカニズムを知ることが大切である。

学習とは日々の経験により行動が変わることであり，その学習には行動した後の結果が大きく影響する。すなわち，「A（Antecedent）：ある状況」で，「B（Behavior）：ある行動」をしたら，「C（Consequence）：その結果」よいことが生じたり，嫌なことが避けられたりすると，その行動は強化される。そこで，発達障害の特性をふまえて，何をどうすればよいか「分かる」，「できる」，「手応え」があるように教育環境を整備すれば，子どもの取り組みは促進する（**データ3-5**）。

データ3-5　学習のメカニズムに基づく支援

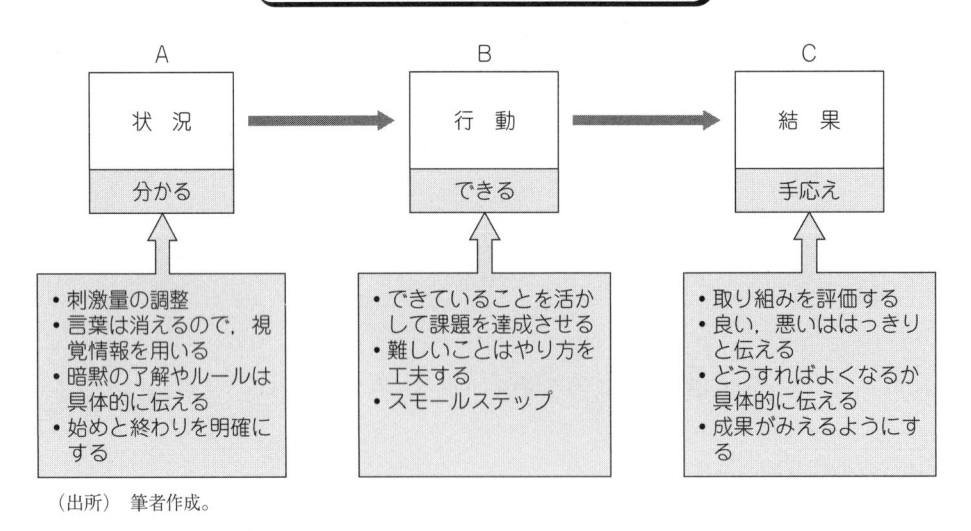

A　状況（分かる）　→　B　行動（できる）　→　C　結果（手応え）

A
- 刺激量の調整
- 言葉は消えるので，視覚情報を用いる
- 暗黙の了解やルールは具体的に伝える
- 始めと終わりを明確にする

B
- できていることを活かして課題を達成させる
- 難しいことはやり方を工夫する
- スモールステップ

C
- 取り組みを評価する
- 良い，悪いははっきりと伝える
- どうすればよくなるか具体的に伝える
- 成果がみえるようにする

（出所）筆者作成。

データ3-6　予防的・階層的な支援モデル

ピラミッド図：
- 個別　← 問題を呈している個人対象　個別の支援
- 配慮　← リスクを示す個人やグループ対象　学級や授業における個別の配慮
- ユニバーサル　← 全体を対象　学びやすい教育環境の整備

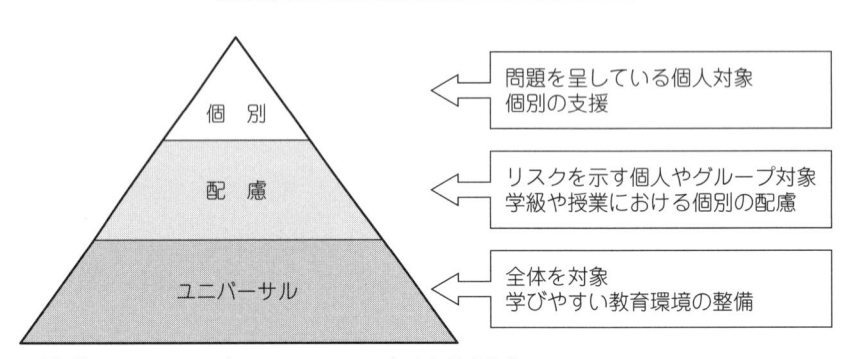

（出所）Horner et al. (2005, p.362 Fig.13.1) より筆者作成。

③　発達障害のある子どもを含む学級や授業づくり

　学校には，発達障害をはじめとして様々な子どもがいる。一人ひとりの教育的ニーズに応じるためには，その子どもを含む集団を対象とした教育や支援の工夫が課題となる。こうした課題に対して，学校全体で取り組む予防的・階層的な支援モデル（Horner et al., 2005, p.362）が参考になる。その考え方は，問題が生じてから，どう対応するかではなく，すべての子どもの学びやすい教育環境を基盤として，不適応のリスクを減らし，その上に個別的な支援を構築するものである（データ3-6）。

　すべての子どもが学びやすい教育環境には，二つの視点がある（平澤，2008, 173-175頁）。一つは，多様な子どもを包有する学級経営である。誰でも得意なこと，苦手なことがある。同じ目標を目指しながら，様々なやり方が認められ，成功を喜び合う学級は，多様な子どもが学び合い，

データ3-7　学校経営上の留意点

事　項	内　容
意識改革	教師一人による支援から学校全体での支援への意識の向上
組織改革	学級担任や障害のある児童生徒本人を組織として支えるために必要な校内支援組織の構築
資質向上	個々の児童生徒の特性を理解し対応する教員の指導力の向上
指導改善	各教科・領域の指導計画作成に当たっての配慮事項の検討と具体化
教育環境の整備	すべての児童生徒にとって「分かる」「できる」を実感できる教育環境の整備
理解推進	特別支援教育についての児童生徒や保護者への理解推進
安全確保	児童生徒の安全確保と対応方針の確立
地域連携	外部の専門機関等との連携の推進

（出所）文部科学省（2004, 18頁）。

育ち合う人間関係の基盤となる。それは人々の多様なあり方が尊重され，力が発揮できる共生社会につながると考えられる。もう一つは，ユニバーサルデザインの視点を取り入れた授業づくりである。障害者の権利に関する条約の第2条（外務省，2014）において，「ユニバーサルデザインとは，調整又は特別な設計を必要とすることなく，最大限可能な範囲で全ての人が使用することのできる製品，環境，計画及びサービスの設計をいう」とされている。このような視点を授業づくりに取り入れ，すべての子どもを対象として，「分かる」，「できる」，「手応え」があるように，教育の内容や方法を工夫する。

4　学校全体の取り組み

① 管理職の責務

　特別支援教育は，子どもの教育的ニーズに応じるための校内体制を整え，保護者や地域と連携し，乳幼児期から成人期へと連続する中に教育を積み重ねていく。そのためには，管理職が学校経営に特別支援教育を位置づける必要がある（データ3-7）。また，その校内体制として，文部科学省（2004, 19頁）は，①特別支援教育コーディネーターの指名，②校内委員会での検討，③実態把握，④個別の指導計画・個別の教育支援計画の作成，⑤教員の専門性の向上，⑥外部機関との連携について整備することを求めている。

② 校内委員会

　校内体制の中核となる校内委員会は，担任を支え，子どもや保護者への支援を検討する場であり，今後さらに，個々に必要な合理的配慮を明らかにする機能も求められていく。ただし，現状では校内委員会における検討が支援につながらないことも多い。支援につなげるためには，個別

データ3-8 保護者の困りと背景にある学校の課題

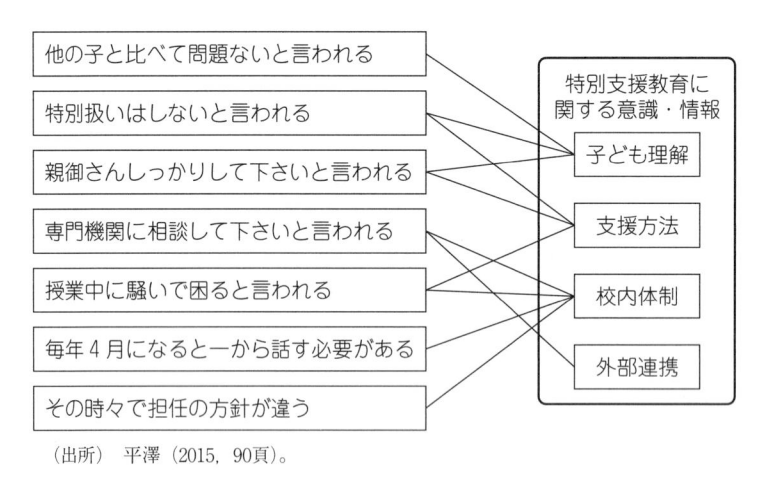

```
他の子と比べて問題ないと言われる ─┐
特別扱いはしないと言われる ─────┤        ┌─────────────┐
親御さんしっかりして下さいと言われる ─┤        │ 特別支援教育に │
専門機関に相談して下さいと言われる ──┤        │ 関する意識・情報 │
授業中に騒いで困ると言われる ────┤        │  子ども理解   │
毎年4月になると一から話す必要がある ─┤        │  支援方法    │
その時々で担任の方針が違う ─────┘        │  校内体制    │
                                │  外部連携    │
                                └─────────────┘
```

（出所）平澤（2015, 90頁）。

の指導計画や教育支援計画の作成を通じて、支援のPDCAを構築していく必要がある。例えば、①子ども、保護者、担任が何に困っているかを把握し、②緊急対応の必要性を検討する。そして、③子どもの「できていること」と「難しいこと」を整理し、④子どもの強さを活かした支援を計画する。⑤役割分担を明確にして実行、評価し、⑥次年度に引き継ぐ。とりわけ、幼稚園から小学校、中学校、高等学校、大学へと支援情報を引き継ぎ、入学時からの対応を検討することはスムーズな学校生活に不可欠である。

③ 保護者との協力関係の形成

合理的配慮が求められる今日、保護者への丁寧な説明は不可欠である。ただし、保護者は、早期から支援を受けて見通しをもっている場合もあれば、子どもの困難さに気づいていない、あるいは困難さには気づいているがやれると判断している場合等、様々である。保護者の見通しをふまえた上で、「子どもの力を高める工夫を一緒に探す」という前向きな方針を共有していくことが重要である。また、学校が保護者に対応する際に、留意すべきことがある。例えば、担任から子どもが授業中に騒いで困ると言われても、保護者は家庭で子どもを叱るしか術はない。このような保護者の困りを理解すれば、学校は支援体制等の課題を改善し、保護者に寄り添う支援を進めていくことができる（**データ3-8**）。

引用参考文献

石崎一記「発達を促す」桜井茂男編『たのしく学べる最新教育心理学――教職にかかわるすべての人に』図書文化社，2004年，29-39頁。

太田俊己「発達障害」小出進編集代表『発達障害指導事典』学習研究社，2000年，538-539頁。

担任を支える校内委員会

　通常学級には，発達障害をはじめとして様々な子どもがいる。支援の必要な子どもを包有しながら，教育活動を進めるためには，担任を支える校内委員会の取り組みが不可欠である。

　公立小学校3年通常学級において，授業中に関係のない話しをしたり，離席したりする子どもがいた。ほかの子どもも巻き込んで騒然となり，授業がたびたび中断した。学級の保護者からは，授業が遅れるとの苦情がでた。対象児の保護者は申し訳ないと恐縮し，家庭で強く叱る日々が続いた。

　このような状況を改善するために，校内委員会で次の5点を検討した。①子どもと保護者，担任の困りは何か，②緊急対応，③子どものできていることと難しいことの整理，④子どもの「できていること」を活かした支援，⑤教師の連携である。1回目の委員会で，①②③を検討した。①については，対象児は授業が分からない，保護者は叱るしかない，担任は授業が進められない，という困りを明らかにした。②については，悪循環を解決するために，学年主任が当該の保護者や学級の保護者に対して，授業参加の支援を探るという方針を伝えた。③については，教頭先生が授業を観察し，対象児の参加場面と逸脱場面の違いを分析した。2回目の委員会で，行動観察情報を基に，④「できていること」を活かした支援を検討した。対象児は，プリントの課題には参加していたが，教師の説明を聞く時には関係のないおしゃべりをした。このことから，対象児は，プリントのような視覚情報を用いると何をすればよいか分かりやすく，取り組みやすいと考えた。そこで，プリントを用いて全員に説明した上で，対象児に個別に確認することにし，⑤関係する教師で支援を進めた。

　こうした支援により，対象児の授業参加は向上し，学級も落ち着き，ほかの保護者の理解も得られるようになった。視覚情報による説明があると取り組みやすいので，それを個別の教育支援計画にまとめ，次年度に引き継ぐことで，新たな学年もスムーズであった。

外務省『障害者の権利に関する条約』2014年（http://www.mofa.go.jp/mofaj/files/000018093.pdf　2015年6月6日アクセス）。

『学校教育法等の一部を改正する法律』平成18年6月21日法律第80号。

『障害を理由とする差別の解消の推進に関する法律』平成25年6月26日法律第65号。

中央教育審議会初等中等教育分科会特別支援教育の在り方に関する特別委員会合理的配慮等環境整備検討ワーキンググループ『共生社会の形成に向けたインクルーシブ教育システム構築のための特別支援教育の推進（報告）』2012年（http://www.mext.go.jp/b_menu/shingi/chukyo/chukyo3/044/attach/1321668.htm　2015年6月4日アクセス）。

中央教育審議会初等中等教育分科会特別支援教育の在り方に関する特別委員会合理的配慮等環境整備検討ワーキンググループ『合理的配慮等環境整備検討ワーキンググループ報告（概要）――学校における「合理的配慮」の観点』（http://www.mext.go.jp/b_menu/shingi/chukyo/chukyo3/046/attach/1316182.htm　2015年6月4日アクセス）。

『発達障害者支援法』平成16年12月10日法律第167号。

平澤紀子「発達障害児への支援」岐阜大学教育学部特別支援教育研究会編『特別支援教育を学ぶ』ナカニシヤ出版，2008年，163-177頁。

平澤紀子「特別支援教育」岐阜市学校管理職養成講習事業運営委員会編『学校管理職養成講習テキスト』2015年，85-92頁。

藤村宣之「児童期」無藤隆・子安増生編『発達心理学Ⅰ』東京大学出版会，2011年，299-338頁。
文部科学省『小・中学校におけるLD（学習障害），ADHD（注意欠陥／多動性障害），高機能自閉症の児童生徒への教育支援体制の整備のためのガイドライン（試案）』2004年。
文部科学省『通常の学級に在籍する発達障害の可能性のある特別な教育的支援を必要とする児童生徒に関する調査結果について』2012年（http://www.mext.go.jp/a_menu/shotou/tokubetu/material/1328729.htm　2015年6月4日アクセス）。
文部科学省『特別支援教育の推進について（通知）』2007年。
Horner, R. H., Sugai, G., Todd, A. W. & Lewis-Palmer, T., Schoolwide positive behavior support. In L. M. Bambara & L. Kern (Eds.), *Individualized supports for students with problem behaviors: Designing positive behavior plans.* Guilford Press, 2005, pp. 359-390.

設問

1. 発達障害のある子どもと周囲との間に生じやすい悪循環を解決するためには，どのような視点をもつことが重要かについて述べなさい。
2. 「障害者の権利に関する条約」において求められている「合理的配慮」とは何かについて，簡潔に説明しなさい。
3. 特別支援教育を推進することは，学校教育においてどのような意味をもつかについて，あなたの考えを述べなさい。

推薦図書

- 岐阜大学教育学部特別支援教育研究会編『特別支援教育を学ぶ』ナカニシヤ出版，2008年
  特別支援教育の理念や制度をふまえて，特別支援教育の対象となる各障害について，心理・生理・病理・教育の各側面から解説をしている。
- 花熊曉編著／高槻市立五領小学校『小学校ユニバーサルデザインの授業づくり・学級づくり』明治図書出版，2011年
  特別な支援を要する子どもを含む学級経営や授業づくりについて，ユニバーサルデザインの視点から，実践的な解説をしている。
- 平澤紀子『応用行動分析学から学ぶ子ども観察力＆支援力養成ガイド――発達障害のある子の行動問題を読み解く！』学研教育出版，2010年
  行動問題を示す発達障害のある子どもへの支援について，行動分析学の視点から，行動観察とそれに基づく支援の計画・実行・評価に関する方法を解説している。

（平澤紀子）

第4章 子どもの生活実態と生徒指導

　これまでも，いじめ，不登校，暴力行為等は，社会に影を落とすような事件が起こるたびに生徒指導上の問題としてクローズアップされてきた。近年，貧困や虐待など，教師としては対応に苦慮してしまう家庭の問題も深刻さを増している。これらに対しては，第一にスクールカウンセラーとともに，スクールソーシャルワーカーと連携し，学校としてネットワーク型の問題対応の仕組みを構築することへの理解が必要である。第二に，少子化や家庭のスモール化が進行する中，各学校においてこれまで以上に社会スキルの育成を推進し，居場所として機能する学級（＝人間関係）づくりの基盤にカウンセリング・マインドの精神がかかせないことの理解を目指す。

1　自己指導能力の育成：変化の時代の不変の目的

　わが国の生徒指導は，教科における学習指導的な機能を除く，子どもの学校生活全般にかかわる教育活動のすべてを対象とするだけでなく，学校外の生活をも対象に含めることから，その役割はきわめて広いものになっている。

　欧米では知育中心の「知識学校」とする学校観が背景にあることから，教師の果たすべき役割が限定的に捉えられ，カウンセラーやソーシャルワーカー等との連携アプローチを一体的に組織するのが一般的であるのに比べ，日本の学校は伝統的にしつけや生活習慣，養護の役割をも含めた「生活学校」として機能してきた。この生徒指導の役割の広域性や機能の多角性がわが国の生徒指導の特色であり，授業をはじめとする教育活動を下支えしてきた。

　時代を超えて目指すべき教育の理念は，児童生徒の人格のよりよき発達である。生徒指導においては，一人ひとりの人格の特性を尊重した上で，個性の伸長と社会的な能力の育成を図りつつ，潜在的な発達可能体であるところの各人が自己実現を果たすことのできる資質や態度を形成していくための積極的な援助活動を展開することである。生徒指導では従前より究極目的として「自己指導能力の育成」を掲げ，日々の教育活動において，①児童生徒に自己存在感を与えること，②共感的な人間関係を育成すること，③自己決定の場を与え自己の可能性の開発を援助すること，に留意するよう求めてきた。これは，人にはより自分らしく生きていくことのできる自己成長力が備わっているとする人間観を基盤にしているからである。自己実現の希求は生徒指導における

普遍の原理と言えよう。

とはいえ、子どもの生活実態は急速に変貌しつつある。ICTの普及、学校をサービス産業と取違えているかのようなモンスターペアレンツの存在、家庭における養育軽視（放棄）等々、子どもたちを取り巻く教育環境は様変わりしつつあり、学校の努力や教師の個別対応では解決しにくい問題が山積しており、連携の裾野を広げる対応策が求められている。

2 子どもを取り巻く環境と生活実態の多様化

いじめる子どもやいじめられる子ども、暴力行動に走る子ども、親から虐待を受けた子ども、発達障がいというラベルを貼られ拠り所が見出せない子ども、給食が命綱になっている子ども、孤立時間をメディアの中で過ごす子ども。悲観してはいけないが、明るく元気で健やかな子どもは、今やどのくらいの割合で存在するのだろうか。

1 貧困

バブル崩壊後の大量失業時代を経て、終身雇用を前提としない雇用環境へと私たちの社会は変貌した。急速に情報化・国際化・知識基盤化が進展し、人々の価値観や生活様式が多様化した一方、社会の傾向としては地域における人間関係（絆）の希薄化、効率性や経済性を過度に重視する傾向、離婚や貧困（ワーキング・プア）の問題拡大等が指摘されているが、これらの背後には多様化の一言では片付けられない、二極化＝構造的格差拡大の問題が横たわっている。近年の子どもの成育状況についても、基本的な生活習慣や態度が身に付いていない、他者とのかかわりが苦手である、自制心や耐性、規範意識が十分に育っていない、などの指摘が確かにあるが、みえにくいのは、豊かそうなわが国にあって家庭の社会的経済的な背景を起因とするケースが加わってきている点である。

学校は誰もが平等に教育が受けられる公的機関として、次世代が必要とする知識・技能を提供してきた。しかし今、この教育の機会均等という根本理念が揺らいでいる。

「よい成績が取れないのは、本人の努力が足りないから。だらしないのは家庭がしっかりしていないから」。このことばには日ごろあまり意識することのない、当たり前とされてきた価値観が支配している。身の回りでは、一見、平和で平等な社会が実現していて、出自によって入学が拒否されることはないとはいえ、実際には子どもたちは隠れた格差構造の中で生活している。

親から子への「貧困」の連鎖は、現在の日本社会が抱える大きな問題の一つである。子どもの将来がその生まれ育った環境に左右され世代を超えて受け継がれるとすると、貧困の世代間連鎖が起きていることになる。連鎖するということは、貧困層の固定化につながるからこそ根深いのである（阿部, 2008）。

わが国で「相対的貧困率」が初めて公表されたのは2009年のことである。このOECD（経済協力開発機構）に提供している相対的貧困率とは、衣食住に事欠く絶対的貧困とは区別し、等価可

処分所得（世帯の可処分所得を平方根で割って調整した所得）の中央値の半分に満たない世帯員の割合を指す。ここでの子どもとは18歳未満を対象とし，その世帯で暮らす子どもの貧困率は2012年時点では過去最悪の16.3％であり，約6人に1人が貧困状態にあると判定された。シングルの親元の子に限ると5割強を占め，先進国中で最悪水準に位置している。この家庭の経済的環境が世代を超えて連鎖するとしたら，その子の親ですらすでにその親から貧困状態を継承した結果ということになり，自分の境遇を恨むしかなくなる。こうした構造的問題から目を逸らし，自己努力の結果だと思い込ませる価値観が支配しているとすれば，それこそが問題と言えよう。

データ4-1　児童虐待の相談件数

	相談件数	構成割合（％）
0～3歳未満	13,917	18.9
3歳～学齢前	17,476	23.7
小学生	26,049	35.3
中学生	10,649	14.4
高校生・その他	57,11	7.7
総　数	73,802	100.0

（出所）厚生労働省（2014）より筆者作成。

　子どもの貧困対策の推進に関する法律に基づき閣議決定した，「子どもの貧困対策に関する大綱」（2014年8月29日）は，貧困が世代を超えて連鎖することがないよう教育を受ける機会の均等を図ることなどを目的とし，重点施策としてスクールソーシャルワーカーの配置充実の方針を示した。相対的貧困率を考えると，学力不振や不登校，未納，空腹による気力減退や粗暴な態度等々，貧困を起因とする問題に遭遇している教師は少なくないはずである。「貧困」はもはや別世界の話ではない。貧困原因の可能性を常に頭の片隅に置いて子どもの指導・助言にあたる必要がある。

②　虐　待

　教員の個別対応では解決が困難な問題としてもう一つ虐待があげられる。

　2013年度に児童相談所が対応した児童虐待相談件数は7万3802件であり，1994年の1961件と比べ約38倍に増加した。校種別にみると，小学生への相談件数が全体の35.3％を占め最も多い（データ4-1）。虐待を原因とする死亡は年間50件を超え，これは1週間に1人の子どもが命を落としている計算になる。他方，虐待被害率を都道府県別にみると10倍の差があり，同一県でも都市部の方が発生しやすく共働き世帯より専業主婦の方が多い傾向にある。ただ，こうした統計は全国平均など一般論としてではなく，自分が関係する地域等における傾向性と特性の読み取りが重要となる。

　学校関係者にとっては，2000年に「児童虐待の防止等に関する法律（児童虐待防止法）」が制定され，これに伴い児童虐待の早期発見への努力義務，虐待の疑いがある児童生徒を発見した場合の福祉事務所や児童相談所への通告義務，虐待を受けた児童生徒の保護・自立支援のための関係機関との連携・協力など，学校の責任や役割が明確にされた。この場合の児童虐待とは，同法第2条の規定によると，保護者が18歳未満の者に対して行う，身体的虐待，性的虐待，心理的虐待，

ネグレクト（養育責任の不履行）のことを指す。保護者に対し直接注意・指導するとより深刻な事態を招くことがあるので，「一人（一機関）で抱え込まない」，「疑わしきは通告と連携」が対応の基本と言われている。児童生徒に対しては，①他者との関係を築くための社会スキルの獲得，②自尊感情の回復，③学級の中で承認を受けるような社会的役割の付与等への配慮を必要とする。

なお，文部科学省のホームページ「免許状更新講習の内容に関するリンク集：子どもの変化についての理解」(http://www.mext.go.jp/a_menu/shotou/koushin/08072910/002.htm　最終アクセス2015年7月）には，子どもの生活の変化をふまえた課題を，①生徒指導等（暴力行為・いじめ・不登校・中途退学・自殺予防等），②メディアと子ども，③食育の三つに分け，それぞれの課題に対し，研修教材「児童虐待防止と学校」，「子どもの基本的な生活習慣の確立について」，情報モラル研修教材「5分でわかる情報モラル」，「食に関する指導の手引」等々，豊富な研修教材を公開している。多極化する子どもの実態に対応する上でも，これらの教材を研修の機会等に活用し計画的に教師力の向上を図ることが大切である。

3　学級担任の役割とカウンセリング・マインド

1　子どもの「居場所」施策と居場所づくり

居場所とは，文字通り人が居る場所のことである。しかし近年の使われ方では，居てよい場所，くつろげる場所，ホッと安心して居られる場所というように，当人にとって心の落ち着き具合がどうかを付帯条件とすることが一般的である。学校空間に現出させる居場所づくりとは，子どもたちが安心して居られる教育環境をつくることであり，それには各学級において支援的風土の形成が不可欠となる。

学校教育において居場所という言葉が積極的に使われるようになったのは，1992年に学校不適応対策調査研究協力者会議が出した『登校拒否（不登校）問題について——児童生徒の「心の居場所」づくりをめざして』において，居場所を「自己の存在感を実感し精神的に安心して居られる場所」と説明してからのことである。これを2003年の『今後の不登校への対応の在り方について』（不登校問題に関する調査研究協力者会議）では，「自己が大事にされている，認められている等の存在感が実感でき，かつ精神的な充実感の得られる」場所と再定義し，その場にいる人たちから自分が大事にされ認められていて，それを当人が実感できているという，かなり踏み込んだ表現が加わった。このことからすると居場所は，自分のために親身になってくれる人（＝肯定的援助者としての教師）との信頼関係（リレーション）の構築により，自分という存在の承認が当人に主観的に実感できる場として成立する側面に着目させる用語であることが分かる。

子どもの居場所というと，かつては不登校の子どもたちが通うフリースクールや適応指導教室等を指すことが少なくなく，一時の退避場所（シェルター）のイメージを伴っていた。このイメージを教室空間のホスピタリティの視点から転換させ，学び合う，支え合う，助け合う等，「合う」の言葉を付して表現されてきた相互的関係づくりの価値に集団の成員が気付き，その価

値を実現しようとする雰囲気に包まれた学級づくりを目指す。学校における「居場所づくり」とは，自らのルーチン化した教育行為を振り返り，足下にこそ教育の質向上の手がかりがあることを示唆するものでもある。

物理的には同一の場所でも，自他の関係性により居場所となったりならなかったりすると指摘するのは住田正樹であるが，彼はこの関係性の視点から「居場所」としての条件を提示する。それは，「子ども自身がホッと安心できる，心が落ち着ける，そこに居る他者から受容されていると実感できるような場所」という条件である。この条件を満たすには，ありのままの姿を受容・承認し，肯定的評価を与えてくれる他者の存在が必要となる。この他者とは，子どもが自分の意志にしたがって自由に振る舞っても，それを共感的かつ相手になりきったかのように理解し，受容し，承認してくれている存在である。この他者との関係性が安心感や安定性，居心地のよしあしを左右するからである。この他者の振る舞いを教師に期待するのが，心理学から学校教育の世界へと文脈転換させたカウンセリング・マインド論である。

ここにはカウンセリング論でいうところの無条件尊敬の念や受容的態度がリレーションづくりの鍵となる。この関係性は，その人が自分のことを分かってくれている，理解してくれているという，子どもの側の判断や解釈において確信できた時に，継続的で安定的になることから，この他者との関係性が居場所づくりの条件になるという（住田，2014，5-11頁）。

こうした居場所づくりの有力な他者として承認される教師の振る舞い方は，カウンセリング論等の普及により，職能を向上させる研修対象として認知されるようになったのである。そもそも教師と子どもとの関係において，互いによる信頼と親しみに基づいて温かな心的交流がなされている状態をラポール（rapport）と呼んできた。このラポールは，ともに居る（関心を寄せる），交流する，心を開くという三つのかかわりを通じて出現する。その結果，自分に親身になってくれる，自分の味方である，分かってくれる先生だとして，子どもの心が開放されて信頼関係が形成されるという。

カウンセリング場面でのよいリレーションは（relation），カウンセラー側もクライエント側もともに防御していない状態を指す。リレーション（関係・絆）は，信頼性や融合性という意味を含みもつ。言い換えれば，互いの信頼関係が基盤にあり，その基盤の上に通じ合う関係が成り立っている状態と言えよう。

学級集団においては，個（教師）と個（子ども）の関係でこの肯定的リレーション強化するだけでは必要条件を満たさない。教師が学級という集団に対し，どのような働きかけをし集団として成熟させるかが課題となる。

② 居場所から支持的風土の醸成へ

学級はそもそもにおいて，人為的に児童生徒を振り分けた寄せ集め集団である。この「群れ」状態の成員関係を，規律と秩序に支えられた学習する集団へ，さらには協働的に問題解決する集団と高めていく役割が学級担任には課せられている。課題解決に向けた目標をみんなで共有し，

協力して課題解決を遂行しようとする「学習する集団」を形成するには，集団の課題遂行機能と集団維持機能に加え，集団規範として「支持的風土」をはぐくむことが大切である（高旗，2010, 82-83頁）。群れを集団にするには，良好な人間関係の形成とともに，ルールの理解と定着を必要とする。

　まず，課題遂行機能とは，「与えられた課題を子どもたち一人ひとりが自らの課題として受けとめ，これを解決することで集団の目標達成を果たそうとする機能」のことである。ここで言う課題とは，教師が与えるめあてや発問，話し合って自分たちで決めた目標や学習課題等を指す。これに対し集団維持機能とは，「学級のまとまりが良く（＝凝集性が高く），どの子も自分の教室に居心地の良さを感じられる協同的人間関係をつくること」であり，課題遂行の支えとなる集団の人間関係（リレーション）を築こうとする機能のことであり，この二つの機能が相まって，課題を自分ごととしてしっかり受けとめ，力を合わせて協力し合う，課題解決型の学習集団が形成されるのである。

　学級における支持的風土とは，互いに認め合い，支え合い，助け合い，学び合う雰囲気のことである。これらの「合う」には集団の各成員間の支持的な関係，向上的な相互作用性がそのニュアンスに込められている。こうした支持的風土に満ちた学習集団は，次のような特徴を有するという。①仲間との間に自信と信頼がみられる。②何でもものの言える楽しい雰囲気に包まれている。③組織として寛容と相互扶助がみられる。④ほかの集団に対して敵意が少ない。⑤組織や役割が流動的である。⑥目標追求に対して自発性が尊重される。⑦積極的参加がみられ，自発的に仕事をする。⑧多様な自己評価が行われる。⑨協同と調和が尊重される。⑩創造的な思考と自律性が尊重される（相原他，2010, 21頁）。子どもたちにとって，当初は形式的に割り当てられた「所属集団」であっても，それを心の居場所として安心して過ごすことのできる「準拠集団」へと発展させることが教師の役割と言えよう。

　前述したリレーションは，信頼性・融合性という意味を含み，互いに防御していない状態を言う。換言すれば，互いの信頼感を基盤に通じ合う間主観的な関係が成立している状態を指す。これに対し，教師の管理・統制的な働きかけは，リレーションの強化にはふさわしくない。学級の雰囲気（支持的な風土）は日常的なかかわり合いの結果であり，その形成には教師の受容的で共感的な態度，肯定的な応答，子どもの言葉によく耳を傾ける傾聴の姿勢が必要となる。

　また，子ども相互のリレーションを強化し，好ましい人間関係を形成するにはソーシャルスキルの習得が欠かせない。社会スキル（社会性）とは，望ましい集団生活を送るための適応能力のことであり，「相手とのかかわりのなかで，自分の行動を調整し，相手に影響を与えて，望ましい方向へ行動の結果を導いていく技能」と定義されている。この社会スキルは，①相手の意図，感情などを正確に理解し，相手の立場に立って物事を考え，みることができる力（共感性），②自分の行動や感情をコントロールする力（自己統制力），③必要に応じて行動のパターンを変えていく力（柔軟性）から成り立つものである（藤原編，1988）。例えばすぐにキレてしまう子どもは攻撃性や自尊心の低さの問題をもっていることが多く，こうした子どもには自分の感情をコント

ロールするスキルトレーニングが必要である。

　教師が受容的かつ共感的な姿勢や態度で接し，子どもたちが社会スキルを習得すれば，この両面的な関係から学級内のリレーションはさらに強化される。

　相川・佐藤は，基本的な社会スキルを以下の四つに分類し具体的に示している（相川・佐藤，2006）。

〈関係開始スキル〉　①さわやかにあいさつをする，②自己紹介をする，③仲間に誘う，④仲間に加わる
〈関係維持スキル〉　⑤しっかり話を聞く，⑥上手に質問をする，⑦気持ちに共感する，⑧あたたかい言葉をかける
〈主張スキル〉　　　⑨はっきり伝える，⑩きっぱり断る，⑪やさしく頼む
〈問題解決スキル〉　⑫きちんと謝る，⑬怒りをコントロールする，⑭トラブル解決策を考える

　なお従来，依拠することの多かった『生徒指導の手引（改訂版）』に代わり，生徒指導の新たなバイブルと目される文部科学省発行『生徒指導提要』（2010年）は，社会の形成者としての資質育成の視点から，「社会的なリテラシーの育成」の説明で本文が締めくくられている。これは新時代の課題として，「対人関係リテラシー，基本的な生活習慣をはじめとする日常生活や規範意識，公共の精神を含めた社会生活にかかわるリテラシーなど，…（略）…人々が社会の中で生活し，個々の幸福の実現と社会を発展させていくための」力，即ち，集団を通して学ぶという学校教育特有の協業を通して身に付けることのできる社会的リテラシー育成への期待が高まっているからだと言えよう。

4　社会的・経済的環境の変化への対応力を育成するキャリア教育

① キャリア教育の意味と課題

　わが国において「キャリア教育」の必要性が最初に提唱されたのは，中教審答申「初等中等学校と高等教育との接続の改善について」（1999年12月）においてである。同答申では「キャリア教育を小学校段階から発達段階に応じて実施する必要がある」とし，「体験的な学習を重視するとともに，各学校ごとに目標を設定し，教育課程に位置付けて計画的に行う必要がある」と提言した。
　改正教育基本法第2条には「個人の価値を尊重して，その能力を伸ばし，創造性を培い，自主及び自律の精神を養うとともに，職業及び生活との関連を重視し，勤労を重んずる態度を養うこと」と規定された。これを受けた学校教育法第21条では，義務教育の目標として「学校内外における社会的活動を促進し，自主，自律及び協同の精神，規範意識，公正な判断力並びに公共の精神に基づき主体的に社会の形成に参画し，その発展に寄与する態度を養うこと」（第1項第1号），そして「職業についての基礎的な知識と技能，勤労を重んずる態度及び個性に応じて将来の進路

を選択する能力を養うこと」（第1項第10号）と定められ，これらを法的根拠として，これまでキャリア教育は推進されてきた。

最近では2013年6月に閣議決定された「第2期教育振興基本計画」において，今後5年間（2013〜2017年度）に取り組むべき施策の一つとして，「幼児期の教育から高等教育まで各学校段階を通じた体系的・系統的なキャリア教育を充実し，特に，高等学校普通科におけるキャリア教育を推進する」と明示された。このキャリア教育と従来からの職業指導・進路指導とを同一視する人はさすがに少なくなったとはいえ，キャリア教育は何に重点を置いた活動でどのような能力の育成が目指されているのか等，各学校において指導計画を立案するための基礎理解は十分に進んでいるとは言えないようだ。

文部科学省『中学校キャリア教育の手引き』（小学校版・高等学校版も同じ）によれば，キャリア教育は，「一人一人の社会的・職業的自立に向け，必要な基盤となる能力や態度を育てることを通して，キャリア発達を促す教育」（14頁）のことである。この場合のキャリアとは，人が「生涯の中で様々な役割を果たす過程で，自らの役割の価値や自分と役割との関係を見いだしていく連なりや積み重ね」のことであり，「社会の中で自分の役割を果たしながら，自分らしい生き方を実現していくこと」がキャリア発達の過程としている。

キャリア教育をこのように再定義した背景には，これまでの課題として，体験活動を重視する余り，職場体験活動の実施をもってキャリア教育を行ったものとみなしたり，社会的・職業的自立のために必要な能力の育成が軽視されてしまったりする傾向がみられたからとされている（14-15頁参照）。

② キャリア教育で育成する力

OECDのデセコ・プロジェクトが示したキー・コンピテンシーをはじめとして，最近のわが国において議論されている21世紀型能力でも同様に，従来の学力の範疇には収まらない，より包括的で総合的な資質・能力の育成に教育関係者の関心が移ってきている。キャリア教育で育成する力としての「キャリア発達にかかわる諸能力（4領域8能力)」や，それをリニューアルし再構成した「基礎的・汎用的能力」も学力のグローバル化の一環をなすものと位置づけられる（データ4-2）。

この「基礎的・汎用的能力」は，児童生徒が自立した社会人・職業人として生きていくために必要となる諸能力として，①人間関係形成・社会形成能力，②自己理解・自己管理能力，③課題対応能力，④キャリアプランニング能力の四つの能力要素をもつものとして示されたものである。従来，各学校におけるキャリア教育の指導計画の多くが，この「4領域8能力」（人間関係形成能力・情報活用能力・将来設計能力・意思決定能力）をふまえて立案されてきた。他方，「4領域8能力」は高等学校段階までを想定し，生涯を通じて継続的に能力を形成する視点が弱いなどの課題が指摘されてきた。今後，新時代のキャリア教育をつくる上で，これまでの教育活動の蓄積を生かしつつ「基礎的・汎用的能力」を基盤にした実践構築への転換を図ることが望まれている。学

データ4-2　キャリア教育で育成すべき力

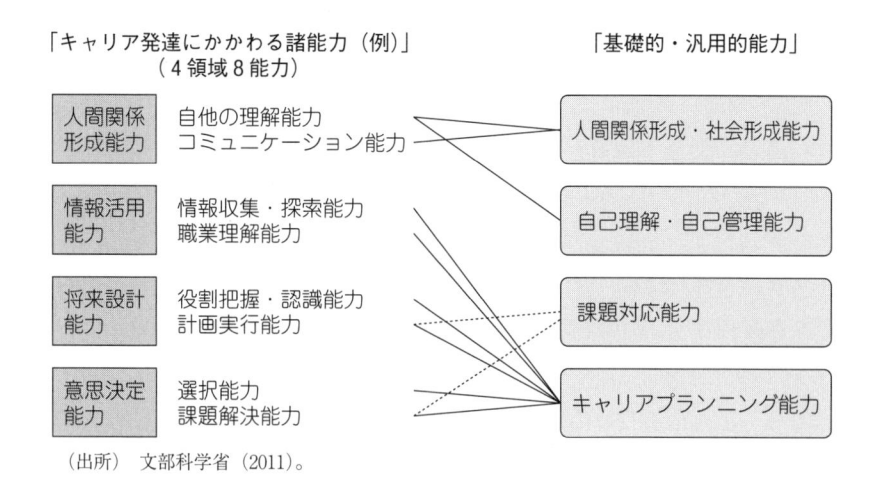

「キャリア発達にかかわる諸能力（例）」
（4領域8能力）

人間関係形成能力	自他の理解能力 コミュニケーション能力
情報活用能力	情報収集・探索能力 職業理解能力
将来設計能力	役割把握・認識能力 計画実行能力
意思決定能力	選択能力 課題解決能力

「基礎的・汎用的能力」

- 人間関係形成・社会形成能力
- 自己理解・自己管理能力
- 課題対応能力
- キャリアプランニング能力

（出所）文部科学省（2011）。

社接続（学校と社会・職業との接続）を展望する上でも，社会人や職業人に求められる基礎的・汎用的な能力と学校教育で育成する能力との接点を確認することは必要である。

　生きることは絶え間なく選択する過程のことである。キャリア教育を「自分らしい生き方の教育」と位置づけ，キャリアを「自らの役割の価値や自分と役割との関係をみいだしていく連なりや積み重ね」と捉えるのは，人は「様々な役割の関係や価値を自ら判断し，取捨選択や創造を重ねながら」自分の役割（自分がやりたいこと・やるべきこと）を果たそうとすることで自己実現に価値をみいだす存在だからである（文部科学省，2011，15-17頁）。

　他方，資質・能力の明確化・明示化それ自体は教育活動の意図やねらいをはっきりさせる上で悪いことではない。しかし，「○○力」の育成として，教育活動の結果としての資質能力の育成が転倒現象を起こしてしまい，資質能力を習得させるための直接の訓練教育に陥ってはいけない。この転倒現象は，学習活動の形式化や追従化を呼び込む危険性をはらんでいるだけではない。さらには「アクティブで社交的であること等，特定の個性や人柄を強調したり，日々の振る舞いすべてを評価・評定の対象にしたりすることにつながる」ことへの行き過ぎた教育活動にはならないようにする自制的な配慮が求められる。もっとふみこんで言えば，本章冒頭では貧困問題を指摘したが，「コミュニケーション能力など，全人的な能力であればあるほど，それは生まれ落ちた家庭の初期環境に規定される側面が強くなる」（石井，2015，14頁）として，この格差を学校教育が減じさせるどころか，かえって増幅させかねないとする指摘もあり，特に指導計画作成時に，育成する力（＝目標設定）と教育活動の展開の構想のところで，この能力を習得型の枠に収めることがないよう注意を要するところでもある。

　国立教育政策研究所生徒指導・進路指導研究センターの「キャリア教育・進路指導に関する総合的実態調査（第一次報告書）」（2013年3月）は，キャリア教育に関する学習の機会や内容等の実施状況を明らかにしている。

同報告書によれば，将来設計全般に関する学習や自分を理解する学習，職場の訪問や見学，職業についての調査活動及び事業所における体験学習（職場見学，就業体験，ボランティア活動を含む）は，中学校・高等学校ともに高い実施率を示している一方，就職を意識する高等学校段階において，「就職後の離職・失業など，将来起こり得る人生上の諸リスクへの対応に関する学習」（実施なしが49.3％），「転職希望者や再就職希望者等への就職支援の仕組みに関する学習」（同76.2％）など，人生の危機的状況に遭遇した時に自分の身を守るためのキャリア教育に関しては，実施率が高くない。

　これについては，文部科学省に設置された『キャリア教育の推進に関する総合的調査研究協力者会議報告書』（2004年）において，「キャリアを積み上げていく上で最低限もっていなければならない知識，例えば，労働者（アルバイター，パートタイマー等を含む）としての権利や義務，雇用契約の法的意味，求人情報の獲得方法，権利侵害等への対処方法，相談機関等に関する情報や知識等を，子どもたちがしっかり習得できるようにすることが大切である」と指摘されていた。ブラック企業やワーキングプアが社会問題化する現在，同報告書が指摘した最低限もっていなければならないとする知識をあらためてキャリア教育のコンテンツとして再評価するニーズは高まっていると言える。

5　新たな対応戦略としてのスクールソーシャルワーカーとの連携

　1995年から心の専門家としてスクールカウンセラー（SC）の配置が進められてきた。公立中学校に限れば，全国約1万校のうち約8000校に配置され，他校種にも拡充が図られてきた。

　SC等活用事業は，問題行動の未然防止，早期発見・早期対応等のために，児童生徒の悩みや不安を受け止めて相談にあたり，関係機関と連携して必要な支援を行うための事業であった。このSCの主な職務は，①アセスメント活動，②児童生徒や保護者へのカウンセリング活動，③学校内におけるチーム体制の支援，④保護者や教職員に対する支援・相談・情報提供，⑤関係機関等の紹介，⑥教職員などへの研究活動を行うことである。

　SCに加え2008年度からは，国における調査研究事業として，「スクールソーシャルワーカー（SSW）活用事業」を展開してきた。この事業では，社会福祉士や精神保健福祉士等の社会福祉に関する資格を有する者のほか，教育と福祉の両面に関して，専門的な知識・技術を有するとともに，過去に教育や福祉の分野において活動経験の実績のある者をSSWとして任用している。SSWの主な職務は，①問題を抱える児童生徒が置かれた環境への働きかけ，②関係機関とのネットワークの構築・連携・調整，③学校内におけるチーム体制の構築・支援，④保護者や教職員に対する支援・相談・情報提供，⑤教職員への研修活動，などである。

　問題行動の背景に児童虐待が潜んでいるケースでは，幼少時から多動傾向が継続的に観察されるため，発達障がいと思われて特別支援の対象とみなされることも少なくない。また，不登校の事例には，成育過程におけるネグレクト（育児怠慢・育児拒否）を起因として学校に来られなく

第4章　子どもの生活実態と生徒指導

データ4-3　名古屋子ども応援委員会の取り組み

（出所）名古屋市ホームページ（http://www.city.nagoya.jp/kyoiku/page/0000060183.html　最終アクセス2015年10月26日）。

なってしまうことがある。

　SCの役割が個人の心と行動にかかわって，主に「聴く仕事」・「待つ仕事」・「相談室で行う仕事」であるのに対し，SSWは，「つなぐ仕事」・「出かける仕事」・「環境に働きかける仕事」と表現されている（文部科学省「スクールソーシャルワーカー実践活動事例集」）。

　学校側からみたSSWの利点は，そのケース会議にある。ケース会議は，事例検討会やケース・カンファレンスとも呼ばれ，「解決すべき問題や課題のある事例（事象）を個別に深く検討することによって，その状況の理解を深め対応策を考える方法」（同）のことである。

　現実の状況打開を図らなければならないというリアルな解決が要求される，一種のケース・スタディと考えておくとよいだろう。このケース会議は，①ケース発見・相談，②社会調査（担任や関係する教員，本人や家族，関係機関や地域からの情報収集），③アセスメント（見立て），④プランニング（手立て），⑤プランの実行，⑥評価・モニタリング（見直し），⑦終結，という一連の流れで進んでいく。特に③④⑥では学校構成員（スクールカウンセラー等を含む）とケース会議を開き，ケースに対しそれぞれの鑑識眼（経験に照らした熟練した見方）から共有化を図ることが有効と考えられている。

　多様な背景を抱える子どもたちに対応するため，名古屋市教育委員会の子ども応援委員会のように，SCやSSWに加え，警察OBに協力を依頼して非行問題に対応するスクール・ポリスや，学校と地域との連携を促進するスクールアドバイザーを配置する自治体も出てきている（**データ4-3**参照）。まだ提言レベルではあるが，SSWやSCを，教員と同様に学校に配置すべき「基幹教員」として法的整備が進む可能性が有力視されていることも視野に入れておくべきだろう。

47

Column
主体性の顕れとしての「参加」：グループ活動はアクティブな参加を促すツールか

　アクティブラーニングを何かやらなくては……。この焦りが安易なグループ活動に結びつく。実際にはグループ活動を取り入れても，様々な集団事態が発生し，適切な対処方法が取られなければ失敗に終わる。このことは何度も経験してきたはずである。この可視化することが難しく，経験という一言で片づけられがちな力量ゾーンにこそ関心が寄せられるであろう。

　グループ活動における「参加」の状況を観察するための五つの視点を紹介しておこう。①どの子が大きな貢献をし，どの子が少ないか。その子らが，そのことに気付いているか。②引いている子はどの子か。あなたの見方では，なぜその子が引いていると思うか。その子が内気なのか，それとも課題がよく把握できていないのか。③誰が誰に対して話をしているか。誰が誰を避けているか，なにか理由があるのか。④グループ内に序列のようなものが形成されているか。⑤男女の違いが何か影響しているか。女の子の方が多く話しているか，などである。

　実質的にはグループ内の誰かが一人でまとめたものであっても，グループの成果として発表されれば，グループ活動は順調に行われたと評価される。しかし内実としては，課題への取り組みにおいて，「○○さんに任せておけばよい」と仲間の取り組みに「ただ乗り」した成員がいたり，能力の高い子がすべて説明し，能力の低い子はただの聞き手として当惑したりしていたかもしれない。有力な仲間に同調依存していただけの子の学習は不十分だったと言えるし，説明に費やす時間と学習量との相関性からすると，能力の高い者は説明することを通してより多くのことを学び，そうでなかった子は能力向上の機会が奪われていたことにもなる。だからこそ，どの子が大きな貢献をし，どの子がそうでなかったのかという，グループ成員一人ひとりの参加度や関与の仕方が観察の視点に組み込まれているのである。互恵的な協力関係の構築を重視する協同学習において，各成員の出番やそれにかけた時間，仲間との役割分担や時間の分有など，プロセスの内実を鋭く問いかけるのは，当然のことである（原田，2011）。

　「基礎的・汎用的能力」のうち「人間関係形成・社会形成能力」の育成を想定した学習活動の内実をどのように評価すればよいのか。信頼性・妥当性のある評価方法の開発が求められるところである。

引用参考文献

相川充・佐藤正二編『実践！ソーシャルスキル教育　中学校』図書文化社，2006年。
相原次男他編著『新しい時代の特別活動』ミネルヴァ書房，2010年。
阿部彩『子どもの貧困』岩波書店，2008年。
石井英真『今求められる学力と学びとは』日本標準，2015年。
厚生労働省「平成25年度福祉行政報告例の概況」2014年。
住田正樹『子ども社会学の現在』九州大学出版会，2014年。
高旗浩志「教室」有本章他編著『教育社会学概論』ミネルヴァ書房，2010年，69-84頁。
原田信之編著『心をささえる生徒指導』ミネルヴァ書房，2003年。
原田信之「ドイツの教育の実像――社会コンピテンシーを育む協同学習の実践」『教育展望』2011年5月号。
藤原喜悦編『児童生徒理解と指導の基本』金子書房，1988年。
文部科学省『スクールソーシャルワーカー実践活動事例集』2008年。
文部科学省『生徒指導提要』教育出版，2010年。
文部科学省『中学校キャリア教育の手引き』教育出版，2011年。

山田美香・原田信之他『ESDと次世代育成の教育論』風媒社，2014年。
渡辺弥生・小林朋子編著『10代を育てるソーシャルスキル教育』北樹出版，2009年。

設問

1．教師と子どものリレーションの視点から求められる「居場所づくり」のあり方を説明しなさい。
2．社会的・経済的環境の変化への対応力の視点から，キャリア発達にかかわる諸能力を説明しなさい。
3．スクールソーシャルワーカーの活用に関し，どのような問題行動に対してどのような活用を図ることが望ましかを説明しなさい。

推薦図書

- 文部科学省国立教育政策研究所生徒指導・進路指導研究センター『キャリア発達にかかわる諸能力の育成に関する調査報告書』実業之日本社，2014年
  キャリア発達にかかわる能力を明確にし，それを自校なりの指導計画に具体化することでキャリア教育を一歩前進させたい方に必読。収録された豊かな事例が実践開発を支えてくれる。

- 渡辺弥生他『学校だからできる生徒指導・教育相談（改訂版）』北樹出版，2006年
  カウンセリング・マインドを生かした子どもとのかかわり方など，生徒指導のあり方に関心をもちながら，手探り状態で苦慮されている方にリレーション形成のあるべき姿を示してくれる。

（原田信之）

第5章　現代社会と学校の変化

　現代では，なぜこれほどまでに，「学校」が社会からの攻撃や要求の対象となってしまったのだろうか？　「学校の先生のやる気がない」「教員の能力が低下した」などという安易な説明に流され翻弄されるのではなく，「〈現代〉という時代がどのような特徴をもっているのか？」「そのような時代において，学校がどのように変化しつつあるのか？」ということをまず本章では理解しよう。その上で，「学校の組織運営の課題」「学校づくりのリーダーシップ」という視点から，現代の学校の課題と可能性を考えていきたい。

1　現代社会における学校

① 学校の社会環境の変化

　「今日の教育問題の最も深刻なところは，子どもは教師の指導を受け入れるものだということがすでに事実認識として成り立たないばかりでなく，規範としても成り立ち難くなっている点にある」，「その事態は個々の指導場面でも生じているし，学級崩壊や不登校としても現れてもいる」（水本，2006，28頁）。そして，「今やわざわざ学校という閉鎖的な場所に行かなくても，インターネットを通した自学学習が可能になっている」ことから，「今のような学校であるべきか」を考えることが現実味のある問いにもなってきている（苫野，2013，191頁）。
　そのほかにも，保護者の高学歴化や学習塾，教育産業の台頭を受けて，子どもが学校に来る意味が問われているだけではなく，学校内外の環境変化により，学校や教師のもつ専門性や社会的意義を容易に想定できなくなってきた。
　戦後産業社会においては，規格化した商品を大量生産する労働者をつくるには，標準的な教育内容・方法によって，知識・技能を効率的に習得させる必要があった。また，近代（モダン）社会では，社会的に意義ある知識・価値体系を学校でしか学べなかったことから，子どもは学校へ真面目に通い，教師を尊敬して指導に従い，勉強や部活動に励むようになった。しかし，時代が進むにつれ，近代的な管理統制的な教育に，強く反発する子どもたちが登場するのは必至の状況であったと考えられる（柳沼，2010，28-29頁）。
　さらに，近代教育は，固定的な学校・家庭・社会の関係を前提として構成されてきたが（柳沼，2010，28頁），近年は，その関係に綻びが生じてきている。例えば，この問題にいち早く注目し

> データ 5-1　保護者の変化についての学校の認識

[関西 3 地区の国公私立の幼・小・中・高・養護学校888校への悉皆調査，回収率57.1％]
①保護者の学校や教職員に対する要望や苦情の内容が，昔に比べて変化してきていると感じますか？
　「大いに変化を感じる」59％，「少し変化を感じる」35％
②苦情や要望の持ち込み先や持ち込み方（方法）
　「大いに変化を感じる」49％，「少し変化を感じる」39％
③保護者の方々の，日頃の学校や教職員への接し方が，以前に比べて変わったと感じますか？
　「大いに変化を感じる」41％，「少し変化を感じる」47％

（出所）　小野田（2006，51-52頁）。

てきた小野田の2005年の調査によると，いずれも，約9割の学校が，保護者の変化を認識しており，学校にとって，教育改革への対応や児童・生徒の安全確保と並んで，保護者対応が最も悩める案件になっている（**データ5-1**）。

　これらの問題は，国公私立を問わず，また教職経験年数を問わず，「いつでも」「どこでも」「だれにでも」生じている。保護者による「言ったもの勝ち」の「突っ込み」に対して，学校による「過剰反応」「過剰防衛」という図式にもなっており，子どもの学習課題より説明責任が優先されたり，担任の指導方法に対するクレームが，突然，校長室や教育委員会にもち込まれるなど，教職員や学校にとってしんどさが増している（小野田，2006，61-65頁）。

② ポストモダンとその語りにくさ

　学校がこのように位置付けられる現代（ポストモダン）という社会をどのように考えていく必要があるのだろうか。「ポストモダン」という思想は1970年代末から世界的に注目されるようになったものである。近代においては「社会の誰もが共通に信じ込んでいる信念体系とそれを支える組織や制度」という「大きな物語」が共有されていたが，「近代以降の時代」＝「ポストモダン時代」は，こうした「大きな物語」を喪失した状況にあり，無数の「小さな物語」が台頭してきた。「教師の指導性」という「規範」の喪失も，個々の教師の能力の低下などではなく，「大きな物語」の喪失というポストモダン下に特有の状況として捉える必要があるだろう。

　柳沼（2010）が指摘するように，教育政策をはじめ，近代の学校教育をめぐる議論は，「保守派（右派）」対「進歩派・革新派（左派）」，もしくは，「管理教育」対「自由教育」などの間を揺れ動いてきたが，対立する両者ともに，近代特有の「大きな物語」を抱き，「進歩の物語」を有していたと言える。しかし，ポストモダンにおいて，多種多様な私事的な「小さな物語」が紡ぎ出され，普及していくと，かつての「管理教育か自由教育か」という二項対立的なイデオロギー闘争も，結局のところ「大きな物語」同士の対立にすぎないとみなされ，棄却されていく（19-21頁）。

　それゆえ，「今日のようにポストモダン化した時代において，教育のあり方について語ることはそれほど容易ではない。というのも，そもそもポストモダンの思想とは，絶対的で普遍的な知

識や価値規範を相対化し，同一性や階層秩序を批判して，差異性や多様性や異種混交性を重視するため，従来の教育のあり方を根底で支えてきた『大きな物語』さえ根本的に懐疑するからである」(柳沼，2010，2頁)。社会制度として学校を捉える視点を，現代もしくはポストモダンにおいてどのように築いていくことができるだろうか。

③ 機能的な社会と「経験」の喪失

田中（2002）が次のように論じているように，現代のわれわれは機能的な社会に生きている。

> 私たちが何かをするときに，相手が，感情をいだく生身の人間ではなく，たんなる機械のような機能システムの一部だと思うなら，私たちのその相手にたいする態度は，大きくなる。…（略）…自分が「お客さま」であり何らかの機能システムを利用する身分であると思っているとき，その人は，その機能システムのなかで働いている人たちを，多くの場合，生身の他者とは見なしていない。彼（女）らは，機能システムを構成する部品と見なされている。教授であれ，教員であれ，駅員であれ，店員であれ，機能システムを構成する人たちは，「お客さま」からみれば，生身の他者ではなく，機能的な役割そのものである。気に入らなければ，大学通りですれちがう教授を無視するように，彼（女）らを無視することができるのである（田中，2002，17-20頁，傍点原文ママ）。

つまり，自分が想定している問題解決や目的達成に効率的でないと考えると，その機能は「ヒト」であれ「モノ」であれ，別のものに取り替えられる。コミュニケーションは，「自分の都合や自分の考えありき」または「自己の想定を超えないものが良し」とされるようになり，「自己の内閉」が生じてしまう。田中（2002）はこのような社会の機能化により，人間関係の"あそび"がなくなり「関係の冗長性」が衰退し，「他者という存在」を感受できなくなると指摘している（23頁）。「経験」というのは，自己が捉えようとしても捉えきれない予測不能なもので，自分とは「異質な他者（ヒト・モノ）」と触れ合う中で，自己が解体されながら，事後的に"あれに出逢えてよかったな"と分かるようなものである（高橋，2007）。他者を感受できないということは，「経験」の喪失を意味している。

しかし，このような状況が生じてしまうのは，田中（2002）も指摘しているように，「私たちの人格そのものに由来する現象であるというよりも，私たちの置かれた情況に由来する現象である」（17-18頁）。

自分とは全く相容れない「他者」への感受性を育むことで，〈われわれ〉の社会が成立するわけだが，そのような意味において，「経験の民主化」を支える社会制度としての学校のあり方が，現代では改めて大きな課題になっていると言えよう。

2 「改革」の対象としての学校

1 「激動」の時代

篠原（2012）は，戦後の学校をめぐる社会環境として，「安定→変化→急変→激動」と移り変わり，それに伴い学校も，「民主化→効率化→ガバメント化→マネジメント化」と変化してきたと指摘している（5頁）。学校は，外発的にも内発的にも改善が試みられるが，近年の「マネジメント化」とは外的基準により学校改革が進むだけではなく，「学校経営」のあり方に対して，政策等の圧力が強くなっていることを表している。学校や教師の努力によって，内発的に「経営」が担保されるとは限らず，外発—内発という本来矛盾するものの影響を同時に受けながら，イデオロギーとして「経営」が争点になる。

2000年の教育改革国民会議において，公立学校について「お客がくることが決まっているまずいレストラン」との表現が用いられたことは有名であるが，ある小学校の中堅教員が「最近は子どもがいない方が仕事ができる」という発言をしていた。「激動」の時代においては，過度の学校不信・依存により，学校の外部環境における矛盾の捌け口として学校が位置づき始めていることは否めない。そして，それらへの対応という文脈で，即戦力として「実務能力」を身につけることが日々，教員に要請されるようになってきている。

2 理念なき技術主義？

このような状況をどのように捉えればよいのだろうか。高橋（2007）は，現代の教育問題の語られ方が大きく変化してきたとして，「その結果として，子どもにとっては，教育されることの息苦しさが，大人にとっては，教育することの負担感が重くのしかかるようになった。明治期以来，人間形成や教育が，これほどの息苦しさと負担感の中で行なわれる時代はいまだかつてなかったはずである」として，次のような刺激的な投げかけをしている。

　ほぼ1970年代末までの「教育問題」は，社会の進歩や子どもの発達保障という「大きな物語」の文脈の中で語られてきた。高度経済成長政策のひずみとして生じた受験競争，詰め込み教育，校内暴力，ドロップアウトなどの問題群は，個々の親や教師だけで解決できるものではなく，社会進歩という歴史的コンテクストの中でこそ解決すべき問題として受け取られてきた。
　ところが，1980年代以降の「教育問題」の語られ方の特徴は，そうした「大きな物語」の文脈を喪失した点にある。問題は，親や教師の教育責任を果たす力量の有無にあるとされる。すべての事柄が，当事者の選択と自己責任の問題になりつつある。これまで親や教師の教育行為を背後で支えてきた数々の「人間形成の物語」が，経済合理性というふるいにかけられ，ことごとく放逐されてきた。その結果，どのような状況が生まれたのか。…（略）…しかし，これは人間形成にとっては，危機的状況の裏返しにほかならない。それは，なぜか。本来は，大人

> データ 5-2　学校の自主性・自律性をめぐる動向

1997年9月	橋本龍太郎首相（当時）所信表明演説：「学校に責任と権限をもたせてまいります」
1998年9月	中央教育審議会答申：「学校の自主性・自律性の確立」
1999年4月	文部省：「各学校が創意工夫を生かして特色ある教育，特色ある学校づくりを進めます」
2000年9月	教育改革国民会議中間報告：「学校に組織マネジメントの発想を導入し，校長が独自性とリーダーシップを発揮できるようにする」
2002年6月	文部科学省：「学校組織マネジメント研修」推進
2008年1月	中央教育審議会答申：「教育課程における PDCA サイクルの確立」
2014年7月	文部科学大臣から中央教育審議会に諮問：「教員が指導力を発揮できる環境を整備し，チームとしての学校の力を向上させるための方策について」

（出所）　筆者作成。

世代から子ども世代への知恵や物語の伝承行為であり，夢や希望，理想や願望を基盤として成り立つ人間形成の営みが，そうした「物語性」を封印する方向で，経済効率的に語られる傾向にあるからである。「人間形成の物語」が不在のまま，過剰な教育意識が子どもに差し向けられるという，まことに逆説的状況が出現している。しかしながら，物語を欠いた人間形成の論議ほど不毛なものはない（高橋，2007，i-iii頁）。

1971年に，エヴァレット・ライマー（Everett Reimer）が『学校は死んでいる（SCHOOL is DEAD)』と題して，学校の課題を論じたが，現代の学校は「死んだ」のだろうか。「学校（school）」の語源は，ラテン語の「スコラ（schola）」や古代ギリシャ語の「スコレー（skhole）」であり，個人が自由かつ主体的に使うことを許された時間（閑暇）を意味している。機能化する現代社会の特徴と比較してみると，人間の認識，価値観，コミュニケーションへの影響という点で，学校には依然，積極的な意義や可能性を見出せるはずだが，いかにしてその糸口を掴むことができるだろうか。

3　近年の学校の組織運営の課題

1　"学校管理"から"学校経営"の時代へ

社会がある程度成熟した現代では，国家が目指すべき教育像をなかなか描ききれない状況にある。つまり，「どのような方向へこれからの子どもと社会を導こうとするのか，それを国のレベルで描ききれない所に学力観の混迷は起き，だからこそ国はその役割を地方や地域あるいは個人の選択に委ねようとしている」（水本，2006，28頁）。

学力観が混迷し，教育についての議論が活発になることは，学校にとっては必ずしも悪い状況とは言えない。**データ 5-2** の通り，「学校の自主性・自律性」の確立に向けて，学校関係者にも

> データ5-3　学校の年齢構成の変化と課題

> ・今後10年間に，教員全体の約3分の1，20万人弱の教員が退職し，経験の浅い教員が大量に誕生することが懸念されている。これまで，我が国において，教員の資質能力の向上は，養成段階よりも，採用後，現場における実践の中で，先輩教員から新人教員へと知識・技能が伝承されることにより行われる側面が強かったが，今後は更にその伝承が困難となることが予想される。
> ・さらに，今後，大量の新人教員と少数の中堅教員からなる教員集団をまとめていくために…（略）…これまで以上に組織的で計画的な教育活動，学校経営が不可欠であり，校長のリーダーシップとマネジメント能力がこれまで以上に求められる。また，多くの管理職が，教員と同様，今後10年の間に大量に退職することとなる。
> ・このような状況に何らかの手を打たないと，大量の経験不足の教員と少数の多忙な中堅教員，新しい時代の学校運営に対応できない管理職により運営される学校が全国各地に生まれるといった状況にもなりかねないが，他方，教員全体数の約3分の1が入れ替わるこの10年は，学校教育をよりよい方向に変えていく絶好の機会ともいえる。

（出所）　中央教育審議会・教員の資質能力向上特別部会（2011）。

「組織」「経営」「マネジメント」「評価」「PDCA」「チーム」などが少しずつ使用され始めるようになってきた。ただし，学校の自主性・自律性の確立とは，他校と違う特色を打ち出すだけではなく，教育についての責任を学校が引き取ることを意味する。つまり，上からの指示や規則のみに従って動く「コンビニ型の学校」から，自らビジョン・理念と戦略をもった「自営業としての学校」への転換である。

　このように，「学校が管理される時代」から，「学校を経営する時代」に移行する環境においては，組織としての学校，経営の主体としての学校・教師の存在が必要になる。

② 学校の年齢構成の変化と課題

　しかし，1947～1949年生まれの団塊世代の大量退職と新規教員の大量採用に加えて，30～40歳代の教員層の空洞化が進んでいる。教員構成の4～5割が50歳代になるなど，極端な中堅不足と「ワイングラス型」のような年齢構成のいびつさが，近年の学校では問題になっている（小島他，2012，14頁）。このような変化と課題に関して，今後，新人教員が大量に誕生する一方で，中堅層が手薄になることについて，データ5-3の指摘がなされている。

　また，学校という職場に共通してみられる現代的な課題として，若手は，力量・経験不足だが，組織的・計画的育成システムを欠いており，中堅は，学校経営に関心が低く，自分のことで精一杯であり，しかし，「組織」「経営」「評価」「若手育成」など，慣れない仕事への期待やプレッシャーがとても大きいという状況がある（小島他，2012，15-18頁）。

③ 学校の組織運営の見直し

　学校経営を推進するために，校長のリーダーシップの強化をねらいとして，様々な施策も講じられてきた。2000年には，学校教育法施行規則改正により，職員会議について「校長が主宰する」，「校長の職務の円滑な執行に資する」とそれを補助機関化することが明記された。また，

2007年の学校教育法改正により，従来の「なべ蓋型」であった学校組織を，副校長，主幹教諭，指導教諭などの「新たな職」を導入することで，校長をトップとする「ピラミッド型」の組織を指向し，意思決定の迅速化・効率化を図りやすくすることが目指された。

　さらに，従来は，「①教諭の専修免許状または一種免許状」及び「②5年以上の教育に関する職の経験」を校長の資格要件としていたが，2000年の学校教育法施行規則改正により，①，②をもたない民間出身者に校長への道が開かれた。資格要件の緩和による「民間人校長」は，2014年4月時点で136名おり，全校長約3.4万人に占める割合はごくわずかだが，ほとんどの都道府県市が採用している。

　また，2000年の学校教育法施行規則の改正により，校長の学校運営への支援を図るものとして，学校評議員制度が導入された。その後，2004年には地方教育行政の組織及び運営に関する法律が一部改正され，保護者や地域住民の意見を学校運営に反映する学校運営協議会が設置可能になり，それを設置している学校がコミュニティ・スクールと呼ばれている。

　文部科学省は，「質の高い学校教育の実現と地域の教育力の向上」に向けて，「学校のことは学校自身が，保護者や地域住民の意向を踏まえ決定することを原則として，地域の力を学校運営に生かす『地域とともにある学校づくり』を推進するため」に，2016年度までに，全公立小中学校の1割の約3000校へとコミュニティ・スクールを拡大することを目標にしている（文部科学省大臣官房総務課広報室，2012，16頁）。地域と連携した学校づくりに積極的に取り組むことで，保護者の「学校への苦情」が「意見や提案，相談，協力」に変化してきたことが，コミュニティ・スクールの成果の一つとしてあげられている一方で，協議の形骸化や地域住民の参画の偏り，継続的な取り組みを進めるための支援不足などが課題であると指摘されている（文部科学省，2013，2頁）。

　ただし，全国公立学校教頭会の2014年調査では，公立小・中学校の副校長・教頭の約9割が，苦情への対応など職務を通した心身の疲れを感じていることが明らかになるなど，「激動」の時代にある学校の組織運営には多くの課題が残されているのも事実である。

4　学校づくりのリーダーシップ

① 「経営」という視点

　なぜ，学校はこれほど忙しいのだろうか。良い方法はないのだろうか。

　そのヒントとして，まず「経営」とは何かを考えてみよう。「経営」とは，「他人を通して事を成す（getting things done through others）」と定義されているが，中原（2014）は，「プレイヤー」が「マネジャー」になるには，ある程度の飛躍が必要で，「大きな転機」として「生まれ変わり」が求められると指摘している（41-42頁）。

　従来，教育界では「教える（teaching）」という仕事を担う「プレイヤー」としての教員の育成に比重が置かれてきたが，これからの学校の成否には，「経営（management）」という視野をど

データ5-4　学校の組織特性

	私企業	自治体	学　校
組織目標	利潤追求	住民へのサービス	子どもの成長・発達
組織活動	経済活動	給付活動	教育活動
組織成果	測定可能	測定可能	測定困難
組織の自律性	強	中	弱
成員の自律性	弱	中	強

（出所）　篠原（2009, 150頁）。

のように組み込み，構想していくかが鍵になるだろう。つまり，「教える」という「子ども」を相手にしたものから，「マネジメント」という「大人」を相手にした専門性である。"名選手，名監督にあらず" と言われるように，経営能力やリーダーシップは，生まれつき備わっているものではなく，「学習としての経営」もしくは「開発としてのリーダーシップ」という発想が必要になる。

　複雑さが増す学校課題を前に，教師個人が丸抱えをして事態を乗り越えるようなことはすでに限界にきており，名選手（プレイヤー）でなくとも，「他人」を通して「事」を成せるかということがより重要になってきている。名選手ほど，こだわりが強く，仕事のできない「ほかの選手」のことが理解できなかったり，また，「人に任せるよりも自分でやってしまった方が楽である」との声も聞こえてきそうだが，個人に頼っている組織ほど弱いものは無い。現実的には，「プレイング・マネジャー」という難しい，かつ，やりがいのある仕事をバランスをもってやっていくしかない。

　また，後述の通り，企業とは違い，学校では経営における「他人」は，「同僚」にとどまらず，「保護者」「地域住民」「教育委員会」「国」など多岐に渡り，かつ，責任関係も曖昧である。また，企業では「事」を成す対象が，「利潤追求」と明確であるのに対して，学校の場合は，その目標が「子どもの成長」「教育」など，非常に抽象的で曖昧である。ここから，「経営は不要」という考えもあるだろうが，「企業組織に比べて学校は経営の基盤が弱い」と捉えることもでき，それゆえ，高度で柔軟な経営のあり方が求められると言える。

2　学校の組織特性

　データ5-4の通り，学校は，私企業とは違い，利潤追求のような明確な組織目標をもっていない。そのため，成果も数値等で客観的に測定できず，合理性や効率性だけでは，その活動の成否を判断できないことを特徴としている。また，教員だけで教育活動が完結することはなく，保護者や地域住民，行政との関係のあり方や各規制，法制度への対応も重要になることから，組織の自律性は強くない。その一方で，学級活動や各指導場面では，企業に比べて個業性が強く，そ

れゆえ，指示・命令に基づくものに限らず，チームワークなどを通しても協業や分業を合理的に行う仕組みが容易に成り立たない。

また，企業では，例えば，万引きをした客は成員資格を失い，かつ，処罰の対象になる。つまり，企業組織の〈売る─買う〉という関係では，仮に「買う」という行為に逸脱があった場合，「売る」側は合理的に対処できる。さらに，良い商品を買ってくれない場合は，「売る」側が，マーケティングを通して「買う」主体を選ぶこともできる。そのような合理的対処こそが，利潤を目的とした企業組織の存立基盤になる。

それに対して，学校では，学習から逸脱する子どもは学校から放り出されたりはせず，そのような子どもこそが教育の対象になる。〈教える─学ぶ〉という関係は，企業における "give & take" のような合理的で効率的なものではなく，いわば，損得では割り切れない "give & give" のような非合理的なものである。「教える」という行為は，見返りを求めることができず，それゆえ，その行為は個人への負荷が高く，それを支える組織・経営のあり方が重要になる。

以上をふまえると，単に，学校に「企業」経営原理をもち込むだけではなく，「教育」経営原理をつくっていく必要があることが分かる。合理的・効率的な改革や，校長のリーダーシップの強化，企業経営のメソッドや民間出身校長が万能というわけではなく，学校の組織特性をふまえた上で，経営のあり方が模索される必要があるだろう。

③ 「問い」や「理念」の重要性

それでは，現代の学校環境をふまえた場合，学校づくりの方策を具体的にどのように考えていけるだろうか。

社会環境が日々変化する現代では，学校があらゆる要求に，「いち教師としての頑張り」もしくは「組織・チームとしての技術的・実務的な対応」を行っていくだけでは十分ではない。「経営は生きた総合芸術である」（松下，2001，143頁）と表現されるように，常に柔軟かつ現実的に考え，行動することが求められる。

天笠（2006）による次の指摘にもあるように，これからの学校には組織や社会への「問い」とそれらを現実的に解決していくための経営「理念」が必要になる。

> マネジメント力の基盤となり柱となるのは，一つは，組織を成功に導くマネジメント全体にかかわる構想力であり，もう一つは，問い（課題）をつくり出す力なのである。これらを鍛えずして，経営技術の習熟に走ることは，結果として，マネジメント力の育成をめぐって，木を見て森を見ずということにもなりかねない。
>
> このうち，自ら問い（課題）をつくり出す力こそ，スクールリーダーにとっても最も備えなければならないマネジメント力ということになる。P・F・ドラッカーも「戦略的な意思決定においては，重要かつ複雑な仕事は，正しい答えを見つけることではない。それは正しい問いを探すことである」と述べている（天笠，2006，366-367頁）。

「答え」や「方法（技術）」も時には大切ではあるが，それらは「理念」が定まれば自ずと決まってくるものでもある。リスク（「海図もない所に向けて漕ぎ出していく」というポルトガル語が語源）と無縁な活動は学校には存在せず，また，経営の基盤が不安定な学校組織には，より一層，「問い」や「理念」が重要になるだろう。

学校がしんどいのは，社会変化による構造的な問題なので，職場の人格のぶつかり合いを避ける必要がある。見方を変えると，「どこでも」「誰にでも」起きている問題であり，能力や責任感だけに問題があるわけではない。個人で抱え込まずに，複眼的に問題を捉え，発想の転換により，希望を見出すことも重要だろう。特に教育活動を行う学校には，そこにかかわる大人の能力差や多様な視点はあった方が良い。環境が複雑で，課題が高度なだけに，急いで単純に考えないことが大切であり，面倒なことや，無駄なことをしながら，学校に余裕をつくっていくこと，つまり，「対話」と「続けること」が重要になる（末松，2012，114-116頁）。そして，絶対的なものが無い時代には，「弱い理念」で柔軟に考え，行動していくことも大切になるだろう（宇野，2013，182-183頁）。

学校にとって大きな関心事である，授業改革や学校改革について，保護者・地域住民ともにそれらを十分に把握していないのも事実である。ただし，学校による情報提供や説明責任が不十分かというと，保護者・地域住民の満足度は概ね高く，当事者性が仮に低いとしてもそれが直ちに学校にとって問題になるわけではない。保護者や地域住民の声のすべてに対して，過剰に反応するのではなく，保護者や地域住民にしかできない役割を学校が発掘し，担ってもらうことも大切である。そのためにも，学校自らの理念やビジョンが重要になり，そして，「物語としてのビジョン」を，カリキュラムや授業に落とし込み，実現していくことが求められる。

リーダーシップは，近年みられる「手垢のついた」議論が目指す"フォロワーを増やすためのもの"ではない。リーダーシップとは"人を育てること"つまり，"次のリーダーを育てるためのもの"で，「柔軟かつ現実的（プラグマティック）」で創造的な過程であるならば，学校づくりのリーダーシップをどのように考えていけるだろうか。

引用参考文献

天笠茂『学校経営の戦略と手法』ぎょうせい，2006年。
宇野重規『民主主義のつくり方』筑摩書房，2013年。
小島弘道・熊谷愼之輔・末松裕基『学校づくりとスクールミドル』学文社，2012年。
小野田正利『悲鳴をあげる学校』旬報社，2006年。
里見実『学校を非学校化する――新しい学びの構図』太郎次郎社，1994年。
篠原清昭「学校の組織特性とミドルリーダーの役割」教員免許状更新講習事業コンソーシアム編『教職リニューアル――「教育の最新事情」を効果的に学ぶために』ミネルヴァ書房，2009年，149-154頁。
篠原清昭「学校改善の課題」篠原清昭編著『学校改善マネジメント――課題解決への実践的アプローチ』ミネルヴァ書房，2012年，3-18頁。

第5章　現代社会と学校の変化

> ### 学校を批判的に考える視点
>
> 　日本においても，学校の批判的検討を行った優れた研究はたくさんあるが，なかでも里見（1994）は，従来の学校への批判の視点として，①正解信仰を生みだす学校の権威主義，②競争や序列づけによる画一化，③教えられ，与えられつづけることによる人間の生徒化と文化の貧困化，をあげている。
>
> 　「激動」の時代にある学校に対しては，社会から過度の依存・不信が渦巻くと同時に，学校の存在意義も揺らいでいる。学校のあり方を根本的に問うということは，「学校をただバッシングする」のではなく，「学校の〈存在意義〉を改めて問う」ということである。そういう意味での「批判的な思考」がわたしたちにも求められていると言えるだろう。
>
> 　わたしたちの多くは学校教育を受けた経験をもっているので，教育を考える時には，自らの経験を基盤にすることが多いが，それが教育への想像力を萎縮・衰弱させているのも事実である。昨今は，旧来の政治・行政システムの至るところに歪みが生じてきたことから，学校や行政のあり方，それらへの社会のかかわり方が改めて問われてきている。つまり，「政治の当事者化」が進んでいる。多くの物事の判断・決定が個々人に委ねられる時代だからこそ，効率だけを求めて焦らずに，歴史や世界にも視野を拡げた「あそび」のある思考・行動をしたいものである。
>
> 　矢野（2008）が指摘するように，わたしたちの知っている「先生」や「学校」は，近代教育制度において生まれたもので，それは歴史上百数十年前に登場した一つのタイプで，近代西欧に誕生したものがモデルになっているにすぎない（ⅰ頁）。「近代」の経験に限らず，あらためて思考実験や想像力を駆使して，教育や学校，社会を問い直していくことが必要だろう。

末松裕基「教育課程経営」篠原清昭編著『学校改善マネジメント――課題解決への実践的アプローチ』ミネルヴァ書房，2012年，100-118頁。
高橋勝『経験のメタモルフォーゼ――〈自己変成〉の教育人間学』勁草書房，2007年。
田中智志『他者の喪失から感受へ――近代の教育装置を超えて』勁草書房，2002年。
中央教育審議会・教員の資質能力向上特別部会「教職生活の全体を通じた教員の資質能力の総合的な向上方策について（審議経過報告）」2011年1月31日。
苫野一徳『勉強するのは何のため？――僕らの「答え」のつくり方』日本評論社，2013年。
中原淳『駆け出しマネジャーの成長論――7つの挑戦課題を「科学」する』中央公論新社，2014年。
フレイレ，P.／三砂ちづる訳『新訳　被抑圧者の教育学』亜紀書房，2011年。
松下幸之助『実践経営哲学』PHP研究所，2001年。
水本徳明「スクールマネジメントの理論」篠原清昭編著『スクールマネジメント――新しい学校経営の方法と実践』ミネルヴァ書房，2006年，27-42頁。
文部科学省『コミュニティ・スクール』2013年。
文部科学省大臣官房総務課広報室『文部科学広報』2012年，154頁。
柳沼良太『ポストモダンの自由管理教育――スキゾ・キッズからマルチ・キッズへ』春風社，2010年。
矢野智司『贈与と交換の教育学――漱石，賢治と純粋贈与のレッスン』東京大学出版会，2008年。

> 設　問
> 1．現代社会と学校の関係の特徴を述べなさい。
> 2．近年の学校の組織運営の課題について説明しなさい。
> 3．学校づくりのリーダーシップのあり方を論じなさい。

> 推薦図書

- 宇野重規『民主主義のつくり方』筑摩書房，2013年

　社会制度が変化すると，人間の成熟には結びつかない個人の「体験」が氾濫するばかりで，社会から「経験」を喪失させ，同時に，「自由」を喪失させるとして，プラグマティズムの議論に依拠しながら，「経験の民主化」を「民主主義」という広い視野から問うた図書。

- 篠原清昭編著『学校改善マネジメント――課題解決への実践的アプローチ』ミネルヴァ書房，2012年

　学校改善について理論的に考えるとともに，具体的方策についても検討し，現在の学校の課題と組織運営のあり方を提示する図書。

- 柳沼良太『ポストモダンの自由管理教育――スキゾ・キッズからマルチ・キッズへ』春風社，2010年

　戦後から現代に至る教育の変容について，「ポストモダン」や「現代思想」の視点から読み解いたもので，「近代」から「現代」の過程で，教育の課題をどのように捉え直し，論じるべきかを問うた刺激的な図書。

（末松裕基）

第6章 教育課程とカリキュラムマネジメント

　本章では，カリキュラムマネジメントの重要性を踏まえ，カリキュラムマネジメントのプロセスの詳細とその留意点を示すとともに，カリキュラムマネジメントの基本となる教育課程と学習指導要領に関する重要事項の理解を目指す。教育課程とカリキュラムの基本的な意味を明確にし，教育課程の根拠となる法的関係を整理する。代表的なカリキュラムマネジメントのサイクルとそのプロセスを示すことにより，カリキュラムマネジメントの考え方，カリキュラムの評価の観点等を明らかにする。

1 カリキュラムマネジメントの重要性

　国立教育政策研究所教育課程研究センターが実施した2013年度「小学校学習指導要領実施状況調査」では，小学校長797人のうち，「学校全体の教育課程の検証・改善」が「十分実現できている」(11.2%) と「どちらかといえば実現できている」(80.8%) という回答は，合わせて92.0%と高率であった。そして，学習指導要領の趣旨の実現に向けて取り組んだことにより学校にどのような変容があったかについては，①「教員の授業改善の意識の向上」(87.2%)，②「教職員の新学習指導要領の趣旨の理解の深まり」(55.2%)，③「研究・研修・指導体制など校内の組織的な体制の充実」(54.3%) が上位であり，「教育課程の編成・実施・評価・改善のサイクルの推進」(30.6%) が第6位であった。**データ6-1**の表は，該当する調査結果を示したものである。
　ここで，「教育課程の編成・実施・評価・改善のサイクルの推進」は，カリキュラムマネジメントの内容を意味しており，しかも①から③の内容もカリキュラムマネジメントに関係したものである。2008年改訂の現行学習指導要領が推進されるに伴い，カリキュラムマネジメントの視点から学校の教育活動を見直すことの重要性が高まっていると言える。
　このように重要性を増しているカリキュラムマネジメントに関しては，カリキュラムマネジメントとはどのような考え方なのか，どのような点に配慮して進めるべきか，カリキュラムの評価はどのように行うのかといった問いに明確に説明できることが必要である。そこで本章では，カリキュラムマネジメントの詳細について，その内容を示すとともに，教育課程とカリキュラムはどのように異なるのか，教育課程の法的根拠は何か，学校評価とカリキュラムの評価との関係は何かといった重要事項についても確認していく。

データ6-1 新学習指導要領の趣旨の実現に向けて取り組んだことによる学校の変容

回答状況	教職員の新学習指導要領の趣旨の理解の深まり	教育課程の編成・実施・評価・改善のサイクルの推進	教員の指導力の向上	教員の授業改善の意識の向上	教育環境，教材・教具の充実	研究・研修・指導体制など校内の組織的な体制の充実
	割合（％）	割合（％）	割合（％）	割合（％）	割合（％）	割合（％）
全体	55.2	30.6	49.4	87.2	25.5	54.3

回答状況	教職員の研修時間の充実	授業時数の確保の工夫	評価規準等の工夫	その他	無回答	合計
	割合（％）	割合（％）	割合（％）	割合（％）	割合（％）	人数（人）
全体	18.6	36.9	10.2	0.0	0.1	797

（出所）国立教育政策研究所教育課程研究センター，2015年2月発表。

2 教育課程の定義とカリキュラムの機能

1 教育課程とカリキュラム

　教育課程は，学校が行う教育活動に関して，教育内容，教育方法，教育計画，教育組織などを児童生徒や地域の実態をふまえて体系的に編成した全体計画である。教育課程という用語が，それまでの教科課程という語に代わり，学習指導要領に登場してきたのは1951（昭和26）年からである。現在，各学校で編成される教育課程は，学習指導要領に「各学校においては，教育基本法及び学校教育法その他の法令並びにこの章以下に示すところに従い，児童の人間として調和のとれた育成を目指し，地域や学校の実態及び児童の心身の発達の段階や特性を十分考慮して，適切な教育課程を編成するものとし，これらに掲げる目標を達成するよう教育を行うものとする」（2008年改訂小学校学習指導要領第1章総則）と示されている。

　このように，教育課程は学校の教育計画の基本であるが，類義用語としてカリキュラムという言葉も使われている。教育課程という語は，カリキュラムの訳語であり，両者は同じ意味で使われることが多いものの実際には若干の違いがある。本来，カリキュラム（curriculum）は，ラテン語で競争路を意味するクレーレ（currere）を語源とし，学習者の学ぶ道として配列されている教育内容のことである。カリキュラムという用語の基本的な意味は，学校が目的的，組織的，計画的に実施する教育内容及び教育計画のことである。教科内容の学習を中心としたカリキュラムを教科カリキュラム，学習者の経験を重視したカリキュラムを経験カリキュラムと呼ぶこともある。

　教育課程とカリキュラムという二つの用語の使われ方を比べると，教育課程という語の方が公的で行政的用語として用いられており，カリキュラムという語の方が意味が広く一般的用語とし

て用いられている。教育課程という用語を用いる場合は，後述する顕在的カリキュラムのことを意味している。一方，カリキュラムという用語を用いる場合は，顕在的カリキュラムに加えて潜在的カリキュラムをも含む場合が多い。つまり，教育課程の方が狭義であり，教育目標を達成するために教育内容を一定の原理によって系統的に配列した全体の体系を意味している。これに対して，カリキュラムの方が広義であり，学校において意図的または無意図的に学ばれる経験の総体を意味している。

② 顕在的カリキュラムと潜在的カリキュラム

学校が行う教育活動に関して，教育内容，教育方法，教育計画，教育組織などを系統的に配列し，それらを公的に示した教育体系のことを顕在的カリキュラムという。顕在的カリキュラムの意味は，教育課程という語の意味と同義である。

これに対して，カリキュラムの意味と機能をより広く捉え，教育の目的や学校の目標とはかかわりなく，非意図的・不可視的に子どもたちを方向づける作用を潜在的カリキュラムまたは隠れたカリキュラム（hidden curriculum：ヒドゥン・カリキュラム）という。潜在的カリキュラムとは，児童生徒が学校や学級生活に適応する過程で，無意識的，結果的に習得したり体得したりしている価値観，態度，社会的規範などの文化や行動様式のことである。児童生徒は，常に学校生活における彼ら同士や教師との間の人間関係を通じて，学校という特定の集団内での対処の仕方を学んでいる。また，教師が児童生徒のどの面を評価しているかに敏感に反応して，特定の行動様式を身につけていく。そこに，計画的で明示的な顕在的カリキュラムとは異なり，児童生徒が無意識的に身につける潜在的カリキュラムの側面が存在する。

潜在的カリキュラムは，学校の人間関係，雰囲気，風土，伝統，会話等を通じて，暗黙のうちに伝達され，受容される。潜在的カリキュラムには，授業の活動や教室での生活によって無意図的に伝達されるミクロなレベルの側面のほかに，マクロなレベルの側面もある。例えば，潜在的カリキュラムを，社会階層や社会統制との関連で把握し，学校が組織的・計画的に教授する教育的知識が，社会の階層構造を再生産する機能を果たしていると考えるマクロなレベルの側面などがある。実施したカリキュラムが，児童生徒が学ぶ経験の総体としてどのような意味があるのかに目を向けることが，潜在的カリキュラムの存在とその機能に気付く契機になる。

3　教育課程の基本となる法的根拠

① 日本国憲法及び教育基本法

ここでは，教育課程編成の根拠となる法的関係を整理する。教育課程の編成，内容，計画，順序，留意点等について，それらを直接示しているのは学習指導要領である。学習指導要領では，教育課程は，諸法令をふまえ地域や学校の実態及び児童生徒の発達段階を考慮して各学校が編成するとされている。教育課程編成の根拠となる諸法令とは，日本国憲法をはじめ，教育基本法，

学校教育法，同法施行規則，学習指導要領のほか，地方教育行政の組織及び運営に関する法律，そして地方教育委員会の定める教育委員会規則などである。

　まず，日本国憲法では，第23条で「学問の自由」を保障し，第26条第1項では，「すべて国民は，法律の定めるところにより，その能力に応じて，ひとしく教育を受ける権利を有する」と定めて，国民の教育を受ける権利を保障している。そして第2項では，「すべて国民は，法律の定めるところにより，その保護する子女に普通教育を受けさせる義務を負ふ。義務教育は，これを無償とする」と定めて，教育を受けさせる保護者の義務を明示している。

　次に，教育基本法（2006年改正）では，その前文で，「日本国憲法の精神にのっとり，我が国の未来を切り拓く教育の基本を確立」すると述べ，そのために基本となる教育の目的や目標を定めている。特に，教育課程の編成に直接的に関連する条文としては，第1条の「教育の目的」，第2条の「教育の目標」，第4条の「教育の機会均等」，第5条の「義務教育」，第6条の「学校教育」，第14条の「政治教育」，第15条の「宗教教育」などがある。重要なことは，教育基本法で定められている内容が，学校教育法，学習指導要領の内容にも反映され，教育課程の根拠となる法的関係が体系化されたことである。

② 学校教育法及び同法施行規則等

　学校教育法では，教育基本法の理念を実現するために，小学校，中学校，高等学校などの学校種別に目的及び目標を定めている。ここで言う目標とは，目的を達成させるための具体的な方法や筋道として掲げられている項目のことである。そして，同法が第30条第2項で学力の3要素を明示したことは大きな特徴である。すなわち，「生涯にわたり学習する基盤が培われるよう，基礎的な知識及び技能を習得させるとともに，これらを活用して課題を解決するために必要な思考力，判断力，表現力その他の能力をはぐくみ，主体的に学習に取り組む態度を養うことに，特に意を用いなければならない」と定めて学力の3要素を明記している。

　次いで，文部科学省令である学校教育法施行規則は，教育課程の編成に必要な種々の事項を定め，学習指導要領の法的性格を明文化している。すなわち，第50条において小学校の教育課程を編成する各教科・領域名を示し，第52条で「小学校の教育課程については，この節に定めるもののほか，教育課程の基準として文部科学大臣が別に公示する小学校学習指導要領によるものとする」と定めて，学習指導要領が国の示す教育課程の基準であることを明らかにしている。これらの規定は，小学校以外の学校種においても同様に定められている。

　また，地方教育行政の組織及び運営に関する法律（以下，地教行法）は，地方教育委員会の職務権限について規定している。教育課程の編成に関しては，同法第21条の5，第33条及び第48条の規定により，都道府県の教育委員会は，国の法令の範囲内で，教育課程に関する必要な規則を定めることができるとされている。

③ 教育課程の届出

　以上に示した諸法令の基礎の上に，各学校における教育課程の編成がなされている。編成した教育課程の届出については，地教行法第33条に基づいて，教育委員会が定める学校管理規則によって行われている。すなわち，地教行法第33条で，教育委員会は，「その所管に属する学校その他の教育機関の施設，設備，組織編制，教育課程，教材の取扱その他学校その他の教育機関の管理運営の基本的事項について，必要な教育委員会規則を定めるものとする」と規定している。この規定に基づき，各教育委員会が定める学校管理規則によって，校長が教育委員会（学校管理規則によっては教育長）に対して，教育課程の届出を行うことになっている。

　また，地教行法第33条第2項では，「教育委員会は，学校における教科書以外の教材の使用について，あらかじめ教育委員会に届け出させ，又は教育委員会の承認を受けさせることとする定を設けるものとする」と規定している。この規定に基づいて，各教育委員会の学校管理規則では，校長が，副読本・補助教材の使用状況を教育委員会へ届け出るという定めの条項を設けている。ただし，教科書が発行されていない教科の場合，準教科書として使用する教材については，教育委員会（学校管理規則によっては教育長）の承認が必要になる。

4　カリキュラムマネジメントの推進とサイクル

① カリキュラムマネジメントの推進

　カリキュラムの編成，実施，評価，改善のプロセスに関する学校経営のシステムをカリキュラムマネジメントという。カリキュラムマネジメントは，学校が主体的に開発編成したカリキュラムを実施，評価，改善していく組織的な営みである。学校に寄せられる様々な教育課題に対応し，充実した学校教育と特色ある学校づくりを実現するために，学校におけるカリキュラムマネジメントのあり方が大きな課題になっている。各学校では，より効果的な教育活動を実現するために，実施中のカリキュラムを評価検討し，改善していかなければならない。

　　＊　田村（2011，2-11頁）は，1999年からカリキュラムマネジメントの用語が中留武昭によって使われ始めたこと，教育課程行政における初出は，2003年10月の中教審答申「初等中等教育における当面の教育課程及び指導の充実・改善方策について」においてであることを明らかにしている。

　今日，カリキュラムマネジメントが特に重視されているのは，現代的な教育課題に対応した学校の主体性に基づいた新しいカリキュラムを開発編成する必要性が高まってきたからである。各学校では，どのようなカリキュラムを開発編成し実施するかについて，学年，教科，分掌の全組織によるあらゆる角度からの検討と改善への取り組みが必要である。それにより，カリキュラムの実施状況やその効果を検証でき，学校の特色化に向けての活動が可能になるのである。

　こうした状況を裏付けるように，2008年1月の中央教育審議会答申「幼稚園，小学校，中学校，高等学校及び特別支援学校の学習指導要領等の改善について」では，教育課程や指導方法等の不

断の見直しによるカリキュラムマネジメントの確立の必要性が次のように述べられた。すなわち，「各学校においては，このような諸条件を適切に活用して，教育課程や指導方法等を不断に見直すことにより効果的な教育活動を充実させるといったカリキュラム・マネジメントを確立することが求められる」と述べて，教育課程におけるPDCAサイクルの確立の必要性を示している。これを受け，2008年3月改訂の現行学習指導要領に関して，小・中学校学習指導要領解説の総合的な学習の時間編において，計画，実施，評価，改善というカリキュラムマネジメントのサイクルを着実に行うことの重要性が述べられている。

② 代表的なカリキュラムマネジメントのサイクル

これまで，カリキュラムマネジメントの大枠である学校経営をサイクルとして捉える方法がいくつか行われてきた。典型的な学校経営のサイクル（組織マネジメントサイクル）としては，①Plan（計画）→ Do（実施）→ See（評価）で示されるPDS論をはじめ，②Plan（計画）→ Do（実施）→ Check（評価）→ Action（更新）で示されるPDCA論，③Aim（目的）→ Plan（計画）→ Do（実施）→ See（評価）→ Improvement（改善）で示されるAPDSI論などがある。学校経営は，こうした学校全体の組織マネジメントサイクルで推進されている。これらは，カリキュラムマネジメントのサイクルにも適用される。それらの考え方について簡単に説明を加える。

まず，①PDS論は，学校経営の従前型サイクルであり，P（計画）とD（実施）の段階だけでなく，S（評価）の段階の重要性を示した考え方である。次に，②PDCA論は，S（評価）の段階をさらにC（評価）とA（更新＝改善）に分け，評価と改善の重要性を強調した考え方である。PDCAサイクルは，国立教育政策研究所が主導したマネジメント研修や全国学力・学習状況調査の検証改善サイクルをはじめ，現在広く取り入れられている。

そして，③APDSI論は，学校経営サイクルの向かう方向としてA（目的）を明確化した上で，実施結果の評価に基づいて，次年度につなぐためのI（改善）を重視した考え方である。その他，④学校経営サイクルの出発時における現状分析を重視した考え方として，Analysis（分析）→ Plan（計画）→ Do（実施）→ See（評価）で示されるAPDS論，Check（評価）→ Action（改善）→ Plan（計画）→ Do（実施）で示されるCAPD（キャップドゥ）論などがある。

カリキュラムマネジメントの推進にあたっては，学校がどのようなプロセスモデルに基づいて取り組んでいくかを教員間で十分に共通理解を図った上で実践することが重要である。

5 カリキュラムマネジメントのビジョン

① カリキュラムマネジメントと課題分析シート

以上に示した代表的サイクルからも分かるように，カリキュラムマネジメントのプロセスには，カリキュラムの開発，カリキュラムの編成，カリキュラムの実施，カリキュラムの評価と改善などがある。これらは，学校の校務分掌に基づいた指導組織を基盤にして，学校教育目標の達成を

データ6-2　カリキュラムマネジメントのビジョンとサイクル

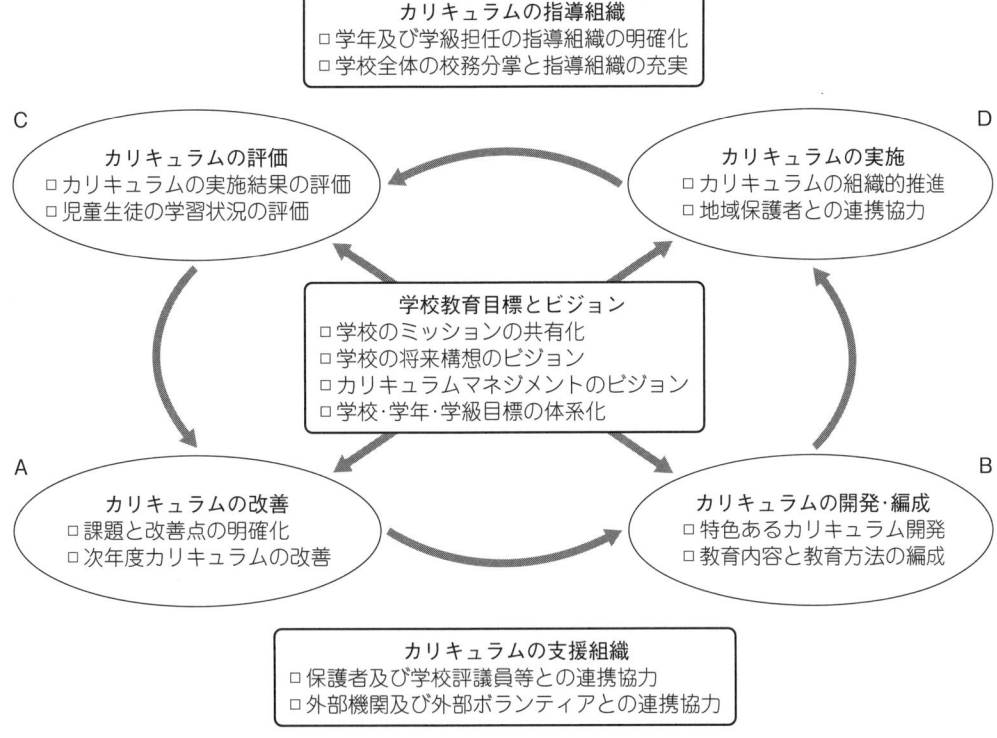

```
              ┌─────────────────────────┐
              │   カリキュラムの指導組織      │
              │ □学年及び学級担任の指導組織の明確化│
              │ □学校全体の校務分掌と指導組織の充実│
              └─────────────────────────┘

C                                              D
┌──────────────┐              ┌──────────────┐
│ カリキュラムの評価  │  ←──────  │ カリキュラムの実施  │
│□カリキュラムの実施結果の評価│     │□カリキュラムの組織的推進│
│□児童生徒の学習状況の評価│        │□地域保護者との連携協力│
└──────────────┘              └──────────────┘
        ↓          ┌─────────────────┐      ↑
        │          │  学校教育目標とビジョン │      │
        │          │ □学校のミッションの共有化│      │
        │          │ □学校の将来構想のビジョン│      │
        │          │ □カリキュラムマネジメントのビジョン│  │
        │          │ □学校・学年・学級目標の体系化│   │
        │          └─────────────────┘      │
        ↓                                          │
A                                              B
┌──────────────┐              ┌──────────────┐
│ カリキュラムの改善  │  ──────→  │ カリキュラムの開発・編成│
│□課題と改善点の明確化│            │□特色あるカリキュラム開発│
│□次年度カリキュラムの改善│         │□教育内容と教育方法の編成│
└──────────────┘              └──────────────┘

              ┌─────────────────────────┐
              │   カリキュラムの支援組織      │
              │ □保護者及び学校評議員等との連携協力│
              │ □外部機関及び外部ボランティアとの連携協力│
              └─────────────────────────┘
```

（出所）　筆者作成。

目指して進められる。カリキュラムの指導組織は，教務部を中心として，学年・学級・教科等，校務分掌によって分担される学校組織の全体である。**データ6-2**の図は，カリキュラムの指導組織を基盤としたカリキュラムマネジメントのサイクルを示したものである。そして，この図で，カリキュラムマネジメントの各プロセスにおける項目は，そのプロセスで検討すべき要点であると同時に，そのプロセスの実施状況に対する評価観点の役割ももっている。このように，カリキュラムマネジメントの各プロセスにおける要点をカリキュラムマネジメントの状況を点検するための評価観点として捉え，自校におけるカリキュラムマネジメントの全体を評価するように活用するのである。ここに示したカリキュラムマネジメントのプロセス図は，自校の状況に対する課題分析シートとして活用することができるわけである。

② スクールリーダーのビジョン

　学校における主体的なカリキュラムマネジメントの推進には，管理職をはじめ教務主任などのスクールリーダーの役割が重要になる。スクールリーダーの役割は，カリキュラムマネジメントのビジョンを示し，特色ある教育活動を実現させていくことである。山﨑（2012，10-13頁）が指

摘するように，カリキュラムマネジメントの推進にあたっては，児童生徒や地域の実態と学校教育目標を反映させるとともに，各教師が主体的に取り組むための構想つまりビジョンが必要である。学校の特色化と地域保護者に対する責任を果たすためのビジョンがあってこそ，生きたカリキュラムマネジメントとなるのである。スクールリーダーは，学校経営の基本として，カリキュラムマネジメントのビジョンを的確かつ明確に示すことが重要である。

　また，校長を対象とした調査では，90パーセント以上の校長が，学力向上を何らかの形で位置づけた経営ビジョンをもっているという。児童生徒の学力向上を図るためには，その基本となるサイクルとして，全国学力・学習状況調査の結果を取り入れた検証改善サイクルと連動させて自校のカリキュラムマネジメントのサイクルを進めていくことが肝要である。自校の将来構想を明確にした上で，自校のカリキュラムに関する成果と課題を確認・検証し，児童生徒の学習状況の改善を図っていくというサイクルを確立していくのである。こうした点をふまえると，今や，学校経営の中心はカリキュラムマネジメントであるといっても過言ではない。

6 カリキュラムマネジメントの要点と課題

1 カリキュラムの開発とその留意点

　カリキュラムマネジメントの起点と言うべきカリキュラムの開発の段階には，各教科の内容に関するカリキュラムの開発のほか，総合的な学習の時間及び外国語活動（小学校）・道徳・特別活動に関するカリキュラムの開発などが含まれる。単元開発や教材開発なども基本的にここに含まれる。総合的な学習の時間及び道徳・特別活動に関するカリキュラムの開発は，学校の特色化と密接につながっている。カリキュラムの開発にあたっては，学校の教育目的及び目標をふまえ，それらを具体化させる教育内容・方法と教材の開発をはじめ，評価方法の工夫・開発をも含めて行うことが重要である。

　つまり，カリキュラムの開発の段階から，指導組織と指導内容に対するカリキュラムのあり方を視野に入れておくことが，カリキュラムマネジメントを有効に推進するための留意点であると言える。中留・田村（2004, 21頁）が指摘するように，カリキュラムの開発編成の段階から予め評価方法の開発を検討しておくことになる。カリキュラムの開発は，単なるカリキュラム作成とは異なり，カリキュラムマネジメントの考え方に立ち，計画，実施，評価の面まで考慮した連続的で発展的なものでなくてはならない。ここで，用語に開発という言葉を使うのは，より包括的で系統的な営みを意味する概念として，実践を通してカリキュラムの成否を絶えず検証し，有効なカリキュラム開発の手順や方法を明らかにするという理念を含んでいるからである。

　さらには，法教育やESD（Education for Sustainable Development：持続可能な開発のための教育），小中一貫カリキュラムや中高連携カリキュラムなどの新しい教育内容を検討すること，ICT（Information and Communication Technology）やアクティブ・ラーニングなどの新しい教育方法を取り入れることも重要な課題である。その際，カリキュラムに新しい内容や方法を取り入れる場合

には，カリキュラムデザインの考え方に立つことが大切である。カリキュラムデザインとは，まず，カリキュラムの内容・方法・計画・組織などの条件をどのように工夫し実現するかを設計することであり，そして，当初の設計によるカリキュラムを実践した結果を評価して，当初のカリキュラムデザインを適切に修正したり，改善したりして次の実践につなげていく考え方である。カリキュラムデザインには，より良い授業の条件を考える授業デザイン，年間計画や月間・週間計画を考える計画デザイン，指導組織のあり方を考える組織デザインなどがある。

② カリキュラムの評価の主体と対象

前述したように，カリキュラムマネジメントのサイクルの捉え方やカリキュラムの評価結果に基づいた改善のあり方について，様々な論と実践が展開されてきた。ここでは，カリキュラムの評価の重要性をふまえ，カリキュラムの評価の対象と観点を示すことにする。

まず，カリキュラムの評価は，カリキュラムの編成・内容・方法・実施状況・指導組織・児童生徒の学習状況等を対象にして実施する。カリキュラムの内容・方法をはじめ児童生徒の学習状況も評価の対象とすることによって，次年度以降におけるカリキュラムの改善につなげていくようにする。カリキュラムの評価は，多くの場合，学校評価の一部として実施されている。吉富（2011，66-85頁）が示すように，カリキュラムの評価にあたっては，授業評価や児童生徒の学習状況の評価を含めて実施することが重要である。評価の主体は，基本的に学校の教員であるが，最近は学校評議員などの外部者が一定の立場から評価に加わることが多くなっている。外部者が評価に加わる場合は，各評価項目の内容と評価結果を外部者に分かりやすいよう配慮し，客観性の高い評価資料にしていくことである。外部者の評価も含め，カリキュラムの評価では，特に，評価結果の活用と情報公開にかかわる事項が重要である。学校に寄せられる情報公開の波の中で，カリキュラムの評価は学校が地域住民や周囲に対するアカウンタビリティ（説明責任と経営責任）を果たしていくことに結びつく。

③ カリキュラムの評価の観点

次に，カリキュラムを評価する際の観点は，学習指導要領が示す目標や学校教育目標をふまえ，各教科の観点，学校の特色に応じた観点，教授・学習組織など学校経営的な観点などを基本として設定する。2002年度から，児童生徒の学習評価が目標に準拠した評価（いわゆる絶対評価）に移行し，2007年度からは全国学力・学習状況調査が開始されたことにより，児童生徒の学力状況がどのように変化しているかという点もカリキュラム評価の重要な観点である。さらに，カリキュラムの実施状況や効果に対する教師の自由記述，児童生徒の自己評価や授業評価，保護者の感想などもカリキュラム評価に取り入れることである。各学校においては，評価の観点，評価の方法，評価者，評価の時期などを適切に定め，カリキュラムの評価によって，カリキュラムの改善が適切かつ継続的に行われるよう努めなければならない。

具体的な評価の観点としては，①各教科・領域についての指導目標，指導計画，授業時数，評

データ6-3 教育評価の分類と評価対象

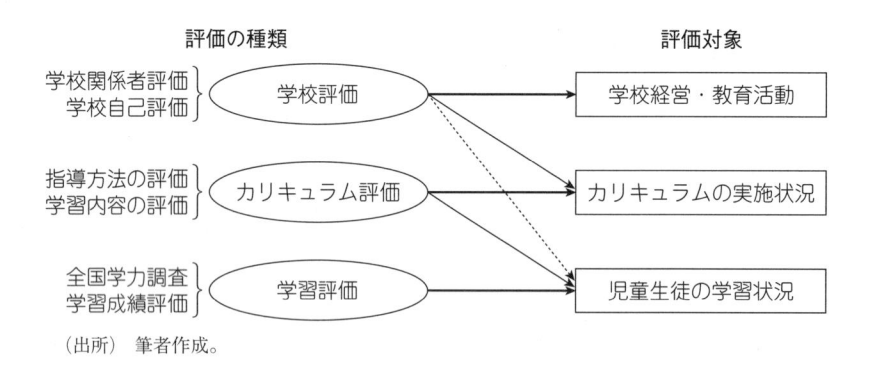

評価の種類／評価対象

- 学校関係者評価・学校自己評価 → 学校評価 → 学校経営・教育活動
- 指導方法の評価・学習内容の評価 → カリキュラム評価 → カリキュラムの実施状況
- 全国学力調査・学習成績評価 → 学習評価 → 児童生徒の学習状況

（出所）筆者作成。

価の規準などカリキュラムの編成状況が適切か，②各教科等の実施授業時数や指導結果などカリキュラムの実施状況は充実しているか，③個別指導やグループ指導，ティームティーチングなどの個に応じた指導や体験的な学習，問題解決的な学習，課題選択学習など指導方法や指導組織の状況は工夫されているか，④年度当初の指導目標の実現状況，児童生徒の基礎・基本の習得状況など児童生徒の学習状況は十分か，⑤目標に準拠した評価の状況や全国学力・学習状況調査の結果との比較など学校全体としての児童生徒の学習状況は成果が上がっているか，⑥地域との連携協力に関して，地域の環境や人的・物的・文化的資源を生かした教育活動が行われ開かれた学校の実現が図られているかなどがあげられる。カリキュラムの評価にあたっては，これらの評価の観点を十分に考慮し，学校評価の内容と関連させて適切に行わなければならない。

④ カリキュラムの評価と学校評価・学習評価との関係

カリキュラムの評価に関しては，学校評価や学習評価との関連が重要になる。一般に教育評価は，評価する対象によって，学校におけるすべての経営活動や教育活動を評価する学校評価，カリキュラムの実施状況を評価するカリキュラム評価，児童生徒の学習状況を評価する学習評価の三つに大別される。山﨑（2014, 36-38頁）が示すように，カリキュラムの評価はほとんどの学校で学校評価の中に含まれている。**データ6-3**の図は，教育評価の分類と評価対象との関係を表したものである。各分類における評価の方法とその観点を明確に示し，学校全体で共通理解を図っていくことが重要になる。

引用参考文献

田村知子「カリキュラムマネジメントのエッセンス」田村知子編著『実践・カリキュラムマネジメント』ぎょうせい，2011年。
中留武昭・田村知子『カリキュラムマネジメントが学校を変える』学事出版，2004年。
文部科学省「平成25年度公立小・中学校における教育課程の編成・実施状況調査」2014年。

第6章 教育課程とカリキュラムマネジメント

Column

個に応じた指導の実施状況

次期学習指導要領でアクティブ・ラーニングの導入が検討されている。現在,個に応じた指導として行われている様々な指導方法は,今後アクティブ・ラーニングを円滑に導入するための基盤になると考えられる。そのため,個に応じた指導がどの程度実施されているか,その現状を把握しておくことが重要である。

個に応じた指導の方法には,様々な実施形態がある。文部科学省が全国の公立小・中学校を対象に実施した「平成25年度公立小・中学校における教育課程の編成・実施状況調査」によれば,個に応じた指導を実施する学校の状況が,下記の表のように示されている。表で,A,B,Cの分類は次のようになっている。

A…少人数指導を実施する場合(例えば,①2学級を三つの学習集団に分けるなど学級の枠を越えて学習集団を編成し,それぞれの学習集団を異なる教師が指導する場合や,②1学級を二つ以上の学習集団に分け,それぞれを異なる教師が指導する場合など,通常の学級集団よりも小さい学習集団を編成して指導を行う場合)

B…複数の教師が協力して指導する場合(例えば,①1学級を単位とし,学習集団を分けずに複数の教師が協力して指導する場合や,②1学級内または学級単位を超えて学習集団を編成し,全部または一部の学習集団に対して複数の教師が協力して指導する場合など,一学習集団に対し二人以上の教師が協力して指導する場合)

C…一人の教師が,個人や学習集団によって異なる課題等を与えるなどの指導を行う場合など,AまたはB以外の方法で個に応じた指導を実施する場合

下記の表によると,個に応じた指導を実施する学校全体の割合は,小学校で91.5％,中学校で94.5％にのぼっている。また,AとBの方法の実施率を比べた場合,いずれの学年・教科においてもAよりBの方法の方が実施率が高いことが分かる。

個に応じた指導を実施する学校の割合(複数回答)

	A 少人数指導	B 複数の教師が協力して指導	C その他	※実施学校
小学校	61.7%	77.6%	22.4%	91.5%
中学校	63.6%	78.2%	12.7%	94.5%

(注) 実施学校の欄は,A,B,Cのいずれかの学習活動を実施する学校の割合。

山﨑保寿「教務主任に求められるミドルリーダーシップと仕事術」山﨑保寿編『教務主任の仕事術——ミドルリーダー実践マニュアル』教育開発研究所,2012年。

山﨑保寿「カリキュラム・マネジメントの具体的取り組み」山﨑保寿編『教務主任ミドルマネジメント研修BOOK』教育開発研究所,2014年。

吉富芳正「授業改善につなげるカリキュラム・マネジメント」天笠茂編『学力を創るカリキュラム経営』(学校管理職の経営課題第3巻)ぎょうせい,2011年。

設問

1. 教育課程の法的根拠を整理し,教育基本法および学校教育法で定められた内容が,現行学習指導要領の内容

にどのように反映されているかを示しなさい。
2．データ6-1の表をもとに，自校のカリキュラムマネジメントの現状に対して，学校教育目標とビジョン，指導・支援組織，各プロセスのそれぞれについて評価し，改善点をあげなさい。
3．カリキュラムの評価の観点として，学校の組織運営に関する観点，教育内容に関する観点，地域連携に関する観点をそれぞれ五つずつ項目化して示しなさい。

> 推薦図書

- 天笠茂編『学力を創るカリキュラム経営』（学校管理職の経営課題第3巻）ぎょうせい，2011年
  平成20年改訂学習指導要領が目指す方向を基本に，子どもの学力を保障するカリキュラムマネジメントの在り方について，学校管理職向けの対応方策を提示している。
- 天笠茂『カリキュラムを基盤とする学校経営』ぎょうせい，2013年
  学力向上，組織マネジメント，学校評価などの課題をカリキュラムマネジメントの面から分析している。学校経営の基盤をカリキュラムマネジメントに置くことによって新鮮な視点で学校経営を見直している。
- 田村知子編著『実践・カリキュラムマネジメント』ぎょうせい，2011年
  カリキュラムマネジメントの理論を解説した上で，学校改善，読解力の指導，総合的な学習，道徳教育，キャリア教育などに関する具体的な手法と方策を15校の先進事例で提示している。
- 田村知子『カリキュラムマネジメント——学力向上へのアクションプラン』（日本標準ブックレット），日本標準，2014年
  学校のカリキュラムマネジメントを診断する際に活用できるカリキュラムマネジメント分析シートを提示するなど，学校が必要としているカリキュラムマネジメントの具体的方策を明らかにしている。
- 村川雅弘・野口徹・田村知子・西留安雄編著『「カリマネ」で学校はここまで変わる！』ぎょうせい，2013年
  カリキュラムマネジメントを中心に学校改善を実現した10校の事例を示し，その分析によって授業改善および学校経営改善の方策をまとめている。

（山﨑保寿）

第7章 教育法の変化と学校法の課題

2006年に行われた教育基本法の改正による法体系の変化，学校で進む教育事象の法化現象，教育と政治の関係の変化など，教育法（教育に関する法という広い意味で使用している）は大きく変化している。本章では，現代における教育法のあり方を考える視点として，「学校法」という見方の重要性を提起し，学校教育の特質をふまえながら，具体的な課題の解決を図るための法的教育実践を行うことの意義を考える。

1 教育法の変化

①　教育基本法改正による法体系の変化

　教育法の体系は，基本的に，憲法―教育基本法―個別法の関係にある。長い間，憲法，教育基本法は制定以来一度も改正されず，憲法―教育基本法の関係は不変であったのに対し，学校教育法などの主要な個別法はその時々の政策によって改正され続け，教育基本法と個別法の関係は乖離していった。2006年の教育基本法改正は，従来の憲法，教育基本法，個別法の関係を大きく変更するものであった。条文は大幅に加筆修正され，憲法に直接的に根拠をもたない文言が加えられた。このことにより，憲法―教育基本法の直接的な関係は大幅に失われる一方で，教育基本法は，憲法との直接的な関係から離れて，個別法に対して根本法として地位を強化し，事実上，教育基本法を頂点とした法体系が形成されつつある。

　教育基本法改正の主なねらいが，学校教育にあることは言を待たない。特に，学校教育によって達成されるべき資質事項を列挙した第2条（教育の目標）の果たした役割は決定的であった。同条は教育を行う者の一般的な責務を規定したもので，教育目標を達成すべき具体的な法的義務までを課したものではないが，実態としては，学校における教育実践や研修活動の指針となったり，学校教育法における校種ごとの目的，目標等の規定，学習指導要領の根拠となっている。このことにより，教育基本法に準拠した学校法制は，制度基準として機能するだけでなく，内容基準として機能することになったのである（データ7-1）。

②　リーガリズムに消極的な文化と教育事象の法化現象

　従来から，わが国の社会には，リーガリズムに対する消極的な法文化があり，社会倫理や人間

データ 7-1　教育基本法を中心とした法体系の形成

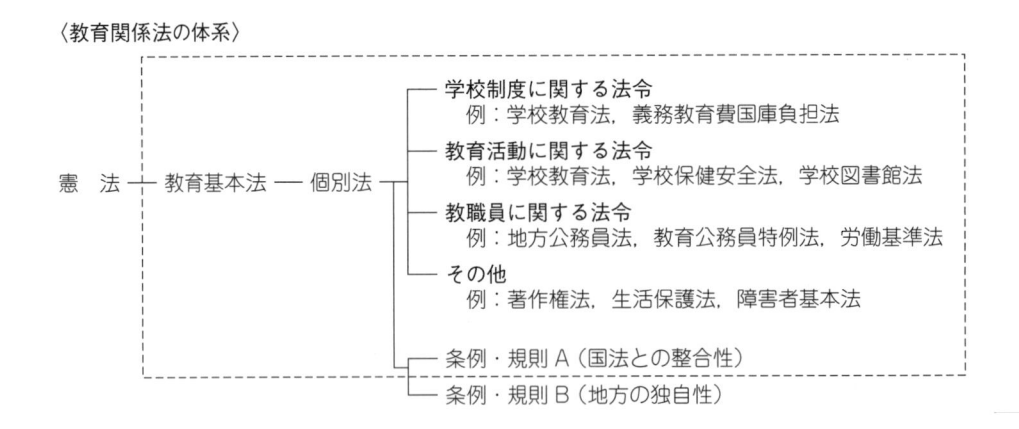

〈教育関係法の体系〉

```
憲　法 ─ 教育基本法 ─ 個別法 ┬ 学校制度に関する法令
                              │    例：学校教育法，義務教育費国庫負担法
                              ├ 教育活動に関する法令
                              │    例：学校教育法，学校保健安全法，学校図書館法
                              ├ 教職員に関する法令
                              │    例：地方公務員法，教育公務員特例法，労働基準法
                              └ その他
                                   例：著作権法，生活保護法，障害者基本法
              ─ 条例・規則 A（国法との整合性）
              ─ 条例・規則 B（地方の独自性）
```

関係に関する問題を，権利義務の問題として法的な手続によって解決しようとすることを良しとしない文化がある。特に，学校教育においては，教師，児童生徒，保護者には，相互の信頼や，愛情，使命感によって裏打ちされた人間関係に基づいてこそ，適切な教育が行われるという考えが広く受け入れられており，現在でも，学校内で発生する問題の多くは，法的な権利義務の問題として紛争化されず，インフォーマルに処理される傾向にある。

しかし，その一方で，近年，教師の社会的権威の相対的な低下，教育関係をサービスの提供─消費のアナロジーで理解する風潮，学校の説明責任を求める動きや社会のコンプライアンス意識の高まり等を受けて，学校現場の問題を法的な紛争として理解する動きも相対的に拡大しつつある。体罰，いじめ，校内暴力，学校事故などの問題は，損害賠償を求めて提訴されることも少なくない。そうした法的紛争は，量的に増加しているだけでなく，その構造も，教師と国・自治体，学校・教師と児童生徒・保護者，さらには，児童虐待などにみられるように児童生徒と保護者の間の問題として事件化するなど多様化している。

また，近年みられる現象として，「いじめ防止対策推進法」の制定，「生活指導統一基準」（東京都教育委員会）など，本来，教育指導によって解決されるべきとされてきた問題を，法的な枠組みの中に取り込もうとする動きや法的手続としてマニュアル化する動きが拡大していることがあげられる。法化現象の新しい動きとして指摘しておきたい。

③ 教育─政治の関係の変化：法令運用の多様化と政治化

教育と政治の関係の変化は，国レベル，地方レベルで進展しており，これが教育法に大きな影響を与えている。1990年代に進展した構造改革による内閣主導の政策決定が進み，政権交代による政治主導の教育政策の形成が顕著となっている。この結果，政治主導による教育法制の改革が進み，政権によって教育基本法に対する姿勢が変化するという現象も起きている。民主党政権の下では，自民党・公明党政権下で成立した現行教育基本法の条項よりも，むしろ，廃案となった

民主党の日本国教育基本法案の趣旨に従って，児童手当，高校無償化などの政策が展開された。その後，2012年に自民党と公明党が再び政権交代を奪回すると，今度は，一転して，道徳教育の教科化など教育基本法の根拠とした教育施策が強力に展開されている。また，この動きは，行政解釈にも反映しており，近年は，政権の教育政策にあわせて法解釈が調整されるという現象も起きている（例えば，事務処理特例制度を活用した大阪府の豊能地区への県費負担教職員の人事権移譲など）。

この動きは，地方においても進んでおり，規制緩和，地方分権を両輪とする行財政改革によって，地方においては首長部局を中心とした総合行政化が進展し，地方における法令運用の自立化の傾向が強まっている。この結果，学校選択制，コミュニティスクール，構造改革特区の導入，教育基本条例の制定など，地方の教育施策が多様化し，同時に，その基盤として，従来からの国法に従属する形で整備される条例・規則（条例・規則A）とは別に，地方独自に，または国に先行する形で策定された条例・規則（条例・規則B）が制定されるようになってきている。

2　学校法という視点の重要性

① 「学校法」という枠組み

学校における法的課題は，学校教育特有の背景の中で生じており，学校教育における法の解釈や運用，法制のあり方を考える上で，「学校法」という枠組みは，重要な意義を有している。

第一には，教育と法の最大の焦点は，その本質である国家と教育の関係のあり方にあり，それは，公教育として国家の法的な統制・管理を受けて展開される学校教育において最も重大な意味をもっており，「学校法」に注目することでそのあり方が明確になるからである。第二には，「子ども法」としての性格がより明確になるということである。学校法によって，自ら権利を主張する力が十分に備わっていない子どもの視点から法制の在り方を吟味することが可能となるからである。第三には，学校教育の組織的，体系的な性格は，家庭教育や社会教育などほかの教育領域と明確に区別される特性であり，学校の有するそのような内在的な性格が，学校における法的課題の処理に大きな影響を与えているからである。第四には，学校は，教育の機会均等の原理などを通じて学習権を保障する場として中核的な役割を果たしており，学校教育における学習権の保障は，その後の生存権を実質的に保障するという意味においても，子どもの核心的な利益にかかわっているということである。

② 「学校法」という視点の有効性

第一には，教育と法の関係のあり方について，理念と現実を調整し，具体的，実践的に考える視点を提供するということである。教育法については，教育というその射程の広さ，概念の抽象性ゆえに，理念的，原理的に論じられる傾向にある。その一方で，学校法が対象とする学校という場は，「実践の場」であり，そこは，教師と児童生徒，学校と地域住民・保護者，学校と教育

委員会，国と地方が，それぞれの利害や考え方，それを支える論理をぶつけ，調整する場である。実践においては，多様な意見や主張を調整して，一定の判断を導き，実践として具体化させる必要がある。そのため，理念的，抽象的な議論に終始することは許されず，現実の問題に対して具体的な解決が志向されることになるのである（理念・抽象から実践・具体へ）。

　第二には，学校における教育ニーズを実現するための多様な主体のかかわりのあり方を追究する視点を提供するということである。従来の教育法においては，「教育行政」と「教育法」を一体的に捉えて，国家という「主体」の行政作用のあり方として教育法を論じる傾向にあった。しかし，現在，規制緩和や地方分権の動きが進展し，教育委員会制度改革によって地方政治の自立の動きが拡大し，また，コミュニティスクールの導入等によって多様な主体が政策・実施過程に参画する状況が形成されつつある。学校という「場」において発揮される「機能」に着目することで，子どもの教育ニーズに対応するためには関係者の権利義務の調整はどのように図られるべきかという視点がより明確になるということである（「主体」から「機能」へ）。

　第三には，学校法は，法的な課題と教育的な課題を整理するための視点を提供するということである。例えば，宗教教育においては，目的効果基準（憲法第20条第3項により禁止されているのは『当該行為の目的が宗教的意義を持ち，その効果が宗教に対する援助，助長，促進又は圧迫，干渉等になるような行為』とする基準）によれば公立学校においても相当程度の宗教教育が展開できるのであるが，学校現場では，外部からの批判を恐れ，判例とは異なる形での萎縮した対応（宗教的なものを学校からすべて排除しようとする動き）がみられる。こうした形式的な対応が権限の適切な運用，行使を妨げているものと言える。学校法という枠組みによって，権限の存否を問題とする発想から，権限の行使を重視する発想への転換が進むものと思われる（権利権限の「存否」から「運用・行使」へ）。

　そして，このような具体的な実践，調整，運用のあり方を考えるためには，不可避的にその判断の拠り所として，学校における真正の教育原理とは何かということの模索につながることになる。結果としての教育法学の法解釈学から脱却が進むものと思われる。

3　学校でおきている法的な課題への対応

　学校という組織・社会は，特殊な性格を有しており，一般社会の法的なルールの下では，容易に処理することができない法的な課題を抱えている。「学校法」という視点から，学校が抱える諸課題を法的観点，教育的観点から整理し，それに基づいて，学校における教育実践を射程においた「法的教育実践」を行っていくことが必要である。

①　教育実践の難しさに由来する法解釈の曖昧さ

　学校における対応すべき教育課題は，問題が複雑で指導が困難であるものが少なくない。また，教育指導においても，一人ひとりの発達段階や個性，事案の実態に応じる必要があることから，

条文の形式的な適用だけでは対応できない現実がある。そのため，学校関係の法令の解釈は，教育実践の難しさや複雑さを反映して，複合的，総合的な視点から個別の事例に応じて判断せざるをえず，行政解釈や判例においても教育実践にそのまま生かせるような判断基準が示されることが少ないのが現状である。教育実践における法の解釈，適用の難しさが，学校現場において法令の適切な運用を妨げる要因の一つとなっている。

〈課題①：体罰の判断基準〉

> 　学校教育法第11条の体罰禁止の規定にもかかわらず，毎年，多くの教師が体罰問題で処分されている。その一方で，暴力行為などの児童生徒の問題行動に対して指導を躊躇したり，毅然とした指導ができないなどの実態があるとの指摘もある。
> 　一般的に，体罰問題は，児童生徒に対する一方的な暴行，難しい指導場面でやむにやまれずに起きているもの，自他の生命や安全確保のための正当な防衛行為によるものなど，様々なものが，混然として論じられる傾向にある。法的には，「有形力の行使」（物理的な力を意味している）と「体罰」（有形力の行使のうち，違法なもの）に区別されているが，何が「体罰」にあたるのかということについて，判例も，政府の通知も，学校現場で教師が活用できるような明確で具体的な基準を示すことができないでいる。判例（最判平成21年4月25日）は，体罰禁止を定めた学校教育法第11条が有形力の行使のすべてを否定しているわけではないこと，その違法性は，有形力行使の目的，態様，継続時間等から，社会通念に照らして教育指導の範囲を逸脱しているかどうかを基準にして判断するとしている。また，文部科学省の通知（「体罰の禁止及び児童生徒理解に基づく指導の徹底について」（2013年３月13日付）は，「体罰」に該当する典型事例を示してはいるものの，現実の生徒指導の場面で教師が活用できるような明確な判断基準は示せていない。一義的な基準で行為の是非を判断できるほど，教育実践は簡単ではないということである。しかしながら，難しさを理由に問題を放置すれば，「体罰」を容認する風土が温存されたり，その逆に教師が指導すべき場面において萎縮することにつながっていく。
> 〈法的教育実践への視点〉
> ○一般的に体罰問題と考えられる事例を性質に応じて類型化し，「安易な有形力行使」「許されざる有形力行使」にあたるものを特定し，排除すること。
> ○「体罰」を法的問題としてだけでなく，教育指導のあり方として考えること。
> ○「体罰」について，個々の教師の内面に判断基準を実体として形成させること。

② 学校における法的なパターナリズムの問題

　学校においても児童生徒の基本的な人権が尊重されなければならないことは当然であるが，学校においては，一般社会では保障されている権利や自由が，指導の名の下に制限されることがある。学校における人権制限の根拠としては，一般的な人権制限原理であるハームプリンシプル（危害原理：人の権利や自由を制限できるのは，他者に危害を加える可能性がある場合に限定されるとする考え方）が根拠とされているだけでなく，パターナリズム（父親的温情主義）が大きな影響を与えている。パターナリズムとは「相手の利益のために，本人の意向にかかわりなく，生活や行動に干渉し制限を加えるべきであるとする考え方」（『広辞苑　第六版』）とされており，法的なパ

ターナリズムとは，個人（特に弱者）を保護するために国家が個人の自由や権利に制限を加えることを意味している。健全育成，安全確保のためには，市民社会で保障されている児童生徒の権利を制限することが認められるという考え方につながる。パターナリズム的関与は，教育，指導として行われるため，児童生徒の人権や自由を制限しているという認識が希薄であることに注意する必要がある。

〈課題②：校則と児童生徒の人権〉

> 校則は，学校生活を営む上で必要とされる校内ルールを定めたものであるが，その内容は多岐に及ぶ。飲酒・喫煙の禁止など法的に禁止されているものから，バイク免許取得を制限したり，頭髪・服装，さらには男女交際のあり方まで規定しているものもある。児童生徒は，人間として成長途上にあり，十分な判断能力が備わっていないことを前提にしたこのようなパターナリスティックな自由や権利の制限は，学校教育においては，「教育指導」として無自覚に運用されやすい。学校から法的なパターナリズムをすべて排除することは現実的ではないが，パターナリズムは，国家の国民に対する義務の履行としての「社会権」，人権衝突の調整原理としての「公共の福祉」とは異なる概念であり，国家による干渉がどこまで許されるのかという基準が不明確となる傾向にある。
> 〈法的教育実践への視点〉
> ○学校現場においてみられる教師によるパターナリズム的な関与の実態を，具体的に確認すること。
> ○「パターナリズム的干渉」と「それによって制約される児童生徒の権利と自由」の関係を明確にしておくこと。
> ○教師によるパターナリズム的な関与を，教育実践上の必要性，児童生徒の自律的能力の育成の観点から不断に点検すること。

③ 法的価値と教育的価値の桎梏

法の目的と教育の目的は，同じではない。法によって達成される価値（正義，公正など）と教育によって達成される価値（人格の涵養など）は，必ずしも一致しない。つまり，学校教育は，児童生徒一人ひとりのかけがえのない人格を対象に，その成長と発達を促す営みであるが，このような教育の目的を，法的な権利義務の問題として処理するには相当の限界があるということである。換言すれば，教育実践上のニーズを重視しようとすれば法的な制約にぶつかり，法的に要請される価値を実現しようとすれば教育目標の達成を断念しなければならないことを意味している。

〈課題③：宗教的情操の教育〉

> 中央教育審議会において，人格形成を図る上で，宗教的な情操をはぐくむことの重要性が指摘されながら，未だに十分に実践化されていないという課題が指摘されている。宗教的情操の教育は，今日，価値観が多様化し，また，国際的にも宗教対立が激化している状況においては，特に，重要な教育課題である。しかし，

その一方で，公立学校において宗教教育を展開する上で，宗教的な中立性という法的正義（公正）が追求されなければならない。宗教的な情操の教育は，形式的に学習できない性質をもっているため，特定の宗派に偏らずに展開するには限界があるという意見もある。学校現場においては，公立学校において禁止される宗教活動の基準（目的効果基準等）についての法的理解の不足もあいまって，その実質的な展開には至っていないのが現状である。

〈法的教育実践への視点〉
○宗教的情操の教育を進めることの教育上の意義について確認すること。
○宗教的情操の教育を展開する上で生じる法的な課題を把握し，憲法上，教育基本法上，どのような法的な制約があるのかを具体的に理解する。
○特定の宗教，宗派に偏しないように配慮しながら，宗教的情操の教育を行うためのカリキュラムや指導方法の工夫等，教育実践を具体的に構想し，蓄積すること。

4 一般社会の法規範と学校の法規範のインフォーマルな調整

わが国の学校は，児童生徒の人格全体，生活全般を対象にして教育活動を展開しており，教師の職務も家庭教育の支援や部活動指導など包括的なものとなっている。こうした学校教育の特質を反映して，わが国の教育法令においては，教育公務員特例法等の特別法が制定されたり，一般法においても適用除外の規定が設けられることが少なくない。このことは，わが国の学校教育は，一般社会において通用する法規範を直接適用することが難しい状況に置かれていることを意味している。こうした矛盾の具体的な解決は，学校（教師）の対応に曖昧なままに委ねられ，事実上，インフォーマルな処理に付されることになる。

〈課題④：部活動指導の自主的性格と過重労働〉

教師の過重労働の要因の一つとして，勤務時間を超えた部活動指導の問題があげられる。部活動は，学校の教育活動の一貫として展開されている。しかし，その指導は，日常的に勤務時間を超えたり，土日に及ぶことも少なくない。法令は教員への超過勤務の命令を厳しく制限していることから，部活動指導は，実質的に義務的な性格を有しながら，法的には職務命令によらない教師の側の自主的な活動として展開されている。現実には職務として従事することが求められながら，法的には教師の側の自主規制によって調整されるべきものとされているため，超過勤務の問題は放置される傾向にあり，それが教師の過重労働の温床となっている。

〈法的教育実践への視点〉
○教職員一人ひとりの超過勤務の実態を具体的に把握し，その職務内容を確認すること。
○職務実態が，実質的な職務命令（暗黙の職務命令）によるものとなっていないか，労働安全衛生法による点検が実質的に確保されているか，具体的に確認する。
○違法状態の改善，職務分担等を通じた予防的改善，教職員自身の勤務時間や健康管理能力の向上を図るなど開発的な対応を行うこと。

5　学校，教育委員会の法令の活用に消極的な姿勢

　学校教育に関する法解釈上の論争は，裁判の積み重ねの中で，一定の基準が形成されてきている。しかし，そのようにして法的な基準が一定の確立をみても，教育委員会や学校は，法令を教育目的の達成のために積極的に活用しようとしない傾向にある。この背景には，従来から，わが国の学校現場における教育上の問題を権利義務の問題として扱ったり，対立や混乱を敬遠しようとする風土，長い間に形成された都道府県教育委員会—市町村教育委員会—学校という縦割支配の影響，教育委員会・学校の法令運用能力の不足等があることが指摘される。萎縮した消極的な法令運用が，教育上の意義や価値を犠牲にしていないかどうか，日常的に点検する必要があるものと思われる。

〈課題⑤：学校における寄附金の受取禁止と寄附文化の醸成〉

　多くの学校では，教育委員会の方針や指導に従って，学校に対する寄附等は，一切受領しないという対応を行っている。判例（東京高裁平成20年6月25日判決，最高裁の上告不受理により確定）によれば，学校が受け取った祝い金が市への寄附金にはあたらずその支出は校長の裁量に委ねられているとされている。学校への寄附が法的に禁止されているわけではない。教育委員会や学校が世間からの批判やそれによる混乱を避けるために，一律に寄附金を受領しないという慣例を形成したものと思われる。こうした硬直した対応が，わが国の寄附文化の醸成を妨げているとの指摘もある。その一方で，東日本大震災においては被災した学校に対して多くの義援金が贈られ，それが学校の教育活動の復旧復興に大きく寄与した。視点を変えれば，このことは，従来，教育委員会や学校が法令の消極的な運用に終始し，学校が安心して寄附金を受け取れる透明性のある仕組みづくりを行ってこなかったということを示唆しているように思われる。
〈法的教育実践への視点〉
○学校に対する教育経費への財政措置のあり方，寄附文化のあり方について，自治体や教育委員会との協議，校長会の議論等を通じて，課題意識を共有すること。
○学校に対する財政措置の方針を明確にするとともに，必要に応じて，学校に対する寄附金の受け入れと活用を可能とする法的手続を整備すること。
○寄附金を，設置者負担と調整しながら有効活用するための運用ルールをつくること。

6　学校教育に関する中立規定の曖昧さ

　法令の文章は，適用される事案についてすべてを具体的に網羅することできないことから，一般的に，抽象的に規定されたり，多様な考え方を並列的に記述したりすることがある。特に，中立規定については，対立する内容の規定が併記され，これが，法文の曖昧さという形であらわれることがある。法文の曖昧さは，法令を運用する者を萎縮させる効果（chilling effect）があることは従来から指摘されている。定義の曖昧さ，適用範囲の曖昧さ，基準の曖昧さが，法令を運用する側に，慎重で，安全で，消極的な運用をさせ，結果として，適切な法令の運用が損なわれてしまうことにつながることがある。

第7章 教育法の変化と学校法の課題

> *Column*
>
> ### 新しい行政解釈への期待：勤務場所外研修の位置づけ
>
> 　55年体制下においては，行政解釈においても，学理解釈においても，左右の政治対立を背景にして対抗的な法解釈が行われる傾向にあった。その一つが，教育公務員特例法第22条第2項の規定する「勤務場所外研修」について，職務として自主的研修を行うことは可能であるのかどうか，という議論であった。
> 　現在の行政解釈では，校外における自主的な研修は，職務とは認められず，校長の承認を受け職務専念義務免除により行われるべき研修であるとされている。この件について，判例は（最高裁第三小法廷平成5年11月2日判決）は，教育公務員特例法の規定は，教員に対して，自主的研修を行う具体的な権利を付与したものではないとしているものの，同法の規定は，研修に対する努力義務を，理念的，職業倫理的観点から抽象的に規定し，任命権者にも職務命令によるものばかりではなく，教員の自発的，自主的な研修をできる限り与えるべき一般的，抽象的義務を定めたものと解している。また，過去には行政解釈においても，勤務場所外研修が職務としてみなされていたこと（文部次官通達昭和24年2月5日初学46・甲第23号証，昭和33年9月13日文部省初中局長の岩手県宛回答甲第22号証では，職務としてみなしていたが，昭和39年12月18日の行政実例によって変更され，職務専念義務免除による研修とされた）をふまえると，左右の政治対立が終わりつつある現在，職務としての自主研修という位置づけを選択肢の一つとして回復し，法制定時の趣旨をふまえ地方がそれぞれの判断で教師の職能開発の機会を与えられるような行政解釈の変更が検討されるべき時期に来ているように思われる。

〈課題⑥：政治教育の実質化の課題〉

　従来から，わが国では，政治教育が形式的に行われてきたことの問題が指摘されてきた。教育基本法第14条第1項では，政治的教養が重視されなければならないことを規定しながら，同条第2項では，学校教育における政治的中立を要請している。第1項と第2項の曖昧な関係が，わが国の過去の政治状況を背景として，殊更に第2項の政治教育の中立性の要請が強調され，教師が萎縮し，その結果として政治教育が形式的に展開されてきたということは，先行研究の指摘するところである。近年，教育実践の工夫によってこれらの課題を克服しようとする試みが行われているが，全体としては，依然として，法規定の曖昧さが，政治教育や宗教教育を実質的に展開する上で大きな障害となっており，重要な法的課題として残されている。公職選挙法が改正され，投票年齢が18歳に引き下げられた現状をふまえれば，民主社会の主権者教育にふさわしい政治教育の充実を図ることは待ったなしの課題となっている。
〈法的教育実践への視点〉
○主権者として十分な政治的教養の育成が図られているかどうか，政治教育の実態等について問題となることを具体的に把握すること。
○政治教育において生じる具体的な問題について，法的視点からその適否，運用上の障害について検討すること。
○ディベートなど教育手法の工夫，シティズンシップ教育などカリキュラム上の工夫など教育実践や教員研修の改善を図ること。

7 学校組織の変容に伴う新しい課題

学校組織は，従来，法的には，校長の「校務総理権」によって，学校組織運営の一体性が確保されてきた。しかし，近年，多様な人材の任用（ALT，スクールカウンセラー，スクールソーシャルワーカー），学校外関係者の参加（学校評議員，学校支援地域本部），学校外組織の活用（民間の学習塾，社会教育関係団体）等に伴って，学校組織は，開かれた柔組織としても機能することが求められるようになってきている。このことによって，多様な人材，学校外関係者，学校外組織を，学校の教育ニーズに基づいて効果的に活用する上で，従来のルールでは対応困難な法的問題（例えば，組織としての指示命令系統の確保と責任の分担の問題など）が生じており，これらの法的問題を整理することが必要となっている。

〈課題⑦：スクールカウンセラーの守秘義務〉

> 多くの学校にスクールカウンセラーが配置されている。スクールカウンセラーは，通常，非常勤職員であり，地方公務員法上の守秘義務の適用はないが，職業倫理上，守秘義務を負っている。現実には，校長への報告義務との関係が問題となる。スクールカウンセラーは，外部者であること，専門家であることから，校長や他の教職員に対しても秘密を守る義務があると考えられているが，学校組織を構成するチームの一員であり，校長への報告義務や教職員との情報共有が問題となる。日本臨床心理士会倫理綱領第2条第1項は，「自他に危害を加える恐れがある場合」「法による定めがある場合」は守秘義務の例外としている。しかし，学校がチームとして機能するためには，不登校やいじめ問題などについて日常的な情報共有が必要となっている。スクールカウンセラーのように外部の専門家が学校組織を構成するようになった今日の状況をふまえ，守秘義務や校長による職務命令との関係をあらためて構築することが求められている。
> 〈法的教育実践への視点〉
> ○スクールカウンセラーと学校管理職，担任教師等との情報連携上の実態と課題を具体的に把握すること。
> ○スクールカウンセラーの契約上の報告義務と職業倫理上の守秘義務の関係の関係を，具体的な場面を想定して整理すること。
> ○教育委員会，教職員，スクールカウンセラーが，相互の立場を尊重しながら，効果的に機能するための情報連携について，具体的運用を行う上での合意を形成すること。

引用参考文献

佐々木幸寿『改正教育基本法――制定過程と政府解釈の論点』日本文教出版，2009年。
佐々木幸寿「現代における教育法――学校法という視点」『学校運営』2015年6月号。
佐々木幸寿「現代における教育法――学校が抱える法的課題(1)」『学校運営』2015年7月号。
佐々木幸寿「現代における教育法――学校が抱える法的課題(1)」『学校運営』2015年8月号。
高橋洋平・栗山和大『現代的学校マネジメントの法的論点』第一法規，2011年。
結城忠『日本国憲法と義務教育』青山社，2012年。

第7章 教育法の変化と学校法の課題

設問

1. 最近の法制度改革の例をあげ，それが教育基本法の法体系にどのように位置づけられるか，具体的な条文をあげて説明しなさい。
2. 学校の場において，法令の規定と教育ニーズに齟齬があると感じていることをあげなさい。それは，どのようなことに原因があり，それを調整するにはどのようにしたらよいか。
3. 学校法において重視されるべき基本的な法的原理とは何か。

推薦図書

- 篠原清昭編著『教育のための法学』ミネルヴァ書房，2013年
  近年，改正された教育法規のポイントを，具体的な課題との関係から解説しており，法の考え方を示すことで読者の基本的な理解を助けている。
- 徳永保編著『教育法規の基礎理解』協同出版，2014年
  教職において必要とされる教育法規について，法令の基本的な考え方や根拠を示しながら，学校現場での教育活動に役立つという観点から内容を精選して解説している。

（佐々木幸寿）

第8章 学校改善

本章では,「様々な問題に対する組織的対応の必要性」の理解を深めるために,その基盤となる「学校改善」の考え方と方法を検討する。第一に,今日的な環境変動と関わり,学校組織に求められる変化を考える。第二に,学校改善の営みの基本的な視点と構図について理解する。そして第三に,各学校での学校改善の方法論(学校改善の意識の共有化,校内・外の学校改善の組織化)について,ミドルリーダーの果たす役割を含めて構想する。

1 環境変動期における「学校改善」の必要性を考える

① 学校組織の特徴

「共通の組織目的を達成するために,二人以上の人間が特殊化するとともに,相互に調整された合理的な人間行動のシステム」(占部,1980,42頁)とされる,「組織」の概括的定義に立ち返ると,学校も,私企業や自治体と同じ社会的組織体の一つであることは間違いない。しかし,教員は,学校組織の一構成員でありながら,日常「組織としての学校」「組織的対応」を意識することがそれほど多くない。それは,従来の学校組織が,企業組織等と異なる独自の特徴を有してきたことによる。

学校組織がもつ特徴の第一は,組織の目的・目標が,「子どもの成長・変容」という抽象性・曖昧性をもちやすいことと言える。例えば私企業の目的・目標が「利潤の最大化」と明確・計測容易であることと対比すると,この特徴が色濃く浮かび上がる。そして第二は,組織特性として,少数の管理職以外は教職員が横一線に並ぶフラット型組織類型の下,教育実践上の裁量を付与された個々の教員の「ゆるやかな結合」として組織が成り立つ,「個業化指向」を強くもつことと指摘できる(佐古,2006,159-163頁)。

このような学校組織の特徴は,教育行政の規制作用(教育課程など)が比較的強く,保護者の学校信仰・受容意識も強かった従来の環境条件においては,教育実践の営みの本質的な難しさ(対象となる児童生徒が多様であり,そのために教育活動も多様かつ不確実性を帯びる)を一定程度縮減しうる要因として,むしろ積極的に捉えられてきた。つまり,従来の環境条件の下で,各教員が学級・教科担任等の「個業」を通じて児童生徒の多様性に対応できているならば,学校次元での一体性ある意図や活動をことさら意識しなくても,学校が社会的に受容される(成り立つ)可

能性は高かったと言える。

２ 学校をめぐる環境変動と組織的対応（学校改善）の要請

しかしながら，以上の学校の成り立ちは，社会構造や国民意識の変化に伴う学校内外の環境変動により，その基盤が大きく揺らいでいる。例えば，児童生徒の課題・ニーズの多様化（学力格差の顕在化等）や関連する問題事象（いじめ・不登校や学級崩壊等），保護者の学校不信や過剰クレームの広がりは，教員個々の次元のみでの解決を困難にしている。また，グローバル化や少子高齢化等の社会構造の変化が進む中で，現在の学校には，児童生徒の多面的な資質・能力の育成，あるいは地域づくりへの貢献等（学校の機能拡大）の新たな課題も提示されている。以上の環境条件の変化や学校の機能拡大の要請は，教員個々の技能・努力に依存する従来型の学校組織では対応が難しく，むしろ個業化指向と表裏一体で指摘されてきた行政依存，慣行重視，閉鎖性等のデメリットをより顕在化させることが懸念された。このような文脈から，学校組織次元での取り組みの促進（学校組織の再構築）の必要性が意識された。

以上の背景状況と課題意識において，文部科学省（旧文部省）は，1998年の中央教育審議会答申「今後の地方教育行政の在り方について」及び2000年の教育改革国民会議最終報告を象徴的な契機に，大がかりな学校経営改革を推進してきた。

まず，2000年代の学校経営改革としては，上記答申等及び2005年中教審答申「新しい時代の義務教育を創造する」に基づき，①教育課程面・人事面等での学校の裁量性の拡大（規制緩和），②学校のアカウンタビリティの確立（学校経営計画や学校評価制度の導入），③学校の経営組織の整備（校長のリーダーシップ強化，新たな職導入等による校内組織再編，地域の参加制度導入）を柱とする「学校の経営化（民間的経営手法の導入）」の改革が進展した（大野，2014，60-78頁）。

そして2010年代においても，政権交代期を経て学校経営改革は続行している。現在の第二次安倍政権では，教育再生実行会議提言を起点として，小中一貫教育（義務教育学校）や学校運営協議会制度の全国的推進，あるいは教育委員会制度の再編や大学入試改革（及びそれと関連する）などシステム全体規模（system-wide）の改革が指向されているが，これらの動向もふまえた学校経営様式の確立が改革の課題と言える。

2000年代以降の学校経営改革の重要なポイントは，学校評議員や学校評価制度にしても，小中一貫教育の制度化にしても，関係施策において，地方教委・学校での運用上の裁量が一定程度認められている点である。ここには，「学校の自主性・自律性の確立」「組織的・機動的な学校運営」をスローガンとして，各学校が個別施策の主体的運用を通じてトータルな組織的力量を高める改善の枠組みにより，環境変動や現代的課題への対応を図るという，改革の基本構図を確認することができる。現在までに関係施策が断続的に具体化されるとともに，一方で，文部科学省や地方教育委員会，教育系大学等では，学校レベルの関係者が改革の意図する新たな経営様式に習熟するための研修テキスト（文部科学省マネジメント研修カリキュラム等開発会議，2004）や経営支援ツールの開発，研修機会等の提供にも取り組んできた。複雑性を増す現在の環境条件下で，学

校が直面する課題の解決を果たしていくためには，経営支援ツールや研修機会を活かしつつ，管理職に限らず教職員（特にミドル層）が学校改善の考え方についての理解を深め，自校の改善方略を主体的に構想できることが不可欠と言える。

③ 「学校改善」をめぐる国際的動向

ところで，学校組織次元での教育機能の充実を重視する「学校改善」を求める動向は，1980年代以降の世界的潮流となっている。その背景には，二つの動機を指摘できる。

第一は，先進諸国が低経済成長期に移行する中で，従来の福祉国家観における「事前の規制」重視の学校教育管理の負の側面（画一性・硬直性・閉鎖性）や非効率性が課題視されたことである。そして第二は，児童生徒の学業達成度の向上への学校組織次元の諸要因・条件の重要性を指摘する学校効果性研究（学校の効果につながる組織過程や内部機構を探究する学校改善研究に進展）が高まりをみせたことと言える。

以上の背景動機において，日本を含む先進諸国では，規制緩和を通じて学校経営の裁量と責任を拡大し，学校次元での主体的取り組み（及び「事後の評価」）を通じた特色ある教育活動の創出を促進する政策が立案・実施されてきた。この動きに並行して，経済協力開発機構（OECD）の教育研究革新センター（CERI）において「学校改善に関する国際共同研究」（1983-1986年）が実施され，その成果が各国の政策に影響を及ぼしてきた（日本教育経営学会国際交流委員会, 2015）。

2 学校改善の考え方（視点と構図）をつかむ

① 「学校改善」の構図と要点

そもそも「改善（kaizen）」という概念は，製造業を中心とする日本企業の品質管理の技術の卓越性を表現するために創出された概念であり，新設備・技術導入を通じた大規模変化を示す「革新（innovation）」と対比して，問題解決の継続的過程の重視（過程指向），現場の人的資源の重視（人間指向）を要点とするアプローチと性格づけられる。これを教育・学校にあてはめたのが「学校改善」と言えるが，その意味内容や構図の詳細について，さらに検討してみたい。

「学校改善」は，現在の教育行政や学校の現場に広く普及しつつある語であるが，その意味内容については，実のところ具体度の高い定義が確立しているとは言えない。「学校改善」の典型的な定義としては，前節で触れたOECD-CERIの国際共同研究プロジェクトにおける定義「教育目標のより効果的な達成を目指した，1校または複数の学校による学習条件やその他関連する内部的条件の変革を目的とした組織的・継続的な努力」（Velzen, 1985, p.48）がある。この定義は，学校組織次元での改善営為をはじめて本格的に取り上げて，その枠づけを図ったものであるため，抽象性を帯びた内容であり，細部に曖昧さを残していることは確かである。しかし，上記「改善」概念やその後の日本での補完的な定義の努力を併せて検討すると，各学校の当事者が「学校改善」の構図を理解するための要点を3点で整理できる（データ8-1）。

データ8-1　学校改善の構図

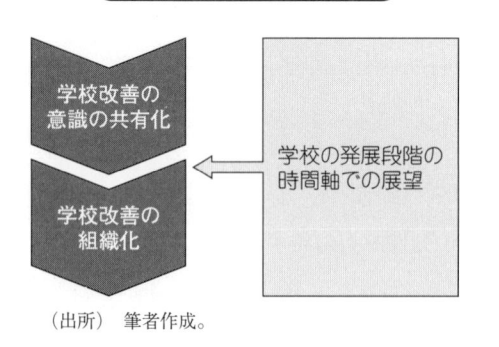

学校改善の意識の共有化
学校改善の組織化
←学校の発展段階の時間軸での展望

（出所）筆者作成。

　第一の要点は、定義の「教育目標のより効果的な達成」の文脈と強くかかわる、「構成員の学校改善の意識の共有化」である。学校改善の営みの中核は、各学校の教育実践の質的向上を、組織的な教育目標・計画を媒介に実現することにある。この時、各学校の教育目標・計画が、教職員集団の実践的意識から遊離した形で設定されるのは生産的と言えない。当該校で期待しうる実践像と現状（事実）とのギャップ（落差＝課題）を校内で共有しながら、教職員個々や集団の改革意欲を喚起する内容として形成される必要がある。

　第二の要点は、「内部的条件の変革」（校外からの支援・協働を含む）を意味する「学校改善の組織化（仕組みの構築）」である。教育目標・計画の設定（学校改善意識の共有化）はそれのみでは改善に結実するものとは言えず、教職員個々・集団としての（あるいは校外関係者からの）具体的行動を引き出す「仕組みの構築」が連動することが必要となる。仕組みの構築とは、一つには日常的な校内組織（校務分掌組織や意思形成組織）を、教職員集団の当事者能力を高めつつ運用すること、さらに校外（家庭・地域）から望ましい協力を引き出す関係構築を図ることと整理できる。

　そして要点の第三として、「学校改善の時間的な展望」を指摘したい。学校改善においては、定義中「継続的な努力」と表現されるような、時間軸を意識した組織変革を展望することが重視されている。

　ここで意識したい時間軸として、まず、学校組織特有の組織過程（因果）があげられる。諸外国の学校改善研究が着目してきたように、学校の組織的成果（子どもの学業達成の向上）は、管理職のリーダーシップといった個別要因の寄与というよりむしろ、インプット―スループット―アウトプットの組織過程の構造において捉えられる。例えば、ある民間の学力調査（田中他監修、2007）では、「子どもの読解活動」について、「学校の全体計画構築」―「組織的基盤整備」―「教員の指導充実」（さらに「家庭の働きかけ」）の構造モデルにおいて検証している（データ8-2）。

　もう一つの時間軸として、組織の変革プロセスや発展段階を指摘することができる。激しい環境変動に直面する現代組織においては、組織の成熟度は一定せず時間経過により変化するとの認識をもつことが重要になる（例えば学校組織においても、「ウチ固め段階」「ソト開き段階」等の段階性を内包する語りで、自校の成熟度に言及するケースがみられる）。この点、コッター（2002）が企業ケーススタディから提示した、危機意識醸成や解決法の組織学習等を含む一連の組織変革の8段階プロセスモデル（データ8-3）や、大脇（2006）による学校組織（組織力）の中長期的な変動段階（「安定／停滞段階」「変革段階」「制度化段階」「衰退段階」）の試論は、学校組織の発展段階を捉える上でも参考になる。

　以上の時間軸に基づく展望は、自校の到達点（段階）の把握、その段階において採用すべき手

第8章　学校改善

データ8-2　組織過程のモデル例

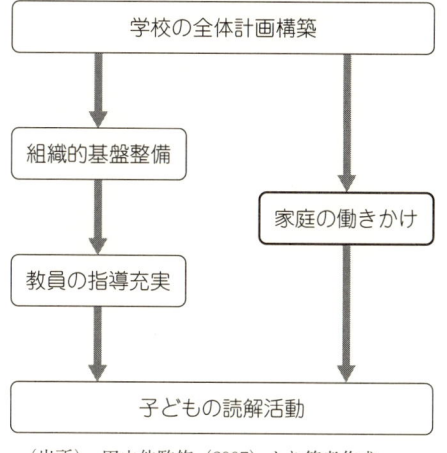

```
学校の全体計画構築
    ↓         ↓
組織的基盤整備  家庭の働きかけ
    ↓         ↓
教員の指導充実
    ↓         ↓
      子どもの読解活動
```

（出所）田中他監修（2007）より筆者作成。

データ8-3　コッターの組織変革プロセス

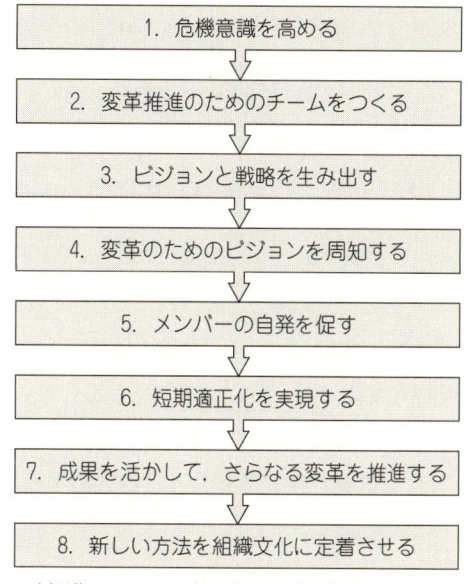

1. 危機意識を高める
2. 変革推進のためのチームをつくる
3. ビジョンと戦略を生み出す
4. 変革のためのビジョンを周知する
5. メンバーの自発を促す
6. 短期適正化を実現する
7. 成果を活かして，さらなる変革を推進する
8. 新しい方法を組織文化に定着させる

（出所）コッター（2002）より筆者作成。

法の選択等，学校改善の構想に有益な指針を与えるものである。

② 「学校改善」の主体（ミドルリーダーの役割）

　学校改善の営みは誰が担うのか。これまで組織の階層が少なかった学校現場においては管理職がその一切を担うとの認識も少なからずみられた。しかし，企業組織における改善論では，組織の多様な主体が固有の役割において改善に関与するとの枠組みが構築されている。例えば今井（1988）は，企業組織における改善の主体（柱）として管理者中心・グループ中心・個人中心の三つを示した。そして，「管理者中心の改善」は全社的な戦術・戦略問題や仕組み・手続き，「グループ中心の改善」は職場内における統計的手法を用いた問題解決，「個人中心の改善」は作業の進め方の工夫及び提案制度，のように主体別に基軸となる改善行動を整理し，これを通じて，各主体からの情報流通や構成員の当事者意識を確保しつつ品質管理が果たされることを示した。

　このような改善の主体についての議論は，最前線の教職員の裁量性が高い学校組織に対しても，通用性の高い議論と考える。この議論を敷衍すると，特にミドルリーダー教員が，所属分掌等のチームで，管理職の目標方針を踏まえつつ創意ある問題解決行動を具体化し，成果・課題をフィードバックしていくこと（特有の役割をもった改善主体として機能すること）が，学校組織の活性化（学校改善）の重要な条件であることが想起される。この点と関連して，ミドルリーダーに，組織の知識創造におけるトップとボトムを結節する役割を措定するミドル・アップダウン・マネジメント論や，組織の多様な構成員によるリーダーシップの総量を，組織の生産性において重視する分散型リーダーシップ論など組織変革上のミドルリーダーの役割を重視する組織理論が，学

データ 8-4　学校改善の類型

類　型	主　体	方　法
外発的学校改善	中央政府（文部科学省等） 地方政府（教育委員会）	・学校の目標や職制・組織に関する法・制度導入（校長の権限強化，職員会議の補助機関化，新しい職の設置等） ・地方教委による小中一貫教育，教育課程特例校の導入や研究指定等
内発的学校改善	学校（教職員集団）	・PDCAサイクルでの教育課程経営 ・学力向上のための授業研究 ・学校と家庭・地域社会との連携等

（出所）　篠原（2012）より筆者作成。

校経営実践に多く紹介・導入されていることは注目に値する。

③　「外発的学校改善」と「内発的学校改善派」

　学校改善は，「外発的学校改善」「内発的学校改善」の二種に大別しうる（データ8-4）。外発的学校改善は，中央・地方政府を主体にして学校の教育目標や組織・職制の統制化を方法とするもの（企業経営論でいう「革新（innovation）」に近い），内発的学校改善は，各学校の教職員集団での目標共有と協働化を方法とするものを指す。

　両者では一般に，内発的学校改善が改善行動の効果性・永続性を高めると意識されるが，教職員（集団）の改善意識の成熟度に依存する内発的学校改善は，一方に不安定性（例えば，分掌組織等下位集団間で下位目標が対立・葛藤した場合，効果的な決定が妨げられる等，淵上［2005］）を内包しており，唯一最善のモデルとは言えない。逆に，外発的学校改善は，現場から遠い地点で決定される「外圧」の印象を帯びるが，内発的学校改善（自生的改善）が停滞する状況の学校への揺さぶり効果や，研究校指定を発端に当該校の内部課題解決に向けた実践を促進する呼び水効果など，内発的改善の誘導効果を認めることもできる（児島，1988，206頁）。

　加えて，2000年代以降の学校経営改革の諸施策が，地方教委・学校に運用上の裁量を広く認める性質をもつことを勘案すると，両者の要素を調和的に共在させる発想が重要となる（佐古，2006，163頁）。つまり，学校の管理職・ミドルリーダーが二種の改善の区分・接続を認識し，外発的学校改善の誘導効果や裁量部分を内発的学校改善に転化させるマネジメント行動（自校の発展段階に対応した教育施策の現場レベル運用の具体化や，関係者間の改善意識・方法の共有化を促進する組織過程の構築など）をとることが，学校改善の実効化に向けて大きく問われることとなろう。外発的学校改善と内発的学校改善の連続性に着目した各改善主体の機能を，データ8-5に整理した。

データ 8-5　学校改善の類型と各主体のかかわり

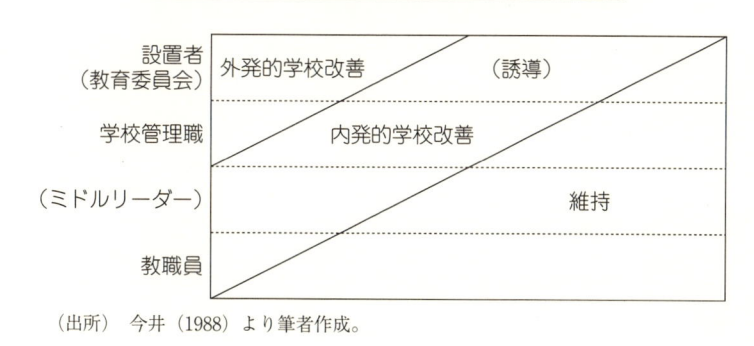

```
設置者
(教育委員会)    外発的学校改善      (誘導)
学校管理職
                内発的学校改善
(ミドルリーダー)
                                     維持
教職員
```

（出所）今井（1988）より筆者作成。

3　学校改善の方法論を構想する

　内外環境の変動に対応するために，学校は，教職員の個業への依存度が高い存立方式からの転換を図らねばならない。しかし，その転換の方法は，対症療法的な個別策を闇雲に繰り出し，徒に教職員集団を疲弊させたりセクショナリズムを増幅させたりするものではない。教員個々の自律的改革意欲を喚起しながら，集団次元での問題解決の様式も同時的に形成しうる，学校改善の方法論の丁寧な構想・具体化が必要である。以下，前節で示した「学校改善の意識の共有化」「学校改善の組織化」の流れに沿って学校改善の方法論を検討してみたい（データ 8-6）。その場合，ミドルリーダーに期待される役割行動についても言及したい。

1　学校改善の意識の共有化
①評価情報を活用した学校課題の分析
　現在の学校が直面する課題は多岐にわたる。ここで注意したい点は，それらの課題は，児童生徒の資質・能力（学力）の課題にしても，保護者地域の課題や学校の内部的組織の課題にしても，各学校に特有の構造や重みで存在することである。その分析と明確化・共有化が一連の学校改善の起点となる。
　2000年代の学校経営改革を通じて，各学校は学力・学習状況調査，学校アンケート結果など，幅広い種類の評価情報を保有しているが，それらを組織的に活用できていない例が少なくない（自校でのこれらの評価情報の扱いについて想起いただきたい。保護者に逐次結果を伝えるのみで事切れていたりしないだろうか）。学校改善に向けては，これらの評価情報を統合的に吟味し，自校の児童生徒・教職員（組織的指導力）・保護者の特性や問題点の特定・共有化に活用することが期待される。
　校内の課題分析の手法には，評価情報の一元的な処理システム構築による手法（データマイニング），ワークショップ等の機会で教員個々の気づきを集積する手法（SWOT分析等）があり，ま

データ8-6　学校改善の構図（詳細）

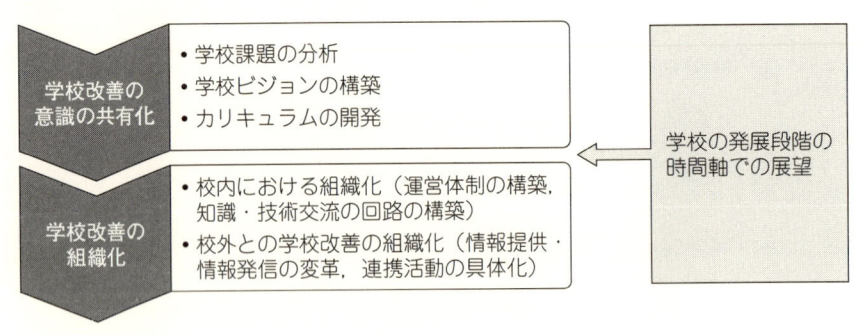

学校改善の意識の共有化
- 学校課題の分析
- 学校ビジョンの構築
- カリキュラムの開発

学校改善の組織化
- 校内における組織化（運営体制の構築，知識・技術交流の回路の構築）
- 校外との学校改善の組織化（情報提供・情報発信の変革，連携活動の具体化）

← 学校の発展段階の時間軸での展望

（出所）筆者作成。

た形式面でもトップマネジメントチーム・プロジェクトチームによる形式や全教職員参加の形式など広がりがある。校内課題の明確化は，管理職のイニシアチブによっても行いうるが，ミドルリーダーが第一線の教職員の課題意識を紡ぎ上げて，自校の切実な課題とその発生構造の「意味ある仮説」として立ち上げるならば，教職員集団の共通理解にとどまらず，改革への意欲や当事者意識を効果的に高めることとなろう。その意味でミドルリーダーへの期待は大きい。

ミドルリーダーには，平素より評価情報に基づき自校課題の所在を探索する（管理職と意思疎通をとる）姿勢をもつとともに，例えば管理職から課題分析のイニシアチブ発揮を任された場合，教職員の意識状況あるいは学校組織の発展段階を勘案しながら適切な分析手法・形式を設定し，課題分析過程を促進する役割行動が求められる。

②学校ビジョン構築

自校特有の課題分析に続く「学校改善の意識の共有化」のポイントは，学校ビジョンの構築である。学校ビジョンとは，端的には「数年後の望ましい自校の姿」を意味し，①自校における中核的目標（ミッション），②その実現に向けた具体的方策が，自校で活用できる資源との関係を含めて整合的に明示された一連の計画を指す。

学校ビジョン構築は，特定した自校課題に照らして，教員・下位集団それぞれがもつ改善意欲や目標を統合しうる「上位目標」（下位集団の協調的努力により達成可能な目標）設定により組織的問題解決を促進すること，また学校の資源（人・物・財・時間）の有限性において合理的な方策を選択することを通じて，学校改善への動機づけを高める「恵みの場面」と言える。

また，学校ビジョンにおける上位目標としての中長期的目標・年度目標を，学校組織や教職員集団の発展段階（成熟度）を見極めて定めることで，学校ビジョンは教職員集団の改善意識の持続にも作用しうる。例えば，児童の生活習慣に課題意識をもつある小学校では，「児童の『学びを支える力』の育成」を中期的目標に据え，初年度は「校内共通の『生活指導の指針』の研究開発」，2年目は「広報による保護者への啓発活動」，3年目は「保護者への家庭学習支援の作成と活用」と年度目標を段階的に設定する工夫を講じ，教職員の共通行動から家庭の巻き込みまでを

第8章　学校改善

段階的に進めることができた。

　学校ビジョンを提示する最終責任者は校長である。しかし，実際の学校ビジョンの構築過程は学校課題分析と同様に，多様な手法・形式の下に展開しうる。例えば校務分掌組織に特定領域の目標・方策の原案作成が任された場合，上位目標である中長期的目標・年度目標と整合・連鎖する領域目標・方策を策定し上位目標の具現化に寄与することが各分掌部門のミドルリーダーに期待される。また，校長のビジョン判断の参考となる現場の課題情報・アイデアを進言したり，ビジョンの意図・要点を理解し若手教員等に説明したりするなど，情報の結節点としての役割行動を発揮することも期待される。

③カリキュラム開発

　カリキュラムの開発（教科時数配分等の次元に留まらず，「子どもの経験の総体」としてのカリキュラムを，各学校でCA-PDCAのサイクルを通じて組織化すること）も，教職員の具体的教育実践と関連が深いために，教職員・下位集団（さらに学校外）の改善意欲と学校全体の課題解決を媒介しうる「学校改善の意識の共有化」の手段性をもつ営みと言える。学校経営・学校改善の視点において重要なポイントは，カリキュラム開発は現場に近い営みであるが故に，学校の上位目標を個々の教員や下位集団の実践に落とし込む作用，また関係者の実態認識を学校全体の課題意識や目標設定にもち上げる作用が期待できる点である。

　ミドルリーダーは，教務主任・学年主任等の立場でこの営みに関与しやすい。ミドルリーダーが，カリキュラム開発のかかる性質を理解し，子どもの学びを豊かにするための教職員の協働の核としてカリキュラムをつくりあげる視野・行動をとることが大いに期待される。

②　学校改善の組織化①：校内における組織化

　学校改善を進める上でもう一つの側面となる「学校改善の組織化（仕組みの構築）」に触れる。学校改善の組織化とは，校内の学校改善意識・学校ビジョンの効果的・効率的実現に向けて，権限関係や分業や協業，意思疎通の仕組みを構想・具体化すること。さらに一連の過程を通じて改善意識の共有を強化することである。組織化の範囲は校内外に及ぶ。

①校内運営体制・組織の再編

　学校改善の組織化の営みの第一は，校内の運営体制・組織の再編を図ることである。

　日本の学校運営組織（校務分掌・各種委員会等）の運営組織は，各教職員が学年・教科・委員会の担当を兼任し，他者と交差しながらしごとをするマトリクス組織を採り，本来的には（他の社会組織との相対で）協業性指向をもっている。しかし，その実情としては，部門・委員会業務の肥大化や慣行重視主義など機能不全傾向が指摘され，「個業化」の負の側面を増幅しているケースもみられた。したがって今日の学校改善では，各学校で運営組織の見直しを図り，教職員集団での協働的課題解決を促進する「仕組み」を構築することが求められている（2015年現在中教審で検討途上にある，学校への多様な専門スタッフ配置等「チームとしての学校」関係施策が具体化された場合，その必要はさらに高まると推察される）。

データ8-7　学校の組織類型

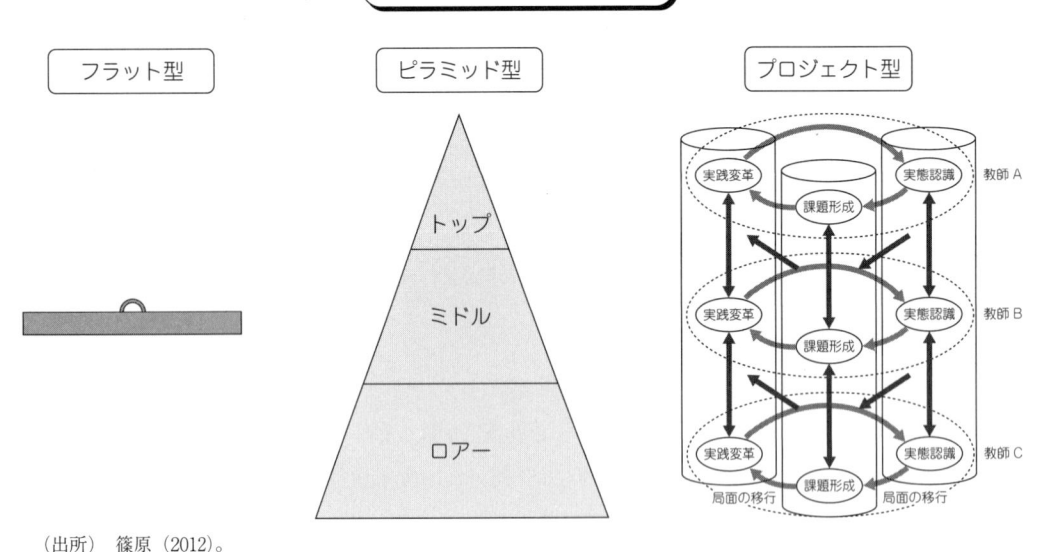

フラット型　　ピラミッド型　　プロジェクト型

（出所）篠原（2012）。

　運営体制・組織の再編で考慮すべき事柄は，①いかなる組織類型を選択するか，②分掌組織や主幹教諭・主任等（ミドルリーダー）にどのような役割を配分するか，に集約できる。まず，学校改善に向けた組織類型としては，例えば「ピラミッド型」「プロジェクト型」が想定される（データ8-7）。近年の学校経営改革では，経営機能の集権化・垂直的統合を意図する「ピラミッド型」への指向がみられるが，一方で教職員間の相互作用の活性化に重きを置く「プロジェクト型」の提案や実践も生まれている。これらはそれぞれ効率性・協業性にメリット・デメリットをもち，単一のモデルは存在しない。自校の規模や直面する課題の性質，さらに自校の発展段階を勘案して，組織類型を適時的に使い分ける発想での再編が求められる。また，個々の分掌組織や委員会等に対しても，権限配分や人事配置を通じて「課題解決指向」「人材育成指向」「業務量適正化指向」等の性質をもたせることが可能であり，各学校の創意工夫が問われるポイントとなっている。

　以上の運営体制にかかる権限は法令解釈上校長にあり，校長が学校の状況（発展段階）やビジョンに即して組織類型等を選択することになる。ミドルリーダーの側には，校務分掌に落とし込まれた意図（指向する組織類型や各分掌に期待される機能）を適切に理解し，それを具体化する分掌運営を展開することが期待される。

②教員間の学校改善の知・技術の交流回路の変革

　各学校で改革課題や意識を共有化できたとしても，そこから組織的方策・実践を展開していくことは実は容易ではない。各学校の採りうる方策（裁量）を拡大する近年の改革動向下で，教職員集団が自校に相応しい方策を選びそれを共通理解すること，諸方策が求める新たな行動様式に習熟すること（実施にやりがいや自己効力感をもつこと）には本質的な難しさがあるためである。

> データ 8-8　家庭（保護者）の情報需要と校長の情報供給意向の相違（小学校）

重要度ランク	保護者の情報需要	校長の供給意向	重要度格差の大きい項目＊
1 位	いじめ・学級崩壊などの教育問題	教育内容の特色	＞いじめ・学級崩壊などの教育問題
2 位	教育内容の特色	通学路の安全性	＜地域連携
3 位	教員の配置状況	地域連携	＞個々の教員の教育活動

(注)　＊再右列の不等号：＞は保護者側で重要度が高く，＜は校長側で重要度が高いことを示す。
(出所)　貞廣（2003）。

したがって教職員個々・集団の改善意欲を持続させるためにも，教員（集団）間での課題解決のアイデアや実践を相互交流できる回路をつくること，改善実践の実験・検証の組織過程の工夫を通して，共通理解や協働を洗練することがあわせて求められる。そのような回路や組織過程の工夫としては，教員作成の教材等の共有化の仕組みづくり（カリキュラム資料室やイントラネット等の活用），仮説─検証指向を強くもつ校内研修やカリキュラム開発体制の構築などがあげられる。ここであげた取り組みは，管理職よりミドルリーダーの方が実際的に関与しやすく，ミドルリーダーの創意工夫が校内の学校改善に向けた気運を高める可能性もある。ミドルリーダーとしての学校改善へのかかわりの着手点として意識することを勧めたい。

③　学校改善の組織化②：校外との学校改善の組織化

学校改善を進めるに際しては，校内のみならず家庭や地域社会（校区）との関係再構築も企図することが重要となっている。それは，家庭の学校不信への対応といった環境変動に加え，各学校独自の方策への正統性（legitimacy）の確保や具体的協力の獲得（授業と家庭学習のリンク，総合的学習等へのゲスト講師確保等）が課題に浮上しているためである。

校外との関係形成は，管理職の比重が高く教職員にはやや当事者意識をもちにくい領域であるが，意識的なかかわりの余地も見出せる。

①学校からの情報提供・情報発信の改善

家庭・地域社会に対する学校の情報提供は，2000年代に制度化された外発的学校改善の一つであるが，本来的に家庭等の学校理解や満足度さらに関与・協力意欲の向上に作用しうる，学校改善の重要な場面でもある。現在ではほぼすべての学校が学校便り・ウェブサイト・学校公開等の手段によって情報提供に取り組んでいるが，近年の研究では，学校の発信内容と受け手の情報ニーズの不整合（データ 8-8）や保護者の満足度を高めやすい発信内容が検証されつつあり（田中他監修［2007］の調査では，保護者のカリキュラム改革や校内組織体制の工夫の認知が学校満足度の重要な要因であることが検出されている），各学校において現在の情報発信方略を精査し，改善を図っていくことが重要な課題となっている。

ミドルリーダーを含む学校の教職員は，学校次元の広報でなくても学年・学級通信等で学校の情報発信の一翼を担っている。また，学校評議員会議その他の場面では，ミドルリーダーの組織

支援段階	協力段階	協働段階
・短期間で単発のイベント ・少数の自発的活動	・生徒の学習機会や教師の力量向上の活動 ・計画・実行を両者が分担	・カリキュラム開発など大規模・長期間の活動や互恵性ある活動 ・参画・責任の共有

データ8-9　学校と家庭・地域の連携活動の発展

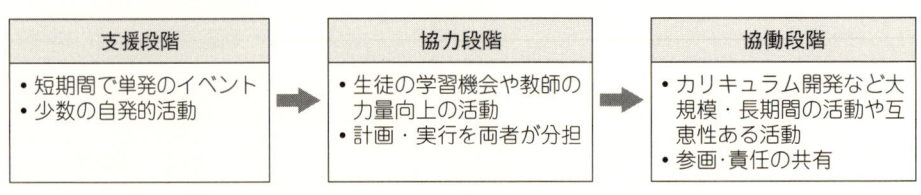

（出所）　Zacchei & Mirman (1986) を要約して筆者作成。

的取り組みに対する発言が校外の関係者に強い説得力をもつ場合も多い。これらをふまえると，ミドルリーダーが，学校改善推進上の学校情報提供の手段性の高さを理解し，みずからの発信活動や管理職・教員と協働による発信活動（ウェブサイトや通信作成）にかかわることの重要性を指摘しうる。

②学校・地域間の連携・協働の具体化

国レベルの地域連携・学校参加推進施策（学校評議員・学校運営協議会・学校支援地域本部等）により，大半の学校で校外との何らかの連携活動が実施（そのための連携組織が構築）されているが，その一方，少なからぬ関係者からは連携活動の実効性の乏しさ（連携活動の「一時性（イベント化）」「周辺性（中核的な授業の改善と遠い活動）」の指摘）や，人材面・財政面からの活動の継続性・安定性への懸念も示されている。家庭・地域の当事者意識や効力感を高める視野，子どもの学びを最大化する視野において，連携活動の実質を高める取組が今後重要といえる。

連携活動の具体化を進めるポイントとして，以下の2点をあげることができる。

まず，各学校で家庭・地域との関係性の現状に即して連携のねらいと活動の重点化を図り，段階的（データ8-9）に発展させることである（当初は単発のイベントから着手するとしても，将来的に自校の中核的な教育活動・カリキュラム面での連携活動に発展させるなど）。次に，実際の連携活動の具体化に際して，家庭との「協業性」の要素を盛り込むことである（ゲスト講師との授業意図の協議やフォローアップの強化など）。家庭・地域との公式的な連携組織づくりは管理職が担う部分が大きいが，ゲスト講師の授業など具体的連携活動については教職員のかかわる部分は少なくない。学校の情報提供での指摘と同様に，ミドルリーダー・教員が学校改善の構図や時間軸の理解に立って（また，今後の児童生徒の資質能力観とそれを保障する学習場面の変化を意識して），これらの具体的連携活動の意味を意識すること。その上で具体的活動において家庭・地域との協業性を段階的に増していくことが期待される。

引用参考文献

今井正明『カイゼン』講談社，1988年。

占部都美編著『経営学辞典』中央経済社，1980年。

大野裕己「学校管理と法」篠原清昭編著『教育のための法学』ミネルヴァ書房，2014年，60-78頁。

Column

学校改善の「ギャップ・アプローチ」と「ポジティブ・アプローチ」

　本章で整理した「学校改善」の考え方は，「学校の望ましい姿（ビジョン）」と「現状」の「落差（gap）」を確認し，その点で効果的な具体的方策を講じる（そのために必要な校内・外の組織化を図る）ことで，集団の改善意欲を持続させつつ段階的に学校の活性化を図る，とのスタンスで整理している。これは，文部科学省開発会議が開発した「学校組織マネジメント」モデルカリキュラムの考え方とも基本的に通底しており，あえて表現するならば，学校改善の「ギャップ・アプローチ」と言える。

　「ギャップ・アプローチ」による学校改善は，従来の学校の「個業化」指向，対症療法主義の課題に対して，①改善の焦点を絞りやすい，②焦点化により教員間の協業性をもたせやすい，③段階的な学校の引き上げを図りやすいといった利点を指摘できるが，落差や組織の欠陥を前提とするために，学校（当該学校）の新たな魅力を高める方向での適用には難しさも実感される。

　これに対して，近年，組織や個人の積極的側面に着目しそれを洗練する方向性をもつアプローチ（ポジティブ・アプローチ）も提起されつつある。例えば織田（2012）が諸外国の学校組織開発論から紹介した，「AIモデル（Appreciative Inquiry）」と呼ばれるモデルが参考になる。このモデルは，「組織や個人が本来もっている強みや希望や夢に注目し，内在する潜在力（ポジティブコア）を，対話によって引き出す変革プロセス」（織田，2012，225頁）の性格を持ち，発見→夢→設計→運命（4D）のサイクルで進められるものとされる。

　このような「ポジティブ・アプローチ」による学校改善は，日本で「地域とともにある学校づくり」が推進される状況では，学校の新たな価値の創出，関係者の改革への強い動機付けを図りうる方法として注目される。このアプローチでは，組織構成員が組織の潜在力に気づいた後，「どうなれるか」「どうあれるか」と潜在力活性化の可能性を構想する部分における管理職あるいはミドルリーダーのファシリテート力量が問われるだろう。

大脇康弘「学校組織のライフサイクルを見定める」『悠』2006年10月号，40-41頁。

織田泰幸「学校の組織開発」篠原清昭編著『学校改善マネジメント』ミネルヴァ書房，2012年，214-232頁。

児島邦宏「学校改善の過程」下村哲夫・児島邦宏編『学校の経営戦略』第一法規，1988年。

コッター，J.『企業変革力』日経BP社，2002年。

佐古秀一「学校組織開発」篠原清昭編著『スクールマネジメント』ミネルヴァ書房，2006年，155-175頁。

貞廣斎子「教育改革のアカウンタビリティ意識」篠原清昭編『ポストモダンの教育改革と国家』教育開発研究所，2003年，289-290頁。

篠原清昭「学校改善の課題」篠原清昭編著『学校改善マネジメント』ミネルヴァ書房，2012年，3-18頁。

高木晴夫監修『組織マネジメント戦略』有斐閣，2005年。

田中博之他監修『「読解力」を育てる総合教育力の向上にむけて』ベネッセ教育研究開発センター，2007年。

日本教育経営学会国際交流委員会『学校改善の支援に関する国際比較研究』，2015年。

淵上克義『学校組織の心理学』日本文化科学社，2005年。

文部科学省マネジメント研修カリキュラム等開発会議『学校組織マネジメント研修』2004年。

Velzen, W.G.et.al, "Making School Improvement Work," OECD, 1985.

Zacchei D. & Mirman J., "Business-Education Partnerships: Strategies for School Improvement," NEIRL, 1986.

> 設　問

1．「外発的学校改善」「内発的学校改善」のそれぞれの特徴について，説明しなさい。
2．ミドルリーダーとして学校組織活性化にどのようにかかわることが重要か，述べなさい。
3．学校改善の事例を一つ取り上げ，当該校において改善を促進している要因，さらなる発展への課題について，具体的に説明しなさい。

> 推薦図書

- 木岡一明編著『ステップ・アップ学校組織マネジメント』第一法規，2007年
  文部科学省開発会議「学校組織マネジメント研修」モデルカリキュラムに準拠して，学校組織マネジメントの背景理論，各学校における組織マネジメント手法（思考ツール）の活用法等について丁寧に解題している。学校改善を具体的に構想する上で参考になる。
- 篠原清昭編著『学校改善マネジメント』ミネルヴァ書房，2012年
  本書は，現代学校経営改革の進行下での学校改善の基礎理論について体系的に説明している。PDCAのステップに即して各学校での改善の進め方について俯瞰することができる。
- 浜田博文編著『学校を変える新しい力』小学館，2012年
  本書は，事例研究を用いて，学校を変革するプロセスとそれを機能させる組織的要因を考察している。学校の組織特性や組織文化，学校改善の過程について，学説の整理に留まらず，実際的な理解を深めることができる。

（大野裕己）

第9章 学校における危機管理

　現在の学校は，一般社会との距離感が縮まっており，あらゆる問題や課題に遭遇する頻度が高まってきたと言える。しかし学校は，一般企業とは異なる組織形態や文化背景があるため，危機管理においては違った側面が存在する。本章では，学校の危機的な事態の具体的な事例を通して，学校危機への事前予防，事後対応の両面について，組織的かつ関係機関等との連携の下でいかに対応すべきか，その実践的な課題解決策の理解を目指す。

1　学校の危機管理とは

1　学校教育の周辺

　学校教育は，時代の流れや政権によって大きく揺れ動いてきた。時代を遡ると，「ゆとり教育」と言われた教育体制もこうした中で生まれたと言える。当時，中央教育審議会は，『21世紀を展望した我が国の教育の在り方について』（第1次答申，1996年）で，「これからの子供たちに必要となるのは，いかに社会が変化しようと，自分で課題を見つけ，自ら学び，自ら考え，主体的に判断し，行動し，よりよく問題を解決する資質や能力であり，また，自らを律しつつ，他人とともに協調し，他人を思いやる心や感動する心など，豊かな人間性である」とし，「たくましく生きるための健康や体力が不可欠であることは言うまでもない。我々は，こうした資質や能力を，変化の激しいこれからの社会を［生きる力］と称することとし，これらをバランスよくはぐくんでいくことが重要であると考えた。」と答申した（中央教育審議会，1996）ここに，"生きる力"という崇高な考えが登場したが，この時期において，正しい方向性として大きな支持を集めた。
　この結果，総合的な学習の時間が創設され，ゆとりの中で，特色のある教育によって生きる力を育むことや，ゆとりでも詰め込みでもなく，生きる力をより一層育むことの重要性が打ち出されたわけである。当然，体験活動等が重視されることとなったが，児童生徒が学校内の座学中心から，社会とコミットする実学への転換に拍車がかかったと言えよう。
　この時期（1996年），政治体制としては，村山内閣（自社さきがけ政権）が退陣し，その後，橋本内閣が発足し，民主党も結党するなど，政治的には混とんとした時期であった。文化的には，インターネット，携帯電話，PHS，プリクラ，オヤジ狩り，たまごっちなど，新たな流れも数多く登場してきた時期でもあるが，前年，阪神淡路大震災，地下鉄サリン事件と，日本にとって危

データ9-1　学校の危機管理の概念図

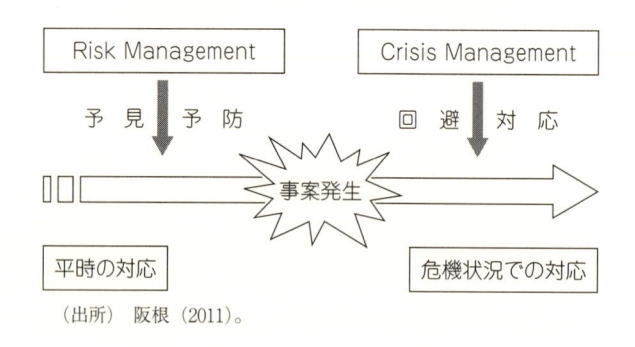

```
  Risk Management          Crisis Management
        ↓                         ↓
   予見  予防                回避  対応
  ┌─────────────┐    ＊事案発生＊    ─────────→
  │             │
   平時の対応                危機状況での対応
```
（出所）阪根（2011）。

機的な状況でもあった。

　その後2001年に，大阪教育大学附属池田小学校児童殺傷事件が発生し，学校の安全神話が崩れたが，学校においても危機管理が必要であると指摘されるだけでなく，国レベルでも，JIS規格「リスクマネジメントシステム構築のための指針」（経済産業省）が発表されるなど，官から民へ，行政改革，自己責任の流れが生まれてきたのである。ここにおいて，危機管理の発想は一層重視されたと言えよう。

② 学校における危機管理とは

　近年は，学校において思いも寄らない事態が発生し，その対応に苦慮することが多くなった。特に，いじめ問題，体罰問題，教員の不祥事と枚挙に暇がない。学校がマスコミのターゲットになっている現状に，多くの教職員は閉口しているが，これは学校に限らず，社会環境等の急激な変化の中，企業や国家さえも揺るがす事件が起きているからである。

　それはなぜだろうか。Webの進展によって，誰しもが情報を発信し，それが一気に広まっていく情報化社会にうまく対応できていなかったからである。危機管理の発想は，元々国家の政治的・軍事的リスクや，企業の経済的リスクの管理（Risk Management）から始まったものである。これは国家や企業の保全や保障を考える上で，様々な危険や災害，危機的な状況に対して，迅速かつ的確な対応を可能とする戦略であるが，一方で学校という組織では，政治や経済から一定の距離感があり，危機管理の発想そのものに必要性を感じていなかった。そのため，こうした対応は苦手である。もっと言えば，教職員は元来マスコミとの距離感があるため，ほかで発生した問題事例を情報として，積極的に得ようとする意識があまりなかったのである。

　しかし，現在の学校では，一般社会との距離感が以前より縮まっており，危機に遭遇する度合いが増してきた。特に，マスコミ等での対応がうまくいかず，実際の危機収束において，混乱状態が重なり，2次的な被害を拡大したというケースが多いと言える。つまり，危機収束において，これまでの体制の確保という次元だけでは語れないのである。ここをしっかりと押さえておきたい視点である。そこで，学校の危機管理の流れを，**データ9-1**に示す。

③ 危機管理能力とは

　学校の危機管理とはどうすることだろうか。学校の危機管理とは，思い切って児童生徒が学び，教師が思い切って教えるために不可欠なものであり，まさしく，生きる力の育成の実現のための方策である。そのため，危機管理能力の高い人たちの資質とは，的確な危機予測が出来ること，そして危機対応において，ダメージコントロールが可能な能力をもっていることである。各学校においては，それぞれの危機管理対象について，危険度や出現可能性を想定しておく必要があるが，この先見性や予見性が特に大切であることが指摘されている。これまでは職人的な対応で，何とか危機を切り抜けていた。そこには，感性や指導力という個の能力に委ねられてきたが，現在はそうはいかない。そのため，各学校がもっている課題や情報（教訓）をそのままにせず，それを「知識化」して，教職員間で共有しておくことが重要である。その基本は"予見""予防""回避""対応"であり，特に，昨今の安全管理で最も大切な視点は"命を守る（護る）"ことであろう。これによって，教育活動を継続的に安全に推進できるのである。

2　危機的状況における対応

① リスクの本質

　問題は不意に起こる。そうなると，情報収集が困難であり（もしくはほとんどできない），事態が次々と展開する。もちろん，状況がコントロールできず，外部，特にマスコミからの詮索やプレッシャーが強くなる。そうなると，人間は守りに入ろうとする精神状態になり，結果的に短絡的で安易な思考に陥りがちとなる。つまり，予測不能な状況とは，このようなパニック状態になってしまうことであり，有効な手だてがとれないものと思っていい。

　そもそも危機とは，「一時的に，個人のいつも問題解決手段では解決ないし逃れることが困難な重大な問題を伴った危険な事態へ，直面した個人の心理的混乱状態」（Caplan, 2000）である。そして，問題（災害）は，危機が，脆弱性（Vulnerability）と出会うことで起こる。そこには，ニュートラルなRISK（基本的なRISK）とアクティブなRISK（主体的なRISK）（矢守・古川・網代，2005）があり，学校は主体的なRISKが増大する傾向がある。また，問題の原因には，必ず背景と何らかの制約に依存している。仮に個人を責めても，終わりではなく，そこにある教訓を生かさないといけないのである。

② 学校の責任とは

　事案の内容によっては，学校内だけに情報を留めておくことができない場合がある。これまでの事案でも，情報の隠匿が後で大きな問題に発展したケースが少なくない。逆に，人権的配慮からあえて公表の必要のないものもある。どこまで伝えるかは管理職がもつ最も大きな裁量権に属する，諸刃の剣であり，失敗事例は数限りない。しかし，昨今は公開が原則になっており，情報のコントロールこそ，重要な視点であろう。この情報の扱いにおいては，社会的な視点から，問

題を俯瞰する力が必要となる。誰がみても，おかしいことはおかしいのであるが，学校内だけの視点で考えると，狭い了見から意外な落とし穴が待っていると言えよう。マスコミ報道で，学校の対応がたたかれているのは，実はこの点であり，後述の緊急対応のポイントで，その対応を説明する。

　さて，"学校"という場は，ある意味特殊事情をもった場所である。ここでは，一般企業における危機管理とは違った側面が存在する。危機管理とは"回避"と"対応"がポイントであることは多くが認識しているため，特に企業では，ある意味ダメージ（欠損や不良）を織り込んで，収益性とのバランスを睨んだ危機マニュアルが策定されている。しかし，学校という場では，ダメージそのものが幼児・児童生徒の命や人権にかかわり，発生すること自体が最悪のケースであるという認識から始まっていて，なかなか最悪を想定した事態の検討を行わない傾向が強い。つまり，発生しないことが前提であり，もし発生してしまった場合，そこでの対応は臨機応変的な動きとなってしまうことが多いのである。したがって，学校では主として"職人的経験"が左右すると言える。

　その上，元々学校内の教育集団組織は，一般社会からみると，異質な存在なのである。それは，教師個々の専門性を尊重することで有効に機能してきた経緯があり，そのため，発生した様々な問題に対しては，多くの場合，教師個々の能力と経験によって対応がなされてきた。つまり，組織より個々の能力が，一般社会に比べて重視されている側面をもっているのである。いわゆるバラバラな組織なのだ。そのため，これまで教職員が一体になっての様々な仕掛けや工夫を重ねてきた。例えば，理想を追った目標設定もそうである。絵に描いた餅のような学校目標であっても，誰にもつながる目標であり，理念の共有は共通理解につながりやすい。また，小学校における毎週実施される校内研究の場や，研究指定校制度も一体になるために有効である。

　しかし，最近の学校では，これまで想定していなかった事案が発生し，教師自身の手持ちの教育観では対応が不可能になってきた。そういった状況では，一層頑なな対応に終始してしまう傾向が強くなる。そして，いつしか組織の安定を目指して，保身の方向に走ってしまうのである。また，危機認識においても個々の差が顕著であり，各々の教職員がこれまで勤務した学校の困難度が"経験知"となり，それを基準とした判断がなされる傾向が強い。

　また，学校という組織が抱える心理的な特殊事情も考慮しないといけない。例えば，教師が学級の問題を抱え込む傾向があること，年齢構成上，若い世代の増加のため，年齢層の二極化で相談しにくい状況があることも見逃せない。このように，組織，制度，文化が異なった学校風土の中で，いかにして有効な危機管理システムを構築するのかは，教員の資質にかかっていると言える。

3 コンプライアンスの視点が重要

1 日常の動きや慣習を見直す

　コンプライアンスとは，企業や行政が，経営・活動を行う上で，法令や各種規則などのルール，さらには社会的規範などを守ることを意味している。これは，一般市民が法律を遵守することと区別して考える必要がある。

　コンプライアンス（compliance）の語源は，動詞のコンプライ（comply）で「（何かに）応じる・従う・守る」を意味している。日本語では，主にビジネスや経営の分野で用いられるが，この場合「企業が，法律や企業倫理を遵守すること」を意味している。現在マスコミでこの言葉が登場する場合，ほとんどがこうした意味であり，不祥事等に関連していることが多い。教育現場では倫理を重視していたことや，地域との一定の距離感で保たれていた組織だったことで馴染みは薄いが，開かれた学校，学校評価という時代の流れの中，これが大きく問われることがある。

　例えば，ワールド・ベースボール・クラシック（WBC）のテレビ中継を，学校内でみていたことが批判の対象になったことがある。ある中学校で終業式後，学校内のテレビでWBCの決勝戦を観戦していたが，一部の部活動に顧問教諭が付き添っていなかったことが問題となり，新聞紙上に報道されたのである。元来，部活動指導に関する明確な規定はないが，部活動中の注意監督義務があることは明白である。しかし，実際の学校において，会議などで必ずしも常時監督出来るわけではなく，その点は曖昧である。このケースでは，終業式の後という心理的な余裕も手伝って，管理職員も大目にみていたようであり，どこにでもある光景である。

　では，何が問題だったのか。同校では終業式後，職員会議があり，その後，会議室にあるテレビの前で教諭ら10人前後が集まって観戦していた。しかし，同時に部活動も実施されており，会議室は入れ替わり立ち替わりの状態だったようだ。今までならそう問題とならないことだったのかもしれないが，生徒がこうした動きに反感をもったのだろう。あるいは，以前から何らかの問題が積み重なったのかもしれない。厳格に言えばこれは問題のある行動には間違いはない。そこで，体育館や運動場に，誰かが監督するという当番制のようなシステムをつくっていれば，問題にならなかっただろう。この学校では，こうした対応がなかったのである。このように，ちょっとした配慮があれば，ここまでの騒ぎにはならなかっただろう。一番のポイントは，教師不在で，事故が起きなかったことが幸いだったと考える方が無難なのである。

　教育の世界における社会的な規範とは，教師として何が求められるかという視点であり，それは一般社会より厳しいのである。しかし，これまでは閉鎖的な環境にあったことで，学校はある意味守られていた。また，地域の中では，教師だから許されるという文化背景もあった。たしかに，職員室で囲碁や将棋を行う光景は，学校の日常だったのである。

　だが，今は違う。開かれた学校とは，これまでの甘い発想からの転換を始めなくてはならない。社会の目や動向に敏感に反応できる感性が必要であり，それによって，ある事象が問題になるの

データ9-2　学校における緊急対応の視点（クライシス・コミュニケーション）

リスク対応	・最初の一手を打つ。（早く，慎重に） 　危機状況に陥れば，そこでは少なからず混乱状態が予測される。その場合は，即座に最初の一手を打っておく。それは決して最善手でなくても，時間が稼げることで，冷静に対応することが可能となる。この一手は，職員の判断力・決断力が伴うが，例えば，家庭訪問や，関係機関への報告・連絡という従来型の対応も含む。
リスク管理	・情報共有の範囲を即座に決める。（何をどこまで知らせる） 　事案の内容によっては，学校（園）内だけに留めておけない事例もあり，その隠匿が後で大きな問題に発展しかねない。逆に，人権的配慮からあえて公表の必要のないものもある。どこまで伝えるかは管理職員の最も大きな裁量権である。ただ，昨今は公開が原則になっている。マスコミ対応もここにある。管理職や監督権者との意志疎通が欠かせない部分である。
リスク評価	・社会的な視点から，問題を俯瞰する。（誰が見ても，おかしいことはおかしい） 　学校（園）内だけの視点で考えると，狭い了見から意外な落とし穴が待っている。これを教員以外が聞く（知る）とどう思うかという視点で考えて欲しい。マスコミ報道で，学校（園）の対応がたたかれるのは，実はこの視点である。そのため，教員間の声はもちろんのこと，PTA等など，ほかの意見を聞くことも一案である。

か否かを判断することできる。そうすれば，リスクを回避できる知恵も浮かんでくるのである。

　世間は，よく教員は常識がないと酷評することがある。また，学校では許されても，民間なら許されないという言い方もよく聞く。学校での修学から学校への就職という，単一社会の経験しかない教員が多いだけに，反論できないことも多々ある。しかし，学校には学校の論理があり，すべてを民間や一般社会と同じにするわけにはいかない。社会や世間の動きを意識して，今当たり前に行っていることに問題はないか検証すべきだろう。それさえ分かっていれば，簡単に対策や改善が可能であり，無用な批判を受けずに済むのである。

② 緊急対応のポイント

　クライシス・コミュニケーション（Crisis Communication）とは，危機状況において，ステークホルダー（利害関係者）と行われるコミュニケーション活動のことである。危機的状況に直面した場合に，その被害を最小限に抑えるために行う，いわゆる情報コントロールを基本とした対応と言える。

　学校においては，事件・事故には，様々な内容や程度があり，種別を限定することは不可能である。その上，安全神話に囲まれた学校文化は，その準備すらも困難な場合もある。したがって，想定外という言葉は，こうした背景から登場してくる。こうした想定外の事件・事故においては，まずは事案の内容を整理してから，適切な対応を行いたいが，時間的な余裕がないことが通例である。そこで，まずは情報コントロールが必要となる。これがクライシス・コミュニケーションなのである。

　では，その視点を示しておこう。ここには，三つの柱がある。①リスク対応，②リスク管理，③リスク評価である。いずれも緊急の対応であり，これを，**データ9-2**に示しておく。特に分かりやすいように，具体的な記述を付しておく。これは，素早く，慎重に，そして誰からも支持

されるという動きであり，学校側の都合だけで動かないということがポイントになっている。管理職だけでなく，全教職員，関係機関等を巻き込んだ対応である。

4　保護者対応に悩む現場

① 難しさの背景

　昨今の危機対応において，保護者とのかかわりをあげる教職員は少なくない。それは近年，無理難題の要求が教師に向けられることが多いからである。そして，相互不信や敵対感情が，生徒指導において悪影響が与えている事例も数多く報告されている。

　保護者対応での難しさの背景とは何であろうか。「生徒指導提要（文部科学省）」では，この点に注目している（文部科学省，2011）。

　まずは，「ゆとりのなさ」である。保護者自身に経済的なゆとりがない場合や，精神的なゆとりがない場合は，児童生徒に負の影響を与えていることが考えられる。つまり，ゆとりがなければ，子どもの教育への関心が薄れ，心配りもできなくなる。こうなると，保護者は教師に矛先を向けてくる。その場合，教師は，その背後にあるものを感じ取れる感性が必要であろう。

　次に，「親の行動を学び，身に付ける機会のなさ」である。子どもは親の背中をみて育つという旧来の考え方は，今でも通用するとは思われるが，モデルとなるべき保護者の行動に問題がみえ隠れし，これが意外に大きな要因となっている。

　そして，「生じている問題の重さ」である。発達障害などの子どもの課題，経済的な問題など，教師がどんなに努力しても解決できないものがある。また，「価値観の多様さ」もあげられる。教師に理解できない言動も，保護者にとって当たり前の行動ということもあろう。そのため，教師の指導が理解できないのである。

② 背景を理解し，適切な対応を

　こうした背景を理解したり，想像できたりすると，打つ手もみつかってくる。教師だけの価値観で対応するのではなく，保護者の意識を理解することで，逆に歩み寄ってくる場合もある。そこに，教育相談的な対応が必要となるのである。

　「生徒指導提要」では，教育相談の章に，保護者面談の進め方を，10項目にわたり，順序立てて記述している。**データ9-3**に列記しておくが，大変参考になる。

　この対応を意識しておくと，スムーズな保護者面談が可能となるだろう。これらは，問題の背景を掴もうとする意識から始まっている。これは，対応が難しい児童生徒との面談でも活用できるスキルである。対立の場面は，児童生徒にとって葛藤を生んでしまうことが想定されるが，不幸な対立から協働姿勢へと変わったとき，子どもの健全な成長に資するものと考えられる。

> **データ 9-3　保護者面談の進め方**
>
> ①難しい関係になる前にこそ，よい関係を結ぶ。
> ②連絡の段階から相談は始まる。
> ③率直に問題を伝える。
> ④来校してくれた労をねぎらう。
> ⑤面談の時間は長すぎないようにする。
> ⑥プラスの情報・具体的な話をする。
> ⑦まずは，保護者の話に耳を傾ける。
> ⑧問題点を指摘する時は，前向きの話になるようにする。
> ⑨親が無口でうまく表現できない場合，繰り返しや明確化というカウンセリング技法を取り入れる。
> ⑩精神的な問題が感じられるときは，信頼関係を結び，キーパーソンをさがす。

(出所)　文部科学省（2011）に筆者加筆。

5　心の危機管理を考える

1　緊急事態での対応

　心の危機管理において，緊急事態での対応があげられる。ここに，PFA（サイコロジカル・ファーストエイド：Psychological First Aid）という手法を紹介する。

　近年，世界各地で災害が発生するたびに，日本からも多くの支援が行われているが，他国で発生した災害に，日本人が大きな関心を寄せるのは，阪神淡路大震災や東日本大震災の災禍を経験したからであろう。災害において，一番の弱者は子どもである。こうした子どもたちの心のケアはどうすべきなのかという点で，こうした緊急事態には必須の内容なのである。

　世界を見渡すと，戦争，自然災害，事故，暴力などの痛ましい出来事が各地で発生している。このような困難に対処するためには，個人の力だけでは難しいため，他者による精神保健や心理的・社会的な支援が求められる。

　こうした中，WHO（世界保健機関）は，危機的な出来事を経験した人々を支援するにあたり，何をして何をしてはいけないかについて，分かりやすく記述した「心理的応急処置（PFA）フィールド・ガイド」を発行している。このガイドは，多くの国際機関から承認されており，災害対応において注目されているものである。

　また，アメリカ国立 PTSD センターと，アメリカ国立子どもトラウマティックストレス・ネットワークが開発した「サイコロジカル・ファーストエイド 実施の手引き 第 2 版」は，阪神淡路大震災や大阪教育大学附属池田小学校児童殺害事件などを機に，兵庫県こころのケアセンターが日本語版を作成し，内外に公開している。いずれも貴重な資料であり，大いに参考になる。

　PFA は，特別な治療法のマニュアルではなく，少しの知識があれば誰にでもできるという点が特徴である。いわゆる誰でも出来る緊急対応（回復・支援）であり，災害が多い日本には打ってつけのガイドと言えよう。これは，心に怪我があった場合に，その回復を助けるための基本的

な対応法を，効率よく学ぶためのものであるため，現場のニーズに応じて，必要な部分だけを取り出して学んだり，使ったりすることができる。こうしたコンセプトは，まさに教育現場にはありがたい対応マニュアルだと言えよう。

② PFAから学ぶこと

今，職員研修では，必ず教育相談を学ぶ。そこでは，心理的な用語や手法を多数学んでいるが，それをいつ，どこで，どこまで使えるかという点では不明確である。研修は教職員にとって重要であるが，あくまでも基礎知識であるということを意識しておきたい。例えば，「トラウマ」という言葉は日常的に使われている。しかし，その意味をあまり理解出来ていないと言える。そもそもトラウマとは，生死にかかわるような危険な目に遭うとか，大きな災害を目撃するなどといった強度の衝撃を受けることで負った「心の傷」である。こうした負の体験は子どもたちに大きな影響を与える。

特に，「PTSD」は，心的外傷後ストレス障害のことであるが，こうした疾患の予防において，これまでの出来事を表現させることで追体験させるという手法がとられることがある。そうした手法の一部を，安易に教育相談にも取り入れることはきわめて危険である。昨今では専門家であっても，発災後の急性ストレス期には，こうした手法は推奨されなくなった。このように，心理面での対応は慎重を期すことは言うまでもないが，それでも，教師は子どもと向き合い，教育相談を行う必要がある。特に，心の危機をもった子どもが増加した現在，その対処を，自信をもって行わなければならないのである。

そこで，このPFAの手法は有効であろう。PFAは，専門家が行う治療ではない。あくまでも回復を助ける支援であり，寄り添う行為である。

「サイコロジカル・ファーストエイド 実施の手引き 第2版」では，八つの活動内容を提示している。①被災者に近づき，活動を始める，②安全と安心感，③安定化，④情報を集める（今必要なこと，困っていること），⑤現実的な問題の解決を助ける，⑥周囲の人々とのかかわりを促進する，⑦対処に役立つ情報，⑧紹介と引き継ぎなど，これをみると，まさに前述した保護者面談の対応法と酷似している。つまり，信頼関係を結び，安心感や前向きの意識を与えることだと言える。

また，PFAには，避けるべき態度も提示しているが，例えば，①被災者が体験したことや，いま体験していることを，思いこみで決めつけない，②被災者を弱者とみなし，恩着せがましい態度をとらない，③すべての被災者が話をしたがっている，あるいは話をする必要があると考えない，④何があったか尋ねて，詳細を語らせないなど，意外に教師が間違いやすい行為が並べられているのである（アメリカ国立子どもトラウマティックストレス・ネットワーク・アメリカ国立PTSDセンター，2009）。

6 個人を責めて終わりでは対策にならない

1 課題をあぶり出す

　昨今問題において，社会問題化した事例では，何を間違ったのだろうか。まず，初期対応に問題があることは，いずれにおいても指摘されている。それ以上に，ここでは"センシティブ"という視点が必要である。もっと言えば，親身になって対応したかという，道義性の視点である。また，メディア対応において，適切な説明責任がなされていない現実がある。これらは当然，組織的な対応が重要だが，役割分担も意識したい。窓口一本化と言いながら，窓口に対応が集中し，機能しなかった例もある。事案処理において，連携不足が指摘されるが，全教職員が運命共同体であるという意識が求められるのである。つまり，危機対応とは，何よりスタンスが重要であり，教師として，人としての当たり前の言動が左右すると言えよう。

2 管理責任と説明責任

　「管理責任」は，教師としての必然的な職務であり，「監督責任」，「注意義務」などが該当する。特に児童生徒といった責任能力が問えない未成年が在籍していることや，安全が前提という学校という特異な環境を有していることで，法的な面だけでなく，道義的な責任が前面に押し出される傾向が強い。

　「説明責任」とは，アカウンタビリティー（Accountability）の訳語であり，影響力のある，あるいは権限をもっている側が，受ける側に対して，活動の内容や権限の行使について説明する必要があるといった考え方であり，これまでの日本の風土には根付いていなかった考え方である。しかし，説明責任は，基本的に会計制度や税金に関する報告義務という観点で重視されてきた考え方であるため，基本的には外部のステークホルダー（利害関係者）を対象としている。つまり，内向きではなく，外へ向けての社会的責任の範疇なのである。そのため，企業，行政が近年特に意識している視点である。

　ところが，説明責任は，何か事案が発生すれば，それについて説明さえすればいいという偏った考えが支配的であろう。学校現場でも同様の方向で動いているように思われる。しかし，会計や税という経済の世界では，決算という「結果責任」が重視される。つまり，説明責任とは厳しい責任であると解すべきであろう。場合によっては職を掛けるほどの意味合いが存在するのである。「結果責任」こそが，説明責任なのである。

　一方で，「パブリシティ対応」は，好ましいイメージや情報を流してもらえる手法であり，パブリシティは公的な立場で論じられるので，信頼性の高い情報として受け止められるものである。そこでは，公開が不要な情報や秘匿すべき情報については，広報などパブリシティを管理する部門がしっかりとしていれば，流出を免れることができる。これはリスクマネジメントの点から重要である。効果的なパブリシティには，当然，記者等への適切な情報提供が不可欠となる。有効

な記者会見（プレス・カンファレンス）の実施やプレスリリースがこれにあたるが，これも説明責任の一環である。

③ 教訓を生かす分析手法

事件・事故が起きると，そのまま原因は何かという犯人捜しに動いてしまう。しかし，そこには，必ず背景があり，何らかの要因が隠されている。それを掘り起こし，二度と同じような問題を起こさないことが重要である。ところが，学校はそういった教訓の引き継ぎが行いにくい環境にある。また，性善説にたった対応が主となるため，どうしても真実を明らかにしづらい風潮もある。

データ9-4 SHELL モデル

（出所）ホーキンス（1987）。

そこで，SHELL モデルを取り入れることを提案したい（ホーキンス，1992）。SHELL モデルは，直接的な原因を調べるよりも，根本的原因を明らかにする分析方法である。SHELL モデルは，Edwards が基本モデルを提案し，KLM オランダ航空の Hawkins が改良した要因分析方法であり，Software（ソフトウェア），Hardware（ハードウェア），Environment（環境），Liveware（人間：中心の L は本人，接している L は関係者）の各境界面に存在する要因をみつけようとするものである。（データ9-4）

航空業界を中心に，医療・看護などの業界では，一般的に使われている手法であり，それぞれが関連し，影響し合っているという考え方である。例えば，医療現場では，薬を間違わないために，色や形を変えたり，複数で確認したりするという手法をとる。ここに，ハードだけでなく，ソフトでの対応があり，関係者という人との動きがある。それがどこかで課題があれば，このモデルで明らかになる。こうした分析をとおし，教訓を得るのである。

7　出現する新たな危機に対応する

今日の大きな問題は，ICT 化における個人情報の保護であろう。これは，USB の管理だけでなく，ネット流失などの最新の課題が山積している。どんな問題があるのか，報道には敏感でありたい。基本は，問題の技術的本質を知り，対処することである。パスワード，ネット接続の可否，ウイルス対策は必須の条件である。

予測される事態を最大限想定し，準備しておくことが，学校現場には必要なのである。

引用参考文献

アメリカ国立子どもトラウマティックストレス・ネットワーク・アメリカ国立 PTSD センター／兵庫県こころのケアセンター訳『サイコロジカル・ファーストエイド実施の手引き第2版』2009年（http://www.j-hits.

> *Column*
>
> ## 心のケアとは
>
> 　子どもの周辺で事件や事故が起こると，スクールカウンセラーなどの心理の専門家を，学校に派遣することがある。これは，「トラウマ」や「心的外傷（PTSD）」などへの対応であり，『心のケア』と呼ばれている。ただ，心の問題は見えない部分であるため，本当にそこまで必要なのかという意見もある。しかし，こうした対策はきわめて重要であり，今の学校教育には欠かせないものであるといえる。
>
> 　災害や事件・事故の発生などで混乱した学校現場では，何はさておき，事態の収拾に全力を尽くすべきである。こうした緊急対応の陰で，災害などを見聞きした子どもたちは，ショックを受け，精神的なダメージを被っている。大人と違い，子どもはこれまでの生活体験が少ないことから，どう対処したらいいのか分からないのである。
>
> 　ところが，災害後でも子どもたちは元気に振る舞っていることが多く，心に傷があるとは思えないケースが多い。東日本大震災においても，子どもたちが明るく接してくれたという声を，多くのボランティアの方から聞かれた。それは，大人を心配させてはいけないという純粋な心が，そうした態度にさせているのである。しかし，心の奥には，大きな傷があると考えていた方が無難だ。
>
> 　そこで，心のケアを行うわけであるが，自然災害では，ライフラインの復旧など生活の回復を優先して行うため，後回しになる傾向が強いと言えるだろう。そうした中，教師たちは，こまめに子どもの心に寄り添い，子どもを支えていくことが重要であり，専門家の支援は特に必要な部分だと言えよう。
>
> 　その後，災害などの教訓を伝えるために，発生した月日に，記念行事を行うことが多い。ところが，記念日に近づくと，治まっていた症状が再発する子どもが増えてくる。これは，「アニバーサリー反応」と呼ぶが，この場合，「もう心配しなくても良いよ」と，子どもたちに安心を伝えることが重要であろう。心のケアとは，こうした動きを含め，これからの生活において，誰しも意識しておきたい「応急措置」なのかも知れない。

org/）。

阪根健二「学校における危機管理の考え方」『中等教育資料』12月号，文部科学者，2011年。

中央教育審議会『21世紀を展望した我が国の教育の在り方について』（第1次答申）文部科学省，1996年。

ホーキンス，フランク・H.／石川好美訳『ヒューマン・ファクター――航空の分野を中心として』成山堂書店，1992年。

文部科学省「生徒指導提要」2011年，118-120頁。

矢守克也・古川肇子・網代剛『防災ゲームで学ぶリスク・コミュニケーション』ナカニシヤ出版，2005年，6-8頁。

Caplan, Gerald, Ruth Caplan, "Principles of community psychiatry," *Community Mental Health Journal*, New York, 36 (1), 2000, pp.7-24.

設問

1．学校における緊急対応の視点である「クライシス・コミュニケーション」について，具体例をあげて説明してください。

2．「管理責任」と「説明責任」について，その定義と課題について説明してください。

3．保護者対応に難しさを感じている教職員は少なくないが，その場合の保護者面談の進め方について，具体例をあげて説明してください。

> [!NOTE] 推薦図書

- 阪根健二『教育関係者が知っておきたいメディア対応──学校の「万が一」に備えて』北大路書房，2007年
  教育とメディアの不幸な対立が現実的に発生している。これを学術的に明らかにすることが難しく，対応に苦慮している。本書では，実例に基づき，メディアの仕組みから，危機的な状況において何が必要かをまとめている。
- 阪根健二編『学校の危機管理最前線──危機発生！　そのとき何が起こり，学校はどう動く？』教育開発研究所，2009年
  本書は，学校リーダーが危機に直面して判断に窮した時，何を基本スタンスとして次の行動に踏み出すかという点について，ケースに応じた対応と理論をまとめたものである。
- 阪根健二編『学校防災最前線──災害発生！　そのとき何が起こり，学校はどう動く？』教育開発研究所，2012年
  本書は，東日本大震災での実際の行動を含め，被災地や被災地以外で何が行われたのか，そして，これからどうあるべきかを集約し，分析したものである。

（阪根健二）

第10章　教育相談

　いじめや不登校をはじめ，携帯電話によるトラブル，薬物の使用等，児童生徒の抱える問題は多様化している。家庭の教育力や地域の機能が脆弱化し，子どもも保護者も孤立していることがその背景にある。本章では，教育相談とかかわりの深いいじめや不登校の問題を取り上げ，児童生徒及び保護者に有効に機能する教育相談体制はどのようにあるべきかを熟考する。

1　教育相談とは

　教育相談とは，様々な悩みを抱える児童生徒一人ひとりに対しきめ細かく対応するため，本人及びその親に対して，学校教職員及び多様な専門家で支援する相談体制のことである。文部科学省は，深刻ないじめや不登校への早期対応，児童虐待の深刻化や少年非行・犯罪の低年齢化等に適切に対応するため，小学校においても教育相談体制の充実を図っていくことが必要だとしている（文部科学省教育相談等に関する調査研究協力者会議報告「児童生徒の教育相談の充実について」2007年）。

　また，『中学校学習指導要領解説　特別活動編』には，「個別指導の代表的な形態には教育相談があるが，教育相談は，一人一人の生徒の教育上の問題について，本人又はその親などに，その望ましい在り方を助言することである。その方法としては，1対1の相談活動に限定することなく，すべての教師が生徒に接するあらゆる機会をとらえ，あらゆる教育活動の実践の中に生かし，教育相談的な配慮をすることが大切である」とあり，教育相談が悩みを抱えた特定の子どもに限定して供されるものではないことが記されている。つまり，教育相談はすべての教師が携わるものであり，その対象はすべての子どもということになる。

　さらには，1995度にスクールカウンセラー（以下SC）が全国に154校に配置されたのを契機に，SCも教職員と連携しながら教育相談を担うようになった。データ10-1にみるように学校に配置されるSCの数は増加しており，2013年度の時点でSCは2万校以上に配置され，年間で4億円程度の予算額が組まれている。

データ10-1　スクールカウンセラー配置校(箇所)数の推移(1995年度〜2014年度)

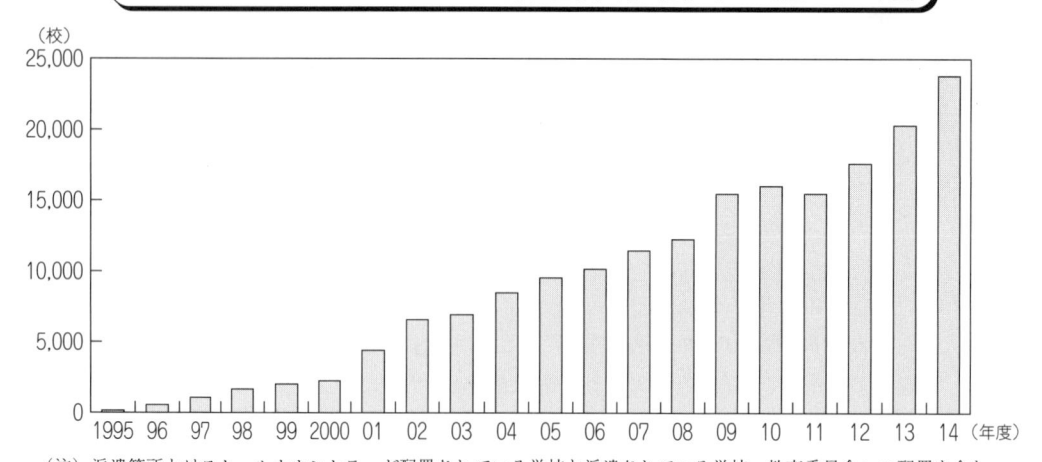

(注)　派遣箇所とはスクールカウンセラーが配置されている学校と派遣されている学校,教育委員会への配置を含む。
(出所)　文部科学省初等中等教育局児童生徒課「教育相談　カウンセラー等活用事業」2012年11月より筆者作成。

2　教育相談が抱える難しさ

　新聞等の報道で,子どもが被害となる大きな事件が起きた時,「そんなに大変なことをどうして大人に相談しなかったのか」といった声が少なからず漏れ聞こえる。教育相談の必要性や重要性は大人には理解できるであろうが,大人が考えるほど子どもは教育相談の重要性を認識していない。子どもにしてみれば,相談したことで余計に事態が悪化するのではないかと考えるのが自然であり,よほど信用できる大人でなければ相談する気にはならないであろう。

　たとえ親から虐待されていようが,友達にいじめられていようが,さらにはそれらの行為に苦しみ,自殺を考えていようが,子どもには子どもなりのプライドや守りたいもの,重視すべきことがあって,自ら教師やカウンセラーに相談してくることは期待しにくい。これが教育相談の一つ目の難しさである。

　しかしながら,子どもだけでは解決できないことや,大人の力を借りなければより事態が悪化して事件に巻き込まれることも世の中にはたくさんあり,そうなる前に教育相談につなぎたい。

　二つ目の難しさは,せっかく子どもや保護者,教員からあがってきた案件に対して,教育相談体制が機能しない場合があることである。2011年に起きた大津のいじめ自殺事件や2015年の岩手県矢巾町の自殺事件などがその代表例であるが,教員間での情報の共有や意思の疎通がなされないまま,関係者が動かなければ,子どもの命は危険にさらされてしまう。一般論ではあるが,事件や自殺の蓋然性(確実性の度合い)が高いにもかかわらず,学校として適切な対応をしなかったとすれば,法的責任を問われても仕方がない。

　このように,①いかに教育相談につなぐか,②教育相談体制をいかに機能させていくかが課題となる。

3 カウンセラーとは異なる教師のカウンセリング・マインド

　随分前から，カウンセラーの職とは異なる教師の職にも，カウンセリング・マインドと呼ばれるものが必要だと言われるようになった。カウンセリング・マインドとは，ロジャースの来談者中心療法（非指示的療法）に由来するもので，子どもの気持ちに共感しながら，関心をもって聞くという，その姿勢を言う。教師はカウンセラーではないが，こうしたカウンセラーのような共感的姿勢が必要だということである。

　とはいえ，そもそも教師とカウンセラーとでは，その特性が根本的に異なる。教師は子どもたちを自分の教育目標に向かって導いていくリーダーとしての態度を示さなければならないが，カウンセラーは子どもや保護者から相談を受け，その人の立場を十分に理解していくかかわり方をする。つまり，教師とカウンセラーとではその職務や子どもへのかかわり方が異なるのである。

　教師が無理にカウンセラーのように接しようとすると，目の前にいる子どもに対して自然に思ったり，感じたり，考えたことを，心の中で押し殺そうとしてしまう。一方の子どもの側からすると，教師の思いを感じ取ることができず，がっかりしたり，傷ついたりしてしまう（吉田，2007）。大人に相談することに高い垣根を感じている子どもほど，教師の姿勢を敏感にみている。カウンセラーのように話を傾聴しながらも，子どもの自己実現を導くことが教師には求められている。

　担任であれば，短時間であれ定期的にクラス全員と個人面談を行い，個別に話を聴いた方がよい。話を聞いてもらいやすい雰囲気と話術を教師が備えていることが，教育相談が機能するかどうかを左右する。普段から子どもと会話する際は，カウンセリング・マインドを意識しておきたい。以下，子どもの発話を促す方法の一例をあげてみよう（片山，2014）。

〈子どもの発話を促す方法〉
- アイコンタクトをとる。
- 子どもの話を遮らず聞く。
- うなずきや前傾姿勢，柔和な顔の表情，手の動きといった体全体を使って，聞いていることを示す。
- あいづちを打つ。Ex. へえ……／うん。／そう。
- 接続詞を使いながら，さらに話してもらう。Ex. それで／それから／どうして
- 相手の言った言葉を単語で聞き返す。Ex. 放課後？／どこで？
- 相手の言った言葉の文末を繰り返す。Ex. 帰る途中で文句を言われたのね。
- よいところは具体的にほめ，自信を与える。Ex. イヤなことはイヤと言えて，えらかったね。
- 勇気をもって話してくれたことを認める。Ex. よく勇気を出して話しに来てくれたね，ありがとう。

4 いじめと不登校にみる課題

　教育相談にもち込まれる事案は多岐にわたり，様々なことを想定しておかなければならないが，本節では特にいじめと不登校に焦点を当て，教育相談に臨む際の姿勢を確認しよう。

1 いじめ

　2011年10月に滋賀県大津市の中学校で起きたいじめ自殺事件を受け，2013年6月「いじめ防止対策推進法」が成立した。いじめを未然に防止し，いじめまたはその兆候を早期に発見し，いじめに関する事案に対処してその適切な解決を図るいじめ対策を示した法である。この法律で定義する「いじめ」とは，「児童等に対して，当該児童等が在籍する学校に在籍している等当該児童等と一定の人的関係にある他の児童等が行う心理的又は物理的な影響を与える行為（インターネットを通じて行われるものを含む。）であって，当該行為の対象となった児童等が心身の苦痛を感じているものをいう」。「いじめ防止対策推進法」が成立したことによって，学校だけではなく，各自治体も組織的な対策を担う義務を負い，動き始めている。筆者も委員としてかかわっている京都府京田辺市を例にあげると，「京田辺市いじめ防止対策委員会」を2015年3月に京田辺市教育委員会が立ち上げ，学識経験者や弁護士，スクールカウンセラー等を含む8名の委員で構成される会議を定期的に行うなどしている。

　さて，人間はなぜ人をいじめるのだろうか。人は，自分の心が満たされない時に人をいじめてみたい心が生じやすくなる。人間というものは，か弱いもので，自分が満足できない状態にあると，周りにいる者にそのエネルギーを負の形で向けたくなる。無意識のうちに擬似快感を求めていると考えられる。

　擬似快感とは，真の快感ではなく，自分をごまかして一時的に満足感を得る感覚のことである。人は皆，自分の存在を確認したいと思い，自己肯定感を得たいと願っている。自分が生きていることを確認するための快感を得たいと無意識のうちに考えているのである。しかし，夢中になれるものがなく，真の快感を得る環境からほど遠く，それに加えて暇をもて余すことや規範意識が遠のくことなどが重なると，いじめに駆られやすくなる。このように，満たされない思いでいじめに駆られる子どもの気持ちを思うと，本来はいじめる側にこそ教育相談が必要なのではないかと感じる。

　一般にわが国では，いじめられる側の子どもに教育相談が必要だとみなされるが，欧米ではいじめる側の子どもに対しても十分な対応が必要だという認識にある。例えば，子どもへの関心が薄い親に育てられると，子どもは自分に価値を見出せなくなる。また，普段は全く関心を向けられず，何かあると激しく叱られることが重なると，子どもはさらに自分を無価値な存在ととらえてしまい，他者をいじめるといった研究結果もあり（多賀，1997），いじめる側の子もほうっておくとその子自身にとって不幸な結果になると考えられている。このため，いじめ行為を行う子ど

もを対象にしたカウンセリングが行われているのである。いじめている者はいじめを軽い遊びだと考えがちであるが，いじめを受けている側にとっては苦痛を感じることであり，人権侵害でもあり，犯罪に相当する場合もある。わが国でも，いじめる側の子に向けた教育相談を一歩進めていくことが考えられてもよいのではないだろうか。

　実際，子どもは必ずしも意識していじめようとしているわけではなく，遊びの延長だという認識で行っていることが非常に多い。松谷みよ子の絵本『わたしのいもうと』の「あとがき」に，「あれはたしかイソップだったと思うのだが，池の蛙が石を投げる子どもに対して叫ぶのである。『あなたたちには遊びでも私には命の問題なの』」。いじめを行う者といじめを受ける者の立場の違いによって，一つの行為は両者の間で受け止め方が大きく異なる。道徳性が十分に育っておらず，規範意識がきわめて弱い場合，残念ながら当該者は自分自身では気づきにくい。また，友達からの同調圧力（ピア・プレッシャー）により，自分もいじめに加わらなければ，今度は自分がいじめの対象になるかもしれないという危機感からいじめに加わることもある。

　さて，周りの子どもが友達のいじめられている姿をみていたとしても，あるいは教師がいじめに気付いていていたとしても，いじめを防げず重大事態に至る場合がある。周りにいる誰もが危機感をもたず，具体的な行動に移さないからである。

　いじめが頻繁に起こったり，陰湿ないじめが長く続いたりするような場合，学校の生徒指導体制やそれを受けた学級担任ほか，周りの教員がいじめを許容する空気を知らず知らずにつくっている場合がある。気づかないうちに学校環境がいじめを誘導しているのである。もちろん積極的にいじめを誘導しているわけではないが，教師が子どもに敬意を払わず，見下した発言を繰り返すうち，他者をばかにしてよい雰囲気が学校中に蔓延してしまうのである。いじめを防ぐための生徒指導体制に不備がある上，担任にも色々な意味で余裕がないため，いじめに対する意識が低く，教育相談にはつながりにくい。

　このように，学校の体制が不安定な場合，学校や学級は荒れの度合いが高まり，いじめは加速しながら進行していく。しかもいじめの進行は，大人の想像以上に速い。そんな中で，誰かが声をあげたとしてもかき消されてしまい，教育相談は機能しない。子どもたちが生き生きと学校生活を送れる環境が築けないと，いじめそのものが一層見えにくくなるのである。

　これらは，これまでのいじめ自殺事件がわれわれに，命に代えて教えてくれたことである。

② 不登校

　文部科学省によれば，「不登校」とは，「何らかの心理的，情緒的，身体的，あるいは社会的要因・背景により，児童生徒が登校しないあるいはしたくともできない状況にあること（ただし，病気や経済的理由によるものを除く）」である。

　では，不登校は現在どのような状況にあるのだろうか。2013年度では，小学校で2万4157人，中学校で9万5442人（中等教育学校前期課程を含む）の合計11万9617人が不登校として報告されている（文部科学省初等中等教育局児童生徒課）。1000人あたりの不登校児童生徒数は（データ10-2），

データ10-2　不登校児童生徒の割合の推移（1000人あたりの不登校児童生徒数）

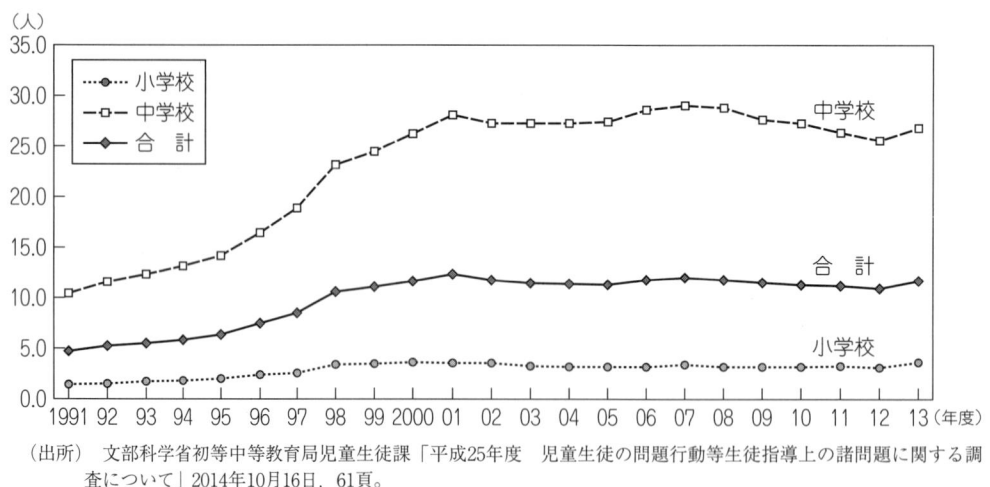

（出所）　文部科学省初等中等教育局児童生徒課「平成25年度　児童生徒の問題行動等生徒指導上の諸問題に関する調査について」2014年10月16日，61頁。

データ10-3　学年別不登校児童生徒数

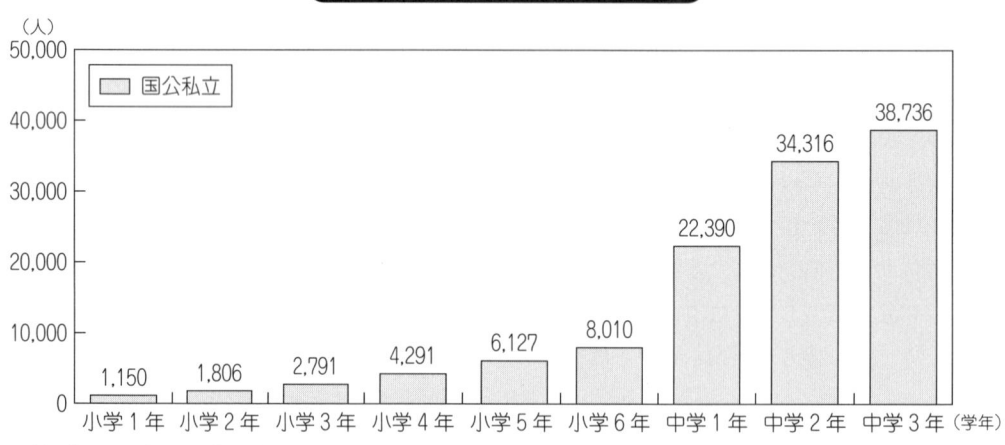

学年	人数
小学1年	1,150
小学2年	1,806
小学3年	2,791
小学4年	4,291
小学5年	6,127
小学6年	8,010
中学1年	22,390
中学2年	34,316
中学3年	38,736

（出所）　文部科学省初等中等教育局児童生徒課「平成25年度　児童生徒の問題行動等生徒指導上の諸問題に関する調査について」2014年10月16日，62頁。

この10年ほど大きく変化していない。また，学年別不登校児童生徒数は**データ10-3**にみるとおりであり，中学生になると急激に増えているのが分かる。

　学級担任制をしく小学校と教科担任制をしく中学校とでは，学校や教員の醸し出す雰囲気や文化が異なる。子どもの行動範囲や交際範囲はネットを含めて広がる一方だが，彼らが対人関係を上手に築くことは，かつての社会に比べてより一層難しく，いじめも起こりやすい。本節で取り上げている，いじめと不登校は，表裏一体の現象だと言える。

　子どもが不登校になると，保護者は狼狽して，精神的に不安定な状態に陥ることが多い。親としては相当なショックを受けることが想像されよう。欠席が続くと通常，家庭訪問がなされるが，

その家庭訪問自体も広義には教育相談であるといえ，まずは保護者の不安を和らげるように努めたい。その上で，学校の不登校に関する支援体制を伝えるようにしたい。

不登校の原因は多様である。文部科学省の統計では，無気力26.2%，不安など情緒的混乱がいずれも26.2%で最も多く，次いでいじめを除く友人関係をめぐる問題15.9%，あそび・非行が10.3%（「平成25年度「児童生徒の問題行動等生徒指導上の諸問題に関する調査」について」2014年10月）となっている。

また，近年では認知の偏りにより通常の学校環境になじめない子どもが増えているとも言われている。認知の偏りとは，高い知能を示しながらも一方で，一部の領域で困難を示すことであり，例えば数学はとても強いが，他者とのコミュニケーションは極端に苦手であるといった具合のことである。実は，そのような子どもは少なくない。

学校は一斉指導を原則とし，しかもわが国では同調することが美徳とされる文化の中で学校生活が進められるため，認知の偏りがある子どもは，集団から疎外されるなどしてなじみにくく，息苦しさを抱えることになる。そんな中，近年は2 E／二重の特別支援教育（Education of twice-exceptional children）が，障害のある子どもの才能や自己肯定感に着目する形で，なされ始めている。2Eとは，「発達障害の補償」と「才能の伸長」という二重の特別な支援教育という意味である（松村ほか，2010）。つまり，その子が得意とする分野を伸ばし，潜在的能力を高め，それを特別支援教育に活用しようとするのである。

上記のように，直接その子どもに対して2E等の教育を行うことも必要であるが，日ごろから認知の偏りがある子どもの状態を否定するのではなく，お互いに弱音が言え，お互いが共存できる環境を学級・学校につくることがより重要だと言えよう。特別な支援を要する子どもに限らず，マイノリティを受け入れることのできる集団をつくっていくこと，さらにはダイバーシティ（多様性）を集団づくりに生かしていくことが，不登校の未然防止になるとともに，すべての子どもに生きやすさを保障することにつながると考える。

そのほか，あそび・非行と分類される不登校は，文部科学省の統計によれば全体の1割ほどが相当する。ただし，一見すると怠学による不登校にみえながらも，また非行を自らの意思で行っているかのようにみえながらも，実際には非行に巻き込まれているケースもある。2015年2月に起きた川崎市中1殺害事件のケースはまさにそれである。[*]

　*　2015年2月20日に神奈川県川崎市の多摩川河川敷で，中学1年生の少年が殺害され，着衣のない状態で遺体を遺棄された事件。

さらには，虐待で家から出してもらえないケースなどもあり，安易に判断するのは危険である。休みが続けば家庭訪問を行って本人に直接会い，身体の安全確認や生存確認をすることが，何よりもまず求められる。本人に会えなければ，児童相談所につなぐなど，緊急の度合いを判断した上で対応しなくてはならない。川崎市の事件では，学校関係者が生徒本人と面会できず，最悪の結末を迎えることとなった。

2015年3月，川崎市の事件を受けて文部科学省は「連続して欠席し連絡が取れない児童生徒や学校外の集団とのかかわりの中で被害に遭うおそれがある児童生徒の安全の確保に向けた取組について（通知）」を出し，欠席が3日連続した場合の対応や正当な理由がなく7日欠席が続いた場合の対応等，適切な対応を行うことを関係機関に促した。

5　校内の教育相談体制

① 相談体制

　様々な悩みを抱えた子どもたち，あるいはその保護者を教育相談へとつながるように体制を整えなくてはならないのだが，具体的には校内の体制はどのように組織されているのだろうか。

　学校によってもちろん異なるが，データ10-4はよくみられる校内の教育相談体制組織図である。教育相談の核となる教育相談コーディネーター（養護教諭等）を中心に，SCやSSW等も含めメンバーが組み込まれ，定期的にケース会議がもたれるのが一般的である。ただし，急を要する場合には，直接関係する者が集まって動く。

　校内の教育相談体制には，SCやスクール・ソーシャルワーカー（以下SSW）が含まれる。SCは，基本的には週あたり8時間，学校に配属されることになっている。ただ学校現場からは，必要とする時にすぐ相談できないため，週8時間ではなく，常駐してほしいといった声が根強い。また，SCに加えてSSWも学校で活用されるようになってきた。SSWとは，教育の現場で子どもと子どもを取り巻く環境に着目し，子どもがよりよく学び，育つ環境を保障するために援助を行うスクールソーシャルワーカーのことである。SCは主に「心理」に着目して相談に応じるが，SSWは主として「環境」に着目して援助を行う点が，その大きな違いである。文部科学省では，チーム学校の実現に向けて，SCやSSWのような資格等を有する専門スタッフについては，学校の実情に応じ，補助金等により拡充することを検討している。

② 教育相談体制を機能させるために

　ここで問題となるのが，相談体制のハード面はできていても，ソフト面つまり相談体制組織が機能しない場合があるという点である。相談体制をうまく機能させるには，どうしたらよいのだろうか。まずは，個々の教員の教育相談への意識を高めたい。子どもの細かな変化を見逃さず，子どもの相談したい気持ちを引き出すことができるのは，授業を担当しながら子どもと一定の時間を過ごす担任教師であり，部活動を指導する教師である。そうした意味で，子どもにとって教育相談を機能させるには，個々の教員の教育相談に対する認識がきわめて重要な鍵となる。教育相談にあがってこない段階でも，気になれば短時間でよいので，日ごろからこまめにミニケース会議（立ったまま短時間でもよい）をもつようにし，情報共有を図るようにしたい。

　次に，教育相談のシステム構築を図りたい。たとえ担当者が変わっても，あるいは案件が変わっても，一定の対応を行う相談のシステムを構築しておく必要がある。SCやSSWの巻き込み

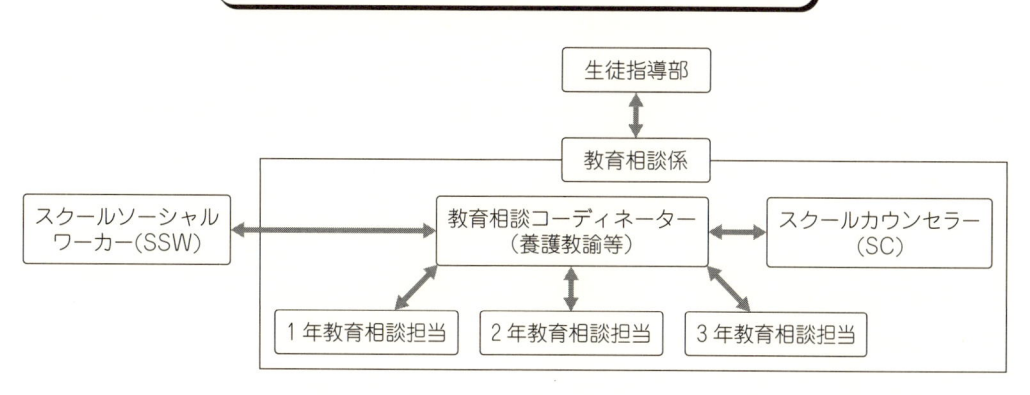

> データ10-4　校内の教育相談体制組織図（SC・SSW含む）

```
                          ┌─────────┐
                          │ 生徒指導部 │
                          └────┬────┘
                               ↕
                          ┌─────────┐
                          │ 教育相談係 │
                          └────┬────┘
     ┌─────────────────────────┼─────────────────────────┐
┌─────┴──────┐         ┌───────┴────────┐         ┌──────┴──────┐
│スクールソーシャル│ ←→ │教育相談コーディネーター│ ←→ │スクールカウンセラー│
│ワーカー(SSW)│         │ （養護教諭等）  │         │    (SC)     │
└────────────┘         └───────┬────────┘         └─────────────┘
                    ┌──────────┼──────────┐
              ┌─────┴───┐ ┌────┴────┐ ┌───┴─────┐
              │1年教育相談│ │2年教育相談│ │3年教育相談│
              │  担当    │ │  担当    │ │  担当    │
              └─────────┘ └─────────┘ └─────────┘
```

方，情報共有の仕方，外部との連携の仕方等に関するものである。具体的には定期的にSCを交えてケース会議（関係者や機関が協議を行う場）をもつ，職員会議でSCから報告を受ける，SCが各学級に入って教育相談についてアナウンスする，などの方策が考えられよう。

　SCを子どもたちに知ってもらうのは全体集会の場でもよいが，できれば各教室の方が子どもとの距離が物理的にも近く，親近感がもててよい。「学校にカウンセラーがいるらしいが，みたこともないカウンセラー」ではなく，「みたことがあり，話を聞いたこともあり，知っているカウンセラー」であり，なおかつ「安心して相談できそうなカウンセラー」として，子どもの引き出しの一つとなり得る存在になることが望ましい。子どもとSCが接触しやすいように，システム的に整えておくことが大事である。

　さらには，システム構築を図る中で，組織内の信頼関係を高めたい。組織内の信頼関係は，初めからあるものではなく，意識してつくるものである。例えばカウンセラーと教師であれば，専門性が異なるため，お互いに見方が違うこともあり，反目しあうこともある。慣れていなければなおさらのことである。また，管理職と担任がお互いに疑心暗鬼で葛藤が激しい場合もある。しかし実は，葛藤が大きいからこそ，話し合う必要があり，そのためのケース会議が意味をもつ。信頼関係がないと，相談体制が機能せず，子どもに危険が迫っていても見過ごされてしまうのである。いずれにしても，教育相談は，それにかかわる者すべてに安心感を与えるものでなくてはならず，誰かを責めるものにならないよう留意し，冷静な状況分析をした上で，チームとして創造的に問題を解決したい。

③　気負い過ぎない教育相談

　教育相談に携わる者は，強い責任感から，ある行事までに，あるいは卒業するまでにと期限を設け，それまでにケリをつけようとする。しかし，それは大人の勝手な都合であって，行事後もあるいは卒業後も彼らの人生は続くわけで，子どもにとってのゴールは行事や卒業ではない。また，子どもは表面上変化したようにみえても，そうでないこともあり，大人が望むペースで回復

データ10-5　学校外の相談機関

機関の種類	関係機関
公的相談機関	教育研究所（教育センター）・児童相談所・教育支援センター（適応指導教室）・家庭児童相談室
民間の相談機関	大学附属相談室，私設カウンセリング室，フリースクール
医療機関	心療内科・精神科クリニック科・児童青年精神科外来・小児科

（出所）　角田・片山・内田（2015, 121-125頁）をもとに筆者作成。

することの方がむしろ珍しい。教育相談が目指すのは，元の状態に戻すことでもなく，ほかの子と同じようにさせることでもなく，その子にとっての成長を見守ることである。急を要する案件は別として，無理に終わりを見出そうと過度に焦る必要はない。

　どの生き方がよいのかは，教育相談に携わる者でさえ分からない。そう言うと無責任に聞こえるかもしれないが，21世紀は明らかな答えのない時代であり，どの生き方がよいのかは大人にさえ判断がつかない。教育相談に携わる者は，子どもの多様な生き方を認めながら，様々な生きる道を提案し，彼らがもがきながら模索する脇でどっしり構え，話を傾聴するようにしたい。明らかな解がないことを自覚し，彼らが自立して人生を歩めるよう，傍でゆったりと伴奏することが，教育相談の基本姿勢ではないだろうか。気負い過ぎない教育相談を目指したい。もちろん，命にかかわる案件はこの限りでない。

6　学校外の相談機関

　学校の教育相談体制だけでは専門性の点で，自ずと限界がある。このため，必要があるかどうか見極めた上で，学校外の相談機関を活用していくようにしたい。自傷が著しい子や人に危害を加えることに固執する子，性癖に著しい偏りのある子など，子どもの問題は多岐にわたっており，それらへの専門的知識を十分もちえていない学校だけでは，相談に対応しきれない。

　外部とのコーディネートは，養護教諭が行うことが多いが，コーディネーターを中心に，まずは学校医等に相談しながら校内でアセスメント（診断）を行い，必要に応じて外部機関につないでいくようにしたい。特に，身体に危害が及ぶような場合は，保護者と連携しながら，早急に介入を行う必要がある。

　データ10-5のような学校外の相談機関につなぐ場合，学校医から関係機関を紹介されることもあるが，養護教諭等が直に外部機関につなぐ場合も少なくない。ただし，外部につないでそのまま任せきりにしてしまうと，知らない間に外部機関との関係が切れていたり，問題が一層こじれて深刻化していたりする場合もある。外部機関につないだ後も，定期的な情報の把握や保護者との連絡を絶やさないようにしたい。

7　これからの教育相談

　これからの時代は，21世紀型能力の育成を行うことが期待されており，決まった答えのないグローバルな課題に対して，一人ひとりが自分の考えや知識をもち寄り，交換して考えを深め，統合することで，答えを見出していくことが求められている。そのためには，探究心をもちながら周りの者とうまくかかわり，仲間と一緒に課題解決に向かうことのできる人間関係力や心性・態度といったものが身につくよう，生徒指導を通して子どもを育みたい。一人ひとりが人間関係力をつけ，友達同士でつながりあうことによって，子どもは自分たちで創造的に解決し合おうとする。そうした人間関係力が，孤立を防ぎ，いじめや不登校を含む心の悩みにも力を発揮すると考える。

　一人ひとりに解決力や人間関係力を育み，それぞれが自立できる力をつけていくことが21世紀型の生徒指導であり，教育相談においてもそうした視点を大事にしたい。

引用参考文献

角田豊・片山紀子・内田利広『生徒指導と教育相談（第1版第5刷）』創元社，2015年。
片山紀子『新訂版 入門 生徒指導』学事出版，2014年。
黒沢幸子・森俊夫・元永拓郎『明解　スクールカウンセリング』金子書房，2013年。
国立教育政策研究所「中1不登校の未然防止に取り組むために——平成13〜15年度'中1不登校調査'から」2005年。
多賀幹子『いじめ克服法　アメリカとイギリスの取り組み』青木書店，1997年。
平林ルミ・福本理恵「ユニークな能力（異才）を育む教育」『教育と医学』慶応義塾大学出版会，2015年，3月号，36-43頁。
松谷みよ子『わたしのいもうと』偕成社，1987年。
松村暢隆・石川裕之・佐野亮子・小倉正義『認知的個性——違いが活きる学びと支援』新躍社，2010年。
矢部武『アメリカ発いじめ解決プログラム』実業之日本社，1997年。
吉田圭吾『教師のための教育相談の技術』金子書房，2007年。

設問

1．あなたの学校では，いじめや不登校の問題に取り組むために，教育相談体制にどのような工夫をしているか，具体的に述べなさい。
2．あなたの学校では，SCやSSW等をどのように教育相談体制に組み込んでいるか，具体的に述べなさい。

推薦図書

- 角田豊『カウンセラーから見た教師の仕事・学校の機能』培風館，1999年
　学校現場にかかわるカウンセラーの体験をもとに，今後の取り組みを模索した書である。教育の現場にいる教職員やスクールカウンセラー，さらに臨床心理士やスクールカウンセラーの資格を目指している人に有益である。

Column

教育相談へのプロローグ

　筆者のところへ相談に来る学生は，最初は本来の悩みとは違うことを悩みだと言ってやって来る。
　ある男子学生は，教育実習先に提出する指導案がうまく書けないと言ってやって来た。教科教育のスペシャリストでも何でもない筆者は，それだったら指導案に詳しい教員のところに行けばよいものをと思いながらも，追い返すわけにもいかず，少しくらいは分かるので，とりあえず「この欄にはこういうことを書いてみたらどうか」と，あれこれ相談に応じる。40分ほどが経ち，内心では「もうそろそろ帰ってくれないかな」と思い始めた頃のこと。
　指導案についてひとしきり尋ねた彼は，やがて実習先の指導担当教員とうまくいきそうにないことを話し始めた。相談の核心は，指導案が苦手なことではなくて，実は指導教員との関係にあったのだ。
　つまり，指導案について尋ねている40分ほどの時間は，教育相談へのプロローグだったのである。彼はその間，無意識に私の品定めをしていたのだと思う。そこで帰してしまわなくてよかったと胸をなでおろした。心の鍵が解けた彼は安心感から一気に本音を話し始め，「あぁ，これは，指導案の問題ではなく，対人関係の自信のなさの問題だったのね」と二人で合点した。
　またある時，女子学生が，将来教員になれば子どもの前で話さなくてはならないが，どうしても話が下手でうまくいかないと言ってやって来た。それほど下手だとも思わなかったが，とりあえず話を聞いた。これまた30分ほど経った頃，母親との関係で悩んでいることを打ち明け始めた。やがて，「お母さんからのプレッシャーに耐えられなくなったのね」と，二人で頷きながら納得した。
　こうした事例を通して，相談者は心の負担になっていることを直に相談しに来るわけではないと悟った。彼らはなんとなく不安を感じた時，別の理由を口実に，顔をみせるのである。そしてそのことに彼ら自身も気づいていない。教育相談にはプロローグが存在するのである。

- 片山紀子『新訂版　入門　生徒指導』学事出版，2014年
　生徒指導の基本を理解し，現場で実践するための入門書。生徒指導の基本書「生徒指導提要」や，2013年に施行された「いじめ防止対策推進法」についても触れている。生徒指導の理論と実践を往還する書である。

（片山紀子）

第11章　進路指導・キャリア教育

　本章では，進路指導・キャリア教育の動向とその背景にある社会情勢の変化，子どもの変化についての理解を目指す。キャリア教育は，子どもたち一人ひとりのキャリア発達を促す教育で，職業体験学習やインターンシップが重視される一方で，各教科，特別活動，道徳，総合的な学習の時間など，学校教育全体を通して構想されるものでもある。学校教育のあり方を再考するものとしてキャリア教育を考えてみてほしい。

1　進路指導・キャリア教育とは

　進路指導は，「中学校，高等学校卒業後の将来を展望し，自らの人生を切り拓く力を育てることをめざす教育活動」（文部科学省，2012，39頁）として戦後一貫として取り組まれてきた。それまでの「職業指導」という呼称に代わり，昭和30年代より使用されるようになった「進路指導」によると，「進路指導は，生徒の一人ひとりが，自分の将来の生き方への関心を深め，自分の能力・適性等の発見と開発に努め，進路の世界への知見を広くかつ深いものとし，やがて自分の将来への展望を持ち，進路の選択・計画をし，卒業後の生活によりよく適応し，社会的・職業的自己実現を達成していくことに必要な，生徒の自己指導能力の伸長を目指す，教師の計画的，組織的，継続的な指導・援助の過程」（文部省，1983）であるとされている。進路指導は，職業的自己実現だけでなく，社会的自己実現も含むものであることが示されている。

　進路指導は，従来六つの活動を通して実践されると言われてきた。文部省（1994）には以下のような整理がされている（文部科学省，2012，40-41頁）。

①個人資料に基づいて生徒理解を深める活動と，正しい自己理解を生徒に得させる活動
　生徒個人に関する諸資料を豊富に収集し，一人一人の生徒の能力・適性等を把握して，進路指導に役立てるとともに，生徒にも将来の進路との関連において自分自身を正しく理解させる活動である。

②進路に関する情報を生徒に得させる活動
　職業や上級学校等に関する新しい情報を生徒に与えて理解させ，それを各自の進路選択に活用させる活動である。

③啓発的経験を生徒に得させる活動
　生徒に経験を通じて，自己の能力・適性等を吟味させたり，具体的に進路に関する情報を得させたりする

> 活動である。
> ④進路に関する相談の機会を生徒に与える活動
> 　個別あるいはグループで，進路に関する悩みや問題を教師に相談して解決を図ったり，望ましい進路の選択や適応・進歩に必要な能力や態度を発達させたりする活動である。
> ⑤就職や進学等に関する指導・援助の活動
> 　就職，進学，家業・家事従事など生徒の進路選択の時点における援助や斡旋などの活動である。
> ⑥卒業者の追指導に関する活動
> 　生徒が卒業後それぞれの進路先においてよりよく適応し，進歩・向上していくように援助する活動である。

　現実には，就職や進学など卒業後すぐの進路決定の支援を行う⑤のいわゆる「出口指導」が進路指導の大半を占めてきたことも否定できないが，理想的には卒業後の人生を見通した進路指導が求められていることが分かる。

　この「進路指導」に加え，近年新たに「キャリア教育」という言葉が使用されるようになった。「キャリア教育」という言葉は，1999年の中央教育審議会答申「初等教育と高等教育との接続の改善について」で初めて用いられたとされている。背景には，新規学卒者のフリーター志向，高等学校卒業者における無業者の増加，新規学卒者の就職後3年以内の離職率の高さなどへの問題意識があった。同答申は，「学校教育と職業生活との接続」の改善を図るために，小学校段階から発達の段階に応じてキャリア教育を実施する必要があるとし，さらに「キャリア教育の実施にあたっては家庭・地域と連携し，体験的な学習を重視するとともに，各学校ごとに目的を設定し，教育課程に位置付けて計画的に行う必要がある」と提言している。

　原行学習指導要領総則には，「進路指導を行い，キャリア教育を推進すること」が明記されている。進路指導とキャリア教育は重なり合う部分が大きいとされているが，その違いは，進路指導が中学校，高等学校に限られるのに対し，キャリア教育は就学前や小学校教育の段階からの発達に応じた体系的な指導が強調されている点にある。また進路指導教員が担当する「出口指導」のイメージがついた進路指導ではなく，キャリア教育という言葉を用いることで，子どものキャリア発達をすべての教職員が学校教育全体において行うことを強調する意図もある（文部科学省，2012，44頁）。

　キャリア教育の定義としては，「一人ひとりの社会的職業的自立に向け，必要な基盤となる能力や態度を育てることを通して，キャリア発達を促す教育」とされている（中央教育審議会「今後の学校におけるキャリア教育・職業教育の在り方について（答申）」平成23年）。ここでいう「キャリア」について，同答申では次のような説明がされている。

> 　人は，他者や社会とのかかわりの中で，職業人，家庭人，地域社会の一員等，様々な役割を担いながら生きている。これらの役割は，生涯という時間的な流れの中で変化しつつ積み重なり，つながっていくものである。また，このような役割の中には，所属する集団や組織から与えられたものや日常生活の中で特に意識せず習慣的に行っているものもあるが，人はこれらを含めた様々な役割の関係や価値を自ら判断し，取捨選

> 択や創造を重ねながら取り組んでいる。
>   人は、このような自分の役割を果たして活動すること、つまり「働くこと」を通して、人や社会にかかわることになり、そのかかわり方の違いが「自分らしい生き方」となっていくものである。
>   このように、人が、生涯の中で様々な役割を果たす過程で、自らの役割の価値や自分と役割との関係を見出していく連なりや積み重ねが、「キャリア」の意味するところである。

「キャリア」とは、中世ラテン語の「車道」を起源とし、その人がたどってきた人生の道筋を意味するようになってきた言葉だが、今日においては、特に職業的経歴を示すことも多い。上の答申の示すキャリアは、「働くこと」を通して、その発達段階において、また社会的立場において他者や社会とかかわっていくことの積み重ねを意味している。ここで留意が必要なのは、「働くこと」とは、「お金を稼ぐこと」に限られるのではなく、「家事や学校での係活動、あるいは、ボランティア活動など多様な活動」を含むものであり、「学校生活、職業生活、家庭生活、市民生活等の生活の中で経験する様々な立場や役割を遂行する活動」と広く捉える必要があるとされていることである（文部科学省，2011b，中学校，16頁）。

なお、キャリア教育と職業教育との関係については、職業教育が特定の職業に従事するために必要な知識、技能、能力や態度を育成する、具体的職業に関する教育であるのに対し、キャリア教育はもっと一般的で、一人ひとりの社会的・職業自立の基盤となる態度を育成するもので学校教育全体を通じて行われるとされている。

2 キャリア教育が求められる背景：子どもたちの進路をめぐる状況

1 キャリア教育が求められる背景

文部科学省が発行する『キャリア教育の手引き』（小学校，中学校，高等学校版がある）においては、キャリア教育が必要となった背景として、20世紀後半に起きた地球規模の情報技術革新に起因する社会経済・産業的環境の国際化、グローバリゼーションがあるとされ、**データ11-1**のようにキャリア教育が求められる背景と課題がまとめられている。「学校から社会への移行をめぐる課題」としては、若者の就職がかつてと比べ非常に困難になっていること、非正規雇用の増大により就職後の安定したキャリア形成が難しくなっていることなど社会情勢の問題が指摘されるとともに、若者の側の勤労観・職業観の未熟さ、社会人・職業人としての基礎的資質・能力の発達の遅れが指摘されている。「子どもたちの生活・意識の変容」としては、生活体験・社会体験等の機会が失われていること、職業について考えることの先送り傾向や自立的な進路選択や将来計画が希薄な子どもたちが多いことなどが指摘されている。そのため、社会人として自立した人を育てる観点から「生きる力」の育成が求められ、キャリア教育の推進へとつながっている。

振り返ってみると、1990年代までは、その是非はともかく、日本の学校教育は、学校外との関連を希薄化させる中で「人格の完成」といった抽象的な教育的価値が追求されてきた。それでも

> データ11-1 キャリア教育が必要となった背景と課題

情報化・グローバル化・少子高齢化・消費社会等

学校から社会への移行をめぐる課題	子どもたちの生活・意識の変容
①社会環境の変化 ・新規学卒者に対する求人状況の変化 ・求職希望者と求人希望との不適合の拡大 ・雇用システムの変化 ②若者自身の資質等をめぐる課題 ・勤労観，職業観の未熟さと確立の遅れ ・社会人，職業人としての基礎的資質・能力の発達の遅れ ・社会の一員としての経験不足と社会人としての意識の未発達傾向	①子どもたちの成長・発達上の課題 ・身体的な早熟傾向に比して，精神的・社会的自立が遅れる傾向 ・生活体験・社会体験等の機会の喪失 ②高学歴社会における進路の未決定傾向 ・職業について考えることや，職業の選択，決定を先送りにする傾向の高まり ・自立的な進路選択や将来計画が希薄なまま，進学，就職する者の増加

（出所）文部科学省（2011c）。

　学校から労働への移行はスムーズにいっていたのである。高卒就職については，かつては学校と企業の「実績関係」に基づいて高校が就職先を「斡旋」する慣行が機能していたし，進学についても希望校決定を支援すればそれでよかったのである。学んだ内容が仕事の役に直接役に立たなくても，仕事は働きながら覚えるものであったし，日本の企業も終身雇用制を前提に入社後の教育を重視してきた。それが今日崩れてきたことが，キャリア教育の養成の背景にみることができるだろう。

② データでみる進路と若年労働者の状況，進路意識

　実際にこうした指摘をデータで検証してみよう。まずは，進学も含めた進路状況である。**データ11-2** は，文部科学省（2014）による高等学校卒業後の状況である。

　大学・短大進学者が，53.9％で最も多くなっている。これは，1998年度の42.5％と比べるとかなりの増加と言える一方で，2008年度以降でみると横ばい状況であると言える。専門学校進学者も含めた進学者全体では，70.9％であり，この15年ほど大きな変化がない。

　就職者は，17.5％である。一時的な仕事についた者は，1.1％，進学も就職もしなかった者は4.5％となっており，実数にすると6万人弱の卒業生が社会的に不安定な状態で卒業を迎えている。また，図表は割愛するが，大学卒業者進路については，就職者69.8％，進学者12.6％となっている。就職者のうち正規の職員でない者と一時的な職に就いた者，進学も就職もしていないものを合計すると18.6％（10万5275人）となっている。

　雇用形態についてみてみると，15～34歳までの「若年労働者」の68.2％が正社員，31.8％が「正社員以外の労働者」となっている。10代では，48.9％と約半数が「正社員以外」となっており，不安定な就労状況にあることがうかがえる（厚生労働省，2014a）。

　就職後も近年の若者は離職者が多いといったこともしばしば耳にする。厚生労働省（2014b）

第11章　進路指導・キャリア教育

データ11-2　高等学校卒業後の状況

- 大学・短大 53.9%
- 専門学校 17.0%
- 就職 17.5%
- 一時的な仕事 1.1%
- 進学も就職もなし 4.5%
- その他 6.1%

データ11-3　就職後の定着率

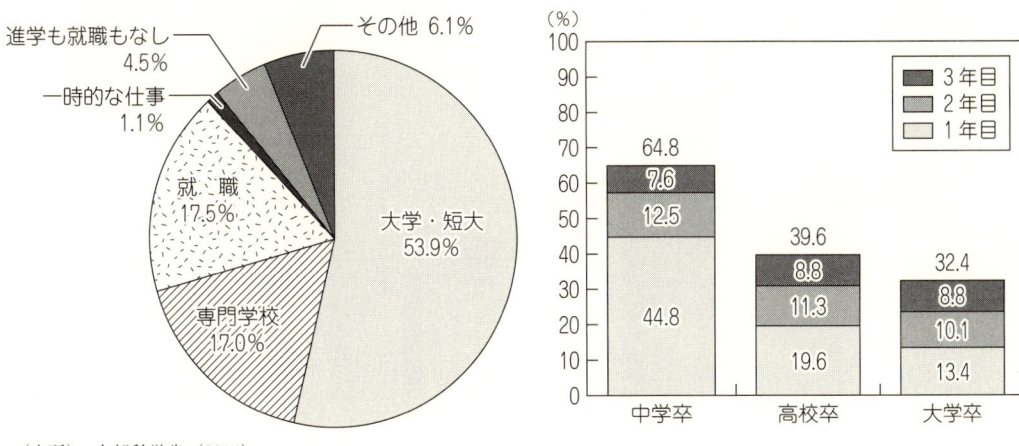

	1年目	2年目	3年目	計
中学卒	44.8	12.5	7.6	64.8
高校卒	19.6	11.3	8.8	39.6
大学卒	13.4	10.1	8.8	32.4

（出所）　文部科学省（2014）。

データ11-4　将来就きたい職業はあるか

			ある	ない	考えたことがない	無回答
2013年	全体	(n=2,043)	69.8	22.8	7.1	0.4
2011年	全体	(n=1,959)	64.8	24.3	9.4	1.5
2009年	全体	(n=1,953)	65.1	24.7	8.8	1.4
【2013年属性別】						
性別	男子	(n=937)	64.6	25.6	9.8	―
	女子	(n=1,074)	74.7	20.1	4.7	0.5
希望進路別	大学短大進学	(n=1,287)	68.6	24.5	6.6	0.3
	大学進学	(n=1,214)	67.9	25.2	6.6	0.3
	短大進学	(n=73)	80.8	12.3	6.8	―
	専門学校進学	(n=325)	84.0	11.1	4.6	0.3
	就職	(n=372)	61.6	28.2	9.7	0.5

（出所）　全国高等学校PTA連合会・リクルート（2013）。

データ11-5 進路選択についての気掛かり

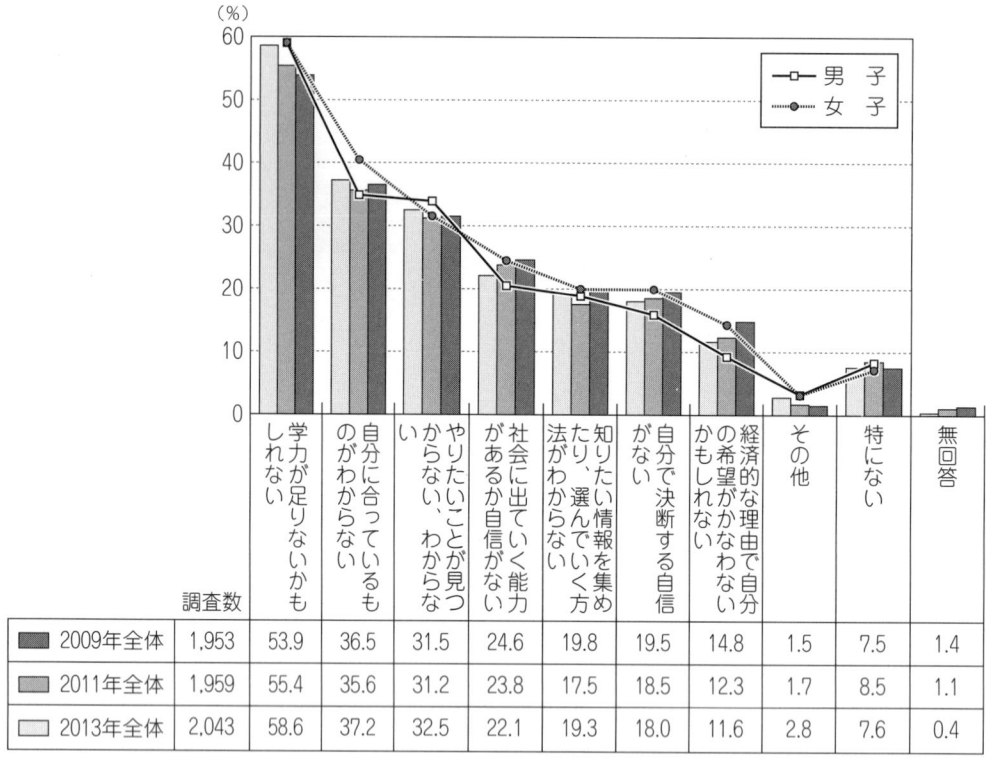

	調査数	学力が足りないかもしれない	自分に合っているものがわからない	やりたいことが見つからない、わからない	社会に出ていく能力があるか自信がない	知りたい情報を集めたり、選んでいく方法がわからない	自分で決断する自信がない	経済的な理由で自分の希望がかなわないかもしれない	その他	特にない	無回答
2009年全体	1,953	53.9	36.5	31.5	24.6	19.8	19.5	14.8	1.5	7.5	1.4
2011年全体	1,959	55.4	35.6	31.2	23.8	17.5	18.5	12.3	1.7	8.5	1.1
2013年全体	2,043	58.6	37.2	32.5	22.1	19.3	18.0	11.6	2.8	7.6	0.4

（出所）データ11-4と同じ。

をみてみると，中学，高校，大学の卒業3年後の離職率は，それぞれ64.8%，39.6%，32.4%となっており，多くの若者が初職を離れていることがわかる（データ11-3）。

高校2年生に対する進路に関する意識調査（全国高等学校PTA連合会・リクルート2013）によると，「将来就きたい職業がある」者が，69.8%で，「ない」，「考えたことがない」と回答したものは29.9%に上っている。3割ほどの生徒がつきたい仕事をもっていないことが分かる（データ11-4）。

また，「進路選択について気掛かりなこと」として，①学力が足りないかもしれない（58.6%）②自分に合っているものが分からない（37.2%），③やりたいことがみつからない，わからない（32.5%）が並んでいる（データ11-5）。

このように初職に就く時点でも，働きだしてからも，不安定な就労状況にある若者は少なくない。また高校生の働くことへのイメージも具体的ではないということが確認できるだろう。こうした状況への対応として登場してきたのが「キャリア教育」である。

3　キャリア教育で育む力：基礎的・汎用的能力とは

2011年1月，中央教育審議会は答申「今後の学校におけるキャリア教育・職業教育の在り方に

ついて」を公表した。その中で，それまで参照されていた「４領域８能力」から「基礎的・汎用的能力」への転換が提唱された。就職の際に重視される能力や，その後に提唱された類似性の高い各種の能力論（内閣府「人間力」，経済産業省「社会人基礎力」，厚生労働省「就職基礎能力」など）とともに，改めて分析を加え，「分野や職種にかかわらず，社会的・職業的に自立するために必要な基盤となる能力」として再構成して提示された。それが，「人間関係形成・社会形成能力」「自己理解・自己管理能力」「課題対応能力」「キャリアプランニング能力」の四つから成る「基礎的・汎用的能力」である。

ア．人間関係形成・社会形成能力

多様な他者の考えや立場を理解し，相手の意見を聴いて自分の考えを正確に伝えることができるとともに，自分の置かれている状況を受け止め，役割を果たしつつ他者と協力・協働して社会に参画し，今後の社会を積極的に形成することができる力。

この能力は，社会とのかかわりの中で生活し仕事をしていく上で，基礎となる能力である。特に，価値の多様化が進む現代社会においては，性別，年齢，個性，価値観等の多様な人材が活躍しており，様々な他者を認めつつ協働していく力が必要である。また，変化の激しい今日においては，既存の社会に参画し，適応しつつ，必要であれば自ら新たな社会を創造・構築していくことが必要である。さらに，人や社会とのかかわりは，自分に必要な知識や技能，能力，態度を気付かせてくれるものでもあり，自らを育成する上でも影響を与えるものである。具体的な要素としては，例えば，他者の個性を理解する力，他者に働きかける力，コミュニケーション・スキル，チームワーク，リーダーシップ等があげられる。

イ．自己理解・自己管理能力

自分が「できること」「意義を感じること」「したいこと」について，社会との相互関係を保ちつつ，今後の自分自身の可能性を含めた肯定的な理解に基づき主体的に行動すると同時に，自らの思考や感情を律し，かつ，今後の成長のために進んで学ぼうとする力。

この能力は，子どもや若者の自信や自己肯定観の低さが指摘される中，「やればできる」と考えて行動できる力である。また，変化の激しい社会にあって多様な他者との協力や協働が求められている中では，自らの思考や感情を律する力や自らを研さんする力がますます重要である。これらは，キャリア形成や人間関係形成における基盤となるものであり，とりわけ自己理解能力は，生涯にわたり多様なキャリアを形成する過程で常に深めていく必要がある。具体的な要素としては，例えば，自己の役割の理解，前向きに考える力，自己の動機付け，忍耐力，ストレスマネジメント，主体的行動等があげられる。

ウ．課題対応能力

仕事をする上での様々な課題を発見・分析し，適切な計画を立ててその課題を処理し，解決することができる力。

この能力は，自らが行うべきことに意欲的に取り組む上で必要なものである。また，知識基盤社会の到来やグローバル化等をふまえ，従来の考え方や方法にとらわれずに物事を前に進めていくために必要な力である。さらに，社会の情報化に伴い，情報及び情報手段を主体的に選択し活用する力を身に付けることも重要である。具体的な要素としては，情報の理解・選択・処理等，本質の理解，原因の追究，課題発見，計画立案，実行力，評価・改善等があげられる。

エ．キャリアプランニング能力

「働くこと」の意義を理解し，自らが果たすべき様々な立場や役割との関連をふまえて「働くこと」を位置付け，多様な生き方に関する様々な情報を適切に取捨選択・活用しながら，自ら主体的に判断してキャリ

アを形成していく力。
　この能力は，社会人・職業人として生活していくために生涯にわたって必要となる能力である。具体的な要素としては，例えば，学ぶこと・働くことの意義や役割の理解，多様性の理解，将来設計，選択，行動と改善等があげられる。

　新たにキャリア教育の枠組みとして提起されたこの「基礎的・汎用的能力」を学校の教育活動全体を通じて，また就学前から大学までの発達に応じた体系の中で育んでいくことが求められているのである。

4　学校におけるキャリア教育

　次に学校におけるキャリア教育を発達段階ごとにみていこう。**データ11-6**は，「小学校・中学校・高等学校におけるキャリア発達」としてまとめられたものである。小中高と段階的に社会的・職業的自立が促されていることが分かるだろう。

　小学校でのキャリア教育は，「進路の探索・選択にかかる基盤形成の時期」とされる。児童一人ひとりの発達に応じて，人，社会，自然，文化とかかわる体験活動が大切であるとされている。遊びや家での手伝い，学校での係活動，清掃活動，勤労生産的な活動，さらには地域での活動の中で，自分の役割を果たそうとする意欲や態度を育てていくことが重要である。新たにキャリア教育のための時間を設定するというよりは，各教科をはじめとした学校教育活動すべてを児童のキャリア発達という観点からとらえ直すという意味合いが強い。小学校におけるキャリア発達課題は**データ11-7**のように示されている。

　中学校では，特に職場体験活動を重点的に推進することが平成20年の学習指導要領改定で示された。国立教育政策研究所（2014）によれば，公立中学校における職場体験の実施状況は，9706校中9569校の98.6％で過去最高となった。実施期間については，9569校中「5日」の実施校が1315校（13.7％），「6日以上」の実施校が63校（0.7％）であった。

　文部科学省の『職場体験ガイド』には，職場体験の意義として次のような項目があげられている。

・自己の理解を深め，職業の実像をつかみながら，望ましい勤労観，職業観を身に付けることができる。
・学校の学習と職業との関係についての理解を促進することができる。
・異世代間も含めたコミュニケーション能力の向上が図れる。
・実際的な知識や技術を学ぶことができる。
・社会的なルールやマナーを体得することができる。
・地域や事業所に対する理解を深め，地元への愛着や誇りをもつことができる。

データ11-6　学校段階ごとのキャリア発達

	小学校	中学校	高等学校	
就学前	**進路の探索・選択にかかる基盤形成の時期** ・自己及び他者への積極的関心の形成・発展 ・身の回りの仕事や環境への関心・意欲の向上 ・夢や希望、あこがれる自己のイメージの獲得 ・勤労を重んじ目標に向かって努力する態度の形成	**現実的探索と暫定的選択の時期** ・肯定的自己理解と自己有用感の獲得 ・興味・関心等に基づく職業観・勤労観の形成 ・進路計画の立案と暫定的選択 ・生き方や進路に関する現実的探索	**現実的探索・試行と社会的移行準備の時期** ・自己理解の深化と自己受容 ・選択基準としての職業観・勤労観の確立 ・将来設計の立案と社会的移行の準備 ・進路の現実吟味と試行的参加	大学・専門学校・社会人

（出所）文部科学省（2011a, 17頁）

データ11-7　小学校におけるキャリア発達課題

低学年	中学年	高学年
①小学校生活に適応する。 ②身の回りの事象への関心を高める。 ③自分の好きなことを見つけて、のびのびと活動する。	①友だちと協力して活動する中でかかわりを深める。 ②自分の持ち味を発揮し、役割を自覚する。	①自分の役割や責任を果たし、役立つ喜びを体得する。 ②集団の中で自己を生かす。

（出所）文部科学省（2011a, 18頁）。

　高等学校の段階においては、自らの将来のキャリア形成を自ら考えさせ、選択させることが重要である。このため、学習指導要領を着実に実施するとともに、キャリア教育の視点からは、学科や卒業後の進路を問わず、現実的に社会・職業の理解を深めることや、自分が将来どのように社会に参画していくかを考える教育活動等を指導計画に位置付けて実施することが必要である。具体的には、各学校では、次のような観点をふまえた学習に取り組む必要があるとして以下の4点が示されている。

①社会的・職業的自立に向けて必要な基盤となる能力や態度を育成すること。特に、高等学校の段階は、社会人・職業人としての自立が迫られる時期であることから、生涯にわたる多様なキャリア形成に共通して必要な能力や態度の育成がとりわけ重要な意味を持つ。

②キャリアを積み上げていく上で必要な知識等を、教科・科目等を通じて理解させること。特に、高等学校の段階は、学校と家庭以外での生活や社会の中での活動が増える時期にもかかわらず、現在の高校生は社会の仕組みや様々な状況に対処する方法を十分には身に付けていないと指摘されており、知識として学ぶことと体験を通して学ぶことの両面から、現実社会の厳しさも含めて、一人一人の将来に実感のあるものとして伝えることが特に重要である。

③卒業生・地域の職業人等とのインタビューや対話、就業体験活動等の体験的な学習の機会を、

計画的・体系的なキャリア教育の一環として十分に提供し，これらの啓発的な経験を通して，進路を研究し，自己の適性の理解，将来設計の具体化を図らせること。

④これらの学習を通して，生徒が自らの価値観，とりわけ勤労観・職業観を形成・確立できるようにすること。自らの人生の中で「働くこと」にどれだけの重要性や意味をもたせるのかは，最終的には自分で決めることである。…（略）…これまで指摘してきたような学習を通して，働くことの重要性や意義を理解し，生徒一人一人がそれぞれの勤労観・職業観を確立し，人生観・社会観等を含んだ価値観を形成できるようにしていくことが必要である（中教審答申「今後の学校におけるキャリア教育・職業教育の在り方について」）。

高等学校では，特にインターンシップも推奨されており，公立高等学校（全日制・定時制）における実施率は，80.8％で過去最高となった（国立教育政策研究所，2014）。職業に関する学科（全日制・定時制）全体の実施率は，87.3％となっている。

5 課題と留意事項

これまで，キャリア教育の全体像について概観してきた。キャリア教育は，「出口教育」に留まらない，一人ひとりの社会的・職業的自立の基礎となる「基礎的・汎用的能力」の育成が目指されている。そしてそれは，就学前や小学校の段階から発達に応じて行われるものであり，教科教育をはじめとした学校教育活動全体で取り組まれるべきものである。こうした考え方は，学校教育を（職業を中心とした）社会とのレリヴァンスの観点から反省的に見直すことを意味している。テストで点を取るためだけの学習ではなく，卒業後の社会的・職業的生活の基礎となる学習として授業を再構築することが求められている。職場体験やインターンシップだけがキャリア教育ではないということを強調しておきたい。

最後になるが，いくつか留意点を述べておきたい。キャリア教育は，社会的・職業的自立と言いながらも，実際には職業的自立に偏っていることは否めない。企業に雇用されやすい「人材」になるために「エンプロイアビリティ」を高める教育である。しかし，教育は「よい職にありつくため」の力を育むだけのものではなく，次世代を担う社会の一員として，社会の問題を考え，議論し，行動する市民を育成するためにもある。折しも18歳の選挙権が認められ，「主権者教育」に注目が集まってもいる。働くことを通じてだけでなく，様々な形で社会とかかわり，意思を示していく力を育むことをキャリア教育に含んでほしい。

第二に，働くにあたって自己を守ってくれる「権利としてのキャリア教育」（児美川，2007）の視点が含まれることが求められる。産業構造の変容，労働法の改定などにより，以前より若者の就労は不安定で，長時間労働を強いられることも少なくなくなってきている。残業代が払われないなどの違法行為や不当解雇に対抗するための手段を子どもたちに教えておく必要がある。幸い，そうした視点をもった教育実践は増えてきており，また中高生向けの書籍も出版されている（新

> **Column**
>
> ## コミュニケーション能力の低下？
>
> 　キャリア教育で育むことが期待される基礎的・汎用的能力の中に「人間関係形成・社会形成能力」がある。いわゆるコミュニケーション能力と呼ばれるものだが，しばしば今の若者はコミュニケーション能力が低いという指摘がされる。しかし，実際には社会的に求められるコミュニケーション能力の水準が高くなったために「不足」が感じられるのではないだろうか。
>
> 　かつては，「みんな同じ」だったのであえてコミュニケーションをとる必要もなかったし，上司と部下の上下関係をもとにコミュニケーションをとればよかった。現代社会はグローバル化，価値観の多様化が進み自分とは違う人とコミュニケーションをとる必要が生じてきたし，上下関係だけでなく水平関係でのコミュニケーションが求められるようになってきているのである。
>
> 　一方，若者の側でも以前よりも「一人でいること」「コミュニケーション力が低いこと」が，その人の価値を著しく下げるものとなっているという指摘もある（土井，2008）。コミュニケーションに自信がなく，他者や社会と接することに二の足を踏む若者も少なくない。
>
> 　いずれにしてもコミュニケーション能力は，現代社会を生きる若者にとって不可欠なものとなっている。コミュニケーション能力は，性格のように生まれつきのものだと思い，変更不能だと思われがちであるが，教科指導同様意図的に教えることができるものである。字が書けない子に字を教えるように，コミュニケーションが苦手な子にコミュニケーションを教える。そのために，日々の授業の中で，ペアやグループでの学習，発表の機会などを組み込んでほしいと思う。

谷他，2005）。そこには，「能力が低いから，努力が足りないから雇われないのだ」という自己責任論ではなく，社会構造を批判的に捉える視点も含まれている（大阪府立西成高等学校，2009）。ぜひ参考にしていただきたい。

　第三に，基礎的・汎用的能力は，テストで測定される「学力」よりも，家庭背景の影響力を受けやすい恐れがあり（本田，2005），ゆえに学校はその格差を縮小する視点をもつことが求められるということである。会話のない家庭の子どもが，コミュニケーションの力をつけることは難しいだろうし，家庭で様々な経験をすることができない子どもの視野は狭くなるだろう。人や社会とつながるのが難しい子どもたちに，どうしたらつながる力を育むことができるのかという視点でキャリア教育実践に含んでほしいと思う。

引用参考文献

大阪府立西成高等学校『反貧困学習』解放出版社，2009年。
厚生労働省『平成25年若年者雇用実態調査』2014a年。
厚生労働省「新規学卒者の離職状況（平成23年3月卒業者の状況）」2014b年（http://www.mhlw.go.jp/stf/houdou/0000062635.html　2015年11月2日アクセス）。
国立教育政策研究所『平成25年度職場体験・インターンシップ実施状況等調査結果』2014年。
児美川孝一郎『権利としてのキャリア教育』明石書店，2007年。

新谷威他『中学・高校「働くルールの学習」』きょういくネット，2005年。
全国高等学校PTA連合会・リクルート「高校生と保護者の進路に関する意識調査」2013年。
土井隆義『友だち地獄』筑摩書房，2008年。
本田由紀『多元化する『能力』と日本社会』NTT出版，2005年。
文部省『進路指導の手引——高等学校ホームルーム担任編』1983年。
文部省『進路指導の手引き——中学校学級担任編（三訂版）』1994年。
文部科学省『小学校キャリア教育の手引き』教育出版，2011a年。
文部科学省『中学校キャリア教育の手引き』教育出版，2011b年。
文部科学省『小学校キャリア教育の手引き』教育出版，2011c年，2頁。
文部科学省『高等学校キャリア教育の手引き』教育出版，2012年。
文部科学省「平成26年度学校基本調査（速報値）」2014年。

設問

1. 基礎的・汎用的能力を育む観点から教科指導，道徳・特別活動の時間の実践としてどのようなことができるか具体例を述べなさい。
2. 職業体験学習やインターンシップを学び多きものにするために必要なことは何か述べなさい。
3. 若年労働者の就労における困難にはどのようなことがあげられるか述べなさい。

推薦図書

- 山﨑保寿編著『キャリア教育の基礎・基本』学事出版，2013年

  キャリア教育の解説とともに，実践例やワークシートなどもついており，キャリア教育の実践をはじめよう，という足がかりとなってくれる。

- 唐木清志・岡田泰孝・杉浦真理・川中大輔監修／日本シティズンシップ教育フォーラム編『シティズンシップ教育で創る学校の未来』東洋館出版社，2015年

  キャリア形成を就労にとどまらず広く市民の育成と捉えるための枠組みの一つとしてあるシティズンシップ教育（市民性教育）の実践的入門書。

- 本田由紀『教育の職業的意義』ちくま新書，2009年

  現在主流のキャリア今日会教育を批判的に捉える立場から，学校教育と職業のレリヴァンスを強めることを主張し，「柔軟な専門性」育成を提唱する。

（若槻　健）

第12章 学校と地域社会の連携

　本章では、①学校支援ボランティアなど学校支援型、②学校運営協議会など学校運営参画型、③学校関係者評価及び情報提供による情報交流型という三つの視点を取り上げて、これらに関する具体的な施策として、学校支援ボランティア活動、学校支援地域本部事業、学校評議員、コミュニティ・スクール制度（地域運営学校）、地域・家庭に対する情報提供、学校関係者評価を取り上げて、それぞれの背景と特徴とともに、その意義と課題にも触れることによって、学校と地域連携のあり方に関する理解を目指すことを目的とにする。

1　「学校と地域社会の連携」の軌跡

　学校、特に小学校は明治初頭の創設期から地域社会との強い関係性をもち、むしろそこに住む住民たちに支えられていたが、戦後、高度経済成長によって都市への人口流入などによって都市化と過疎化が同時進行すると地域性が拡散し、これに連動して学校と地域の関係が希薄になった。さらに、受験競争の激化によって、学校は身近な地域社会よりも全国水準を意識した知識学習を重視するようになったのである。

　こうして学校の地域離れが進行してきたが、昭和40年代中頃から学校と社会教育の連携（「学社連携」）が重視され、その後、臨時教育審議会が「開かれた学校づくり」を提言した。平成に入ってからは、「開かれた学校づくり」のアイデアを継承する形で、1996年の中央教育審議会第一次答申「21世紀を展望した我が国の教育の在り方について」が学校と地域の連携をこれまでにないほど重視するようになると、その連携を意識した取り組みが現実味を帯びるようになった。この答申では、「学校ボランティア」という用語を初めて正式に用いている。

　一方、保護者・地域住民等による学校運営参画の仕組みも整えられるようになり、1998年の中央教育審議会答申「今後の地方教育行政の在り方について」が学校評議員の創設を提言した結果、学校評議員は2000年4月に制度化された。この仕組みは、学校と地域社会の連携にかかわるわが国最初の法に基づく制度である点で注目されるが、同年12月に教育改革国民会議が学校評議員よりも地域による学校運営へのかかわりを強めたコミュニティ・スクールの設置を提言すると、3年間にわたる実践研究の結果を踏まえて、2004年に学校運営協議会（コミュニティ・スクール制度）が制度化されたのである。このころからスクール・ガバナンス（または学校のガバナンス）の

概念が用いられるようになる。なお，1998年の答申では「説明責任」という概念が用いられた。

さらに，2006年の教育基本法全面改正によって，第13条（学校，家庭及び地域住民等の相互の連携協力）が盛り込まれると，これへの対応として2008年度から学校支援地域本部事業が国策として展開され，現在に至る。

学校評価に関しては，一旦は2002年制定の小学校及び中学校の設置基準の中で，地域社会に対する情報提供を義務化するとともに，学校関係者評価を努力義務づけたが，教育基本法全面改正を受けて一部改正が行われた学校教育法に移行された形で条文化された。

以上のように，学校と地域社会の連携は，①学校支援ボランティアなど学校支援型，②学校運営協議会など学校運営参画型，③学校関係者評価及び情報提供による情報交流型という三つの視点から推進されつつある。これらのほかに，従来からは，学校開放や学習活動における地域資源の活用などで地域連携は取り組まれていた。だだし，本章では，近年に施策化や事業化されてきた前記三つの視点にかかわる施策の背景を探りながら，その意義と課題について述べていきたい。

 ＊ 佐藤（2002）。ここでは，学校・地域連携による実践的取り組みを，①地域資源活用型，②学校支援型，③学校資源活用型，④地域支援型の４タイプに分類している。本章では，これら実践以外の学校運営上の連携として，学校運営協議会など学校運営参画型，学校関係者評価及び情報提供による情報交流型，を取り上げたところである。

2 地域連携による学校支援活動

学校支援ボランティアは，前述したように1996年の中教審答申で初めて取り上げられ，翌97年の橋本内閣６大改革の一つである「教育改革プログラム」で正式な取り組みに位置づけられた。このプログラムでは活動内容にまで触れていないが，以後，学校支援ボランティア活動は従来のPTA活動とは一線を画す新たな連携の策として認識され，多様なサポートを展開するようになる。

その後，2008年度から文部科学省の社会教育事業として学校支援地域本部事業がスタートすると，学校支援活動は俄に普及するようになり，全国的な取り組みとして定着してきたのである。むろん，学校支援地域本部を置かない学校でも独自の工夫により学校支援ボランティアの活動が展開されてきている。これら活動は後述するコミュニティ・スクールと連動しながら進展しつつある現状にある。

1 学校支援ボランティア活動

学校支援ボランティア活動は，1998年の中央教育審議会の「中間まとめ」では「校長の判断により機動的に学校の教育活動に地域住民の協力を求めることができるよう，教育委員会が「学校支援ボランティア」を登録・活用する仕組み等の支援機能を充実するなど具体的方策について検

データ12-1　学校支援ボランティア活動のタイプ

専門的（一定の専門的知識・技術が必要）

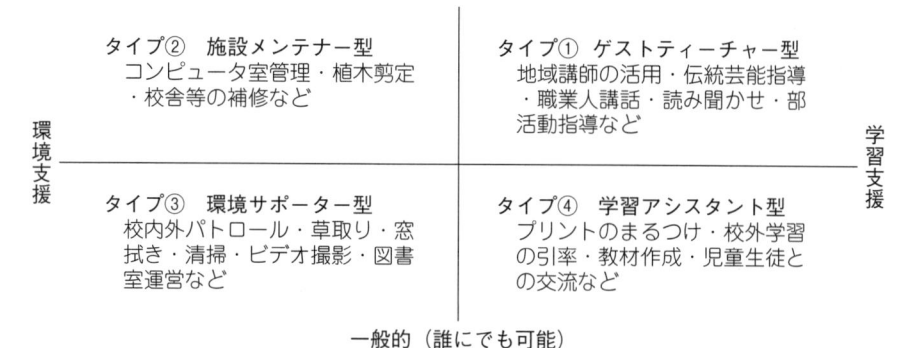

環境支援		学習支援
タイプ②　施設メンテナー型 コンピュータ室管理・植木剪定・校舎等の補修など		**タイプ①　ゲストティーチャー型** 地域講師の活用・伝統芸能指導・職業人講話・読み聞かせ・部活動指導など
タイプ③　環境サポーター型 校内外パトロール・草取り・窓拭き・清掃・ビデオ撮影・図書室運営など		**タイプ④　学習アシスタント型** プリントのまるつけ・校外学習の引率・教材作成・児童生徒との交流など

一般的（誰にでも可能）

討が必要である」と述べられていたが，「答申」ではその文言が外された。ただ，この頃から主として学校支援ボランティア活動は小学校で導入されるようになり，読み聞かせや授業の補助的指導，学校環境整備などにその活動の輪を拡げていき，徐々にではあるが全国的展開をみせるようになった。中学校では，部活動の指導を中心に徐々に活動の多様化が図られていく。

文部省「教育改革プログラム」

学校の教育活動について地域の教育力を生かすため，保護者，地域人材や団体，企業等がボランティアとして学校をサポートする活動（学校支援ボランティア活動）を推進する。　　　　（平成9年1月策定）

そうして多様化した学校支援ボランティア活動は，おおよそ**データ12-1**のようなタイプに分類することができる。
＊　佐藤編（2005, 26頁）。

しかしながら，学校支援活動は学校の任意の努力と工夫に任せられる形のままであったために，熱心な学校とそうでない学校との間に格差をみせるようになる。ボランティアを年間2000人程度活用する学校がある一方では，その活動に否定的な学校もみられた。今でこそ盛んな大学生ボランティアや学習支援を担当するボランティアの活用は，平成10年代中頃まではごく限られた学校でしか取り組まれていなかった。

そうした状況の延長上に学校支援地域本部事業がスタートし，学校支援活動が明確な仕組みの下で取り組まれ，各地に普及するようになったのである。

② 学校支援地域本部事業

学校支援ボランティア活動は，従来から実施されてきた学校開放や教育懇談会等の連携実践に比べてより深く踏み込んだレベルの連携のあり方になる。これを一つの形にしたのが学校支援地

域本部事業だと言ってよい。

 * 学校支援地域本部に関しては，以下の文献に詳しい。高橋（2011）。

　学校支援地域本部は，「学校を支援するため，学校が必要とする活動について地域の方々をボランティアとして派遣する組織で，いわば地域につくられた学校の応援団」だとされ，これまでの学校支援活動をさらに発展させて組織的なものとし，「学校の求めと地域の力をマッチングして，より効果的な学校支援を行おうとするもので」，また「地域の大人の生涯学習や自己実現，生きがいづくりに資するとともに，学校と地域，地域と地域のつながりを強化」（文部科学省パンフレット）することを意図している。

　この本部事業は，前述のように教育基本法全面改正の下で，2008年度から文部科学省社会教育事業の一環として委託形式により3年間の予定でスタートし，2010年度には一旦終了したが，同23年度からは補助事業として再スタートした形になる。委託事業では予算は国庫負担とされたが，補助事業に変えられてからは，国と都道府県，市区町村がそれぞれ3分の1ずつ負担する方式が採られたため，都道府県の予算化がなされない一部市区町村では廃止したり，自前による独自事業に改めたりする例もみられた。

　当初は中学校区に本部を設置することを原則としていたが，その後，小学校にも設置することを可能にし，対象の拡大化が図られ，全国的に普及することになった。地域本部には地域教育協議会が置かれ，そこで定められた方針に基づいて，地域コーディネーターが保護者や地域住民等による学校支援ボランティアや理科支援員などと学校との間で連絡調整の役割を担うものとされる。

　この事業のアイデアは元々各地の取り組みをモデルにしていた。例えば，東京都三鷹市立第四小学校の「夢育支援ネットワーク」や東京都杉並区立和田中学校の「学校支援本部」，群馬県の「学校支援センター」などのコーディネート組織をモデルにしていた。

　本部事業は，学校支援ボランティア活動を各地に浸透させ，その多様化を促し，結果的に，学校間のボランティア活動格差を縮小する役割を果たしたのである。特に，地域本部はその設置の有無にかかわらず，多くの学校に対して，学校支援活動への抵抗感を無くし，その活動を普及させた点できわめて有効な事業だと評価できる。

　ただ問題は，本部事業があくまで国の補助金による「事業」であることから継続化性の保障を欠くことである。つまり，補助事業の打ち切りによって，本部設置数の減少と学校支援活動の停滞が懸念されたが，すでにその活動自体は全国的に浸透してきている。

③　学校支援活動の意義と課題

　それでは，学校支援ボランティア活動にはどのような意義があるのか。ここでは以下のように整理しておきたい。

 * 佐藤編（2002, 16-19頁）。

①学校教育の量的補完…少人数指導の補助や部活動の指導，学校環境の整備など教職員の仕事を補助的人員として量的に支えるという意義がある。

②学校教育の質的補完…職業人講話や稲づくり指導など教職員には期待しにくい活動を専門的立場から支える点にも意義がある。

③学校文化の社会化…外部人材であるボランティアが学校にかかわることによって，学校文化という閉鎖的な価値観や行動様式を修正することができる。

④ボランティアの自己実現の場の確保…生涯学習の観点からは，ボランティア自身が活動を通して自己実現を図るという意義が指摘できる。

⑤ボランティアの生涯学習成果の活用…地域住民等が生涯学習の場で学んだことを学校の中で生かすことができることもその意義に数えられる。

⑥地域コミュニティの活性化…地域住民であるボランティアが活動することによって，学校を拠点にしたコミュニティの活性化が促進されるのである。

しかしながら，学校支援ボランティア活動にも課題がある。まず，ボランティアと非ボランティアとの間に確執が生じやすいことである。ボランティアは非ボランティアに対して学校に協力的でない人たちだと認識し，一方，非ボランティアはボランティアに対して時間と経済的余裕のある人が好きで活動としているみなすことがある。

また，学校によってボランティア人材の確保の格差が存在することも課題になる。特に，僻地校などでは人材確保が困難になり，活動を取り入れようと思っても人材が集まらないことがある。

これら課題に対しては，次に述べる地域・保護者による学校運営参画が解決の鍵になる。

3　地域・保護者による学校運営参画

地域住民や保護者は，公立学校にとってのステイク・ホルダー（利害関係者）に位置づけられる。保護者はわが子を学校に通わせる意味で学校と利害関係をもち，地域住民は公立学校を納税者等として支え，かつ学校という場の存在の影響を被るという意味で利害関係者になる。従来，これらステーク・ホルダーである地域住民や保護者の意向等を学校運営に反映させるルートがなかったことはむしろ問題だったと言えそうである。そのため，PTAが保護者による学校運営参画のための事実上のルートとして活用されてきたのである。

ステイク・ホルダーの学校運営参画にかかわる制度には，現在，学校評議員と学校運営協議会があり，このうち学校運営協議会は前者の権限を強めた形に位置付けられる。そして，これら制度は「学校のガバナンス」という観点から重視されるようになった。この「学校のガバナンス」とは，学校運営を外部からモニタリングする側面とその過程に地域住民や保護者等のステイク・ホルダーもかかわるという「新しい公共」の側面をもち，学校運営過程に多様な関係者がかかわるべきという考え方のことである。*

＊　佐藤（2014）。

1 学校評議員制度

　学校評議員は，2000年の学校教育法一部改正によって制度化され，校長の求めに応じて学校運営に関して意見を述べることができる学校運営参画制度である。ただ，これは合議体ではなく，個々の評議員が意見を述べるものとされているが，彼らが一堂に会することも認められている。
　そもそもこの制度は，1998年4月の中央教育審議会答申「今後の地方教育行政の在り方について＊」の提言をふまえて創設された。同答申は，「地域住民の学校運営への参画」の具体的改善策の一つとして，学校評議員の設置を次のように提言した。

　　＊　平成25年12月の中央教育審議会答申でも「今後の地方教育行政の在り方について」という同じタイトルが用いられている。

（学校評議員の設置）
　イ　学校に，設置者の定めるところにより，学校評議員を置くことができることとすること。
　ウ　学校評議員は，校長の推薦に基づき教育委員会が委嘱するものとすること。
　エ　学校評議員は，校長の求めに応じて，教育活動の実施，学校と地域社会の連携の進め方など，校長の行う学校運営に関して，意見を述べ，助言を行うものとすること。

　この答申では，学校評議員の主たる役割を，「校長の求めに応じて」学校運営に関する意見を校長に述べることだと明記している。
　また，同答申の前に公表された「中間報告」では，「校長が，保護者（PTA）や学校外の有識者の参加を得て，例えば，教育方針や生徒指導，道徳教育の進め方など様々な事項についてその意見を聞き，必要に応じ助言を求めるような制度の導入を含め，学校が保護者や地域住民の意向を的確に把握し，これを反映していく仕組みを検討する必要がある」と述べられ，その後答申で上記のように具体的な仕組みが提案されることになった。
　その結果，2000年4月1日から一部改正された学校教育法施行規則が施行され，教育委員会等の学校の設置者の判断によって学校評議員を設置することができるようになった。同規則は，学校評議員に関して以下のように定めた。

---学校教育法施行規則---
　第四十九条　小学校には，設置者の定めるところにより，学校評議員を置くことができる。
　2　学校評議員は，校長の求めに応じ，学校運営に関し意見を述べることができる。
　3　学校評議員は，当該小学校の職員以外の者で教育に関する理解及び識見を有するもののうちから，校長の推薦により，当該小学校の設置者が委嘱する。

　ここで「教育委員会」ではなく，学校の「設置者」が任意に置く仕組みとされたのは国立大学も対象とされるからである。学校運営に関する意見は，「校長の求めに応じて」可能とされてい

るように，一定の制約が加えられているのである。後述する学校運営協議会の場合には，「校長の求め」に関する文言が盛り込まれていないことに留意したい。学校評議員には，当該校の教職員が除外されるほか，児童生徒も想定されていない。答申では，「学校区内外の有識者，関係機関・青少年団体等の代表者，保護者など，できる限り幅広い分野から委嘱することが望ましい」と述べられている。

② コミュニティ・スクール

コミュニティ・スクールとは，地方教育行政の組織及び運営に関する法律に基づいて学校運営協議会を設置する学校に対する俗称である。別名，地域運営学校とも呼ばれる。

これは，2000年の教育改革国民会議の提案で提言され，これを受けた中央教育審議会答申「今後の学校の管理運営の在り方について」（2004年3月）が学校運営協議会の創設を提言した。この提言に基づいて2004年に地方教育行政の組織及び運営に関する法律が改正され，学校運営協議会を任意に設置できることとされた。同答申によれば，その背景には，学校評議員制度が「運用上の課題を抱え，必ずしも所期の成果を上げ得ない学校もある」こと，さらに「校長の求めに応じて意見を述べるという役割を超えて，より積極的に学校運営にかかわることができるような新たな仕組みを検討すべき」という実態がある。したがって，学校評議員制度を発展させたのが学校運営協議会だと言える。

そして，2015年3月の教育再生実行会議の提言は，すべての公立小中学校にコミュニティ・スクールを導入することを検討するよう求めて，文部科学省のコミュニティ・スクールの推進等に関する調査研究協力者会議がこの提言をふまえた報告をまとめた。これら動向を受け止めた文部科学省は中央教育審議会に大臣による諮問を行ったところである。

学校運営協議会の権限は以下の通りである。
①校長が作成した学校の基本方針を承認すること
②学校運営に関して教育委員会及び校長に対して意見を申し出ること
③当該校の教職員の任用等に関して任命権者に意見を申し出ること

実際には，上記の三権限に加えて，学校支援活動を実施したり，学校関係者評価を行ったりする例は珍しくない。つまり，学校運営協議会の実働組織として，学校支援部会や学校評価部会等の組織を位置付ける形で，それら活動にかかわるのである。

その後，前記諮問を受けた中教審は2015年12月に提出した答申で，コミュニティ・スクール指定の努力義務化と，地域学校協働本部（学校支援地域本部を発展させた事業としてその設置が提言された）との一体的な運用のあり方について提言したところである。

　＊　コミュニティ・スクールの推進等に関する調査研究協力者会議（2015）。

地方教育行政の組織及び運営に関する法律

第四十七条の五　教育委員会は，教育委員会規則で定めるところにより，その所管に属する学校のうちその指定する学校（以下この条において「指定学校」という。）の運営に関して協議する機関として，当該指定学校ごとに，学校運営協議会を置くことができる。
2　…（略）…
3　指定学校の校長は，当該指定学校の運営に関して，教育課程の編成その他教育委員会規則で定める事項について基本的な方針を作成し，当該指定学校の学校運営協議会の承認を得なければならない。
4　学校運営協議会は，当該指定学校の運営に関する事項（次項に規定する事項を除く。）について，教育委員会又は校長に対して，意見を述べることができる。
5　学校運営協議会は，当該指定学校の職員の採用その他の任用に関する事項について，当該職員の任命権者に対して意見を述べることができる。この場合において，当該職員が県費負担教職員であるときは，市町村委員会を経由するものとする。
6　指定学校の職員の任命権者は，当該職員の任用に当たつては，前項の規定により述べられた意見を尊重するものとする。
7～8　…（略）…

---

③　地域・保護者の学校運営参画の意義と課題

　学校評議員が制度化される前には地域・保護者の意向を反映される仕組みは用意されていなかったため，学校任せの風潮とともに，学校の自己完結性がみられ，学校の中には地域や保護者のニーズに関係なく，独善的な教育活動を進めるところもあった。しかし，学校評議員や学校運営協議会は，以下のような意義を有する仕組みとして誕生することになる。

　　*　学校評議員のねらいは，平成10年の中教審答申によれば，①保護者や地域住民等の意向を把握し反映すること，②保護者や地域住民等の協力を得ること，③学校運営の状況等を周知するなど学校としての説明責任を果たしていくことにあるとされる。これらは学校評議員制度の意義だと言ってよい。

①地域住民等や保護者の意向の学校運営への反映…学校評議員制度や学校運営協議会の設置によって，保護者等の意向を学校がくみ取ることができ，特に学校運営協議会の場合にはふさわしい教職員の赴任等を申し出るなど，我が校に適した教育環境の整備が図られることになる。
②地域・保護者の協力姿勢の強まり…そうした意向申し出によって保護者等に当事者意識が生まれ，前述した学校支援ボランティア活動などによる協力が得られやすくなるという意義もある。
③学校の説明責任の強化…学校は地域・保護者から意向をくみ取ると同時に，彼らに対して情報提供を行うなどして説明責任を果たしながら，教育機関としての使命の自覚を強めることになる。

しかしながら，地域・保護者の学校運営参画をめぐっては，学校支援ボランティアの場合と同

様に人材確保という課題もあるが，そのほか，会議運営や委員謝金などの予算の不足，地域・保護者による学校への過度の介入に対する懸念，学校運営協議会の場合には教職員の人事介入に対する忌避意識などの課題が残されている。

   ＊　コミュニティ・スクールの推進等に関する調査研究協力者会議の前掲書の中でも，「任用意見申し出で人事が混乱しないか，学校の自律性が損なわれるのではないか」という意見があることを記している（コミュニティ・スクールの推進等に関する調査研究協力者会議, 2015）。

　自己完結的な学校をよしとする教職員にとって，地域等の学校介入に対する懸念はぬぐい去れないかも知れないが，学校運営協議会のモデルとされたイギリスの学校理事会の理事は，単なる学校応援団や敵対者，依存者としてではなく，「パートナーや辛口の友人（critical friends）」であることが望ましいとされている。要は，学校の問題点を述べてくれる友人やパートナーがよいとされているのである。

   ＊　Pounce（2010, p.10）.

　以上のような地域等による学校運営参画は，次節に述べる学校関係者評価や学校による情報提供のあり方と深くかかわっている。

4　学校の情報提供と学校関係者評価

1　学校の説明責任と情報提供

　1990年代初めから医学界でインフォームド・コンセント（informed consent），すなわち医療行為において医師と患者間で説明と合意の重要性が認識されるようになり，また，同じく90年代から教育界においてはアカウンタビリティ（説明責任）の概念が用いられるようになった。専門家がサービス受給者に対して一方的な判断により接するのではなく，十分な説明を行うべきという考え方が生まれたのである。教育界，特に学校でも保護者や地域に対して教育のあり方を説明する責任があるという認識が徐々に浸透し，これまでの自己完結的な学校のあり方の修正が迫られることになった。

　そうした状況の下で，1998年の中央教育審議会答申「今後の地方教育行政の在り方について」は，「地域住民の学校運営への参画」の中で，教育計画等の保護者・地域住民に対する説明が必要だとし，以下の提言を行った。

（教育計画等の保護者，地域住民に対する説明）
  ア　各学校においては，教育目標や教育計画等を年度当初に保護者や地域住民に説明するとともに，その達成状況等に関する自己評価を実施し，保護者や地域住民に説明するように努めること。また，自己評価が適切に行われるよう，その方法等について研究を進めること。

ここでは,「説明」と「自己評価」という二つの行為を学校に新たに求めている。この提言を受けて,2002年に初めて制定された小学校と中学校の学校設置基準は,「説明」を「情報の積極的な提供」というくくりで義務化し,そして「自己評価」の結果を「公表」するよう努力義務化した。なお,高等学校等の設置基準は戦後の昭和20年代から30年代にすでに制定されていたが,小中学校の設置基準制定に伴い,自己評価と情報提供に関する条文が追加された。

　その後,学校による保護者・地域に対する情報提供については,教育基本法全面改正(平成18年12月)に伴う2007年6月の学校教育法改正によって,学校設置基準の条文から外され,以下の条文が盛り込まれて義務化されたが,どのような方法で情報提供を行うかは学校や教育委員会に任されている。特に注目されるのは,学力調査の結果をどこまで,どのように提供・公開していくかということである。

　また,情報提供は以下の学校評価と連動した形で法に盛り込まれたように,学力調査と同様に,学校評価結果を含むことが前提とされていると考えられる。

---- 学校教育法 ----
　第四十三条　小学校は,当該小学校に関する保護者及び地域住民その他の関係者の理解を深めるとともに,これらの者との連携及び協力の推進に資するため,当該小学校の教育活動その他の学校運営の状況に関する情報を積極的に提供するものとする。

② 学校関係者評価
①学校評価に関する法改正等

　情報提供と同様に,学校教育法には以下のような条文が盛り込まれ,学校の自己評価が努力義務化されたところである。自己評価の対象は教育活動に限定されず,学校運営の状況等も含まれるように,学校全般とされたのである。なお,ここで言う「文部科学大臣の定めるところ」とは,以下の学校教育法施行規則の当該条文を指している。

---- 学校教育法 ----
　第四十二条　小学校は,文部科学大臣の定めるところにより当該小学校の教育活動その他の学校運営の状況について評価を行い,その結果に基づき学校運営の改善を図るため必要な措置を講ずることにより,その教育水準の向上に努めなければならない。

　その後,2007年10月の学校教育法施行規則改正によって,学校の自己評価は義務化され(第66条第1項),学校関係者評価の実施と公表が努力義務化され(第67条),さらに自己評価と関係者評価の設置者に対する結果報告も義務化された(第68条)。この第66条第1項中の「自ら評価を行い」という部分の評価を「学校自己評価」と呼び,第67条中の「当該小学校の関係者による評価」を「学校関係者評価」と言う。学校関係者評価は,「外部評価」と呼ばれていたが,専門家による第三者評価が実態として実施されるようになったことから,現在の名称が用いられることになる。

学校教育法施行規則

　第六十六条　小学校は，当該小学校の教育活動その他の学校運営の状況について，自ら評価を行い，その結果を公表するものとする。
　2　前項の評価を行うに当たつては，小学校は，その実情に応じ，適切な項目を設定して行うものとする。
　第六十七条　小学校は，前条第一項の規定による評価の結果を踏まえた当該小学校の児童の保護者その他の当該小学校の関係者（当該小学校の職員を除く。）による評価を行い，その結果を公表するよう努めるものとする。
　第六十八条　小学校は，第六十六条第一項の規定による評価の結果及び前条の規定により評価を行つた場合はその結果を，当該小学校の設置者に報告するものとする。

②学校評価の4類型

　そのほか，児童生徒による評価も一部地域で実施されているが，第三者評価と同様に，法的根拠を有さない事実上の評価とされている。したがって，学校に関する評価形態は，**データ12−2**に示したような四つのタイプに分けられる。

　データ12−2は，X軸を「専門的—素人的」とし，Y軸を「主観的—客観的」の関係としたもので，この座標軸によって四タイプの学校評価の特性を表している。「自己評価」は教育の専門家である教師自身が当事者として行うので，「専門的×主観的」の事象に属し，「第三者評価」は教育学者など教育の専門家が非当事者として行うので「専門的×客観的」の事象に該当する。「学校関係者評価」は保護者や地域住民等の教育の専門家とは限らない者が学校の外部から評価を行うので「素人的×客観的」となり，「児童生徒による評価」は教育の素人であるが教育を直接受けている児童生徒による評価であるから，「素人的×主観的」の事象に位置付くことになる。

③ 学校関係者評価と情報提供の意義と課題

　学校関係者評価と情報提供の意義に関しては，**データ12−3**の「ジョハリの窓」によって説明できる。図中の「自分」を「学校」に，「他人」を「地域・保護者」に置き換えてみると，「Ⅰ開かれた領域」はホームページや要覧で公開されている情報である。「Ⅱ盲点の領域」は，人間の場合には癖に当たることで，学校にそくせば，常識を欠いた校則や学校文化のように，学校ではその問題点を自覚しにくいが，地域など外部からは非常識だと認識されているようなことを指す。「Ⅲ隠された領域」は，学校が公開していない情報等のことである。「Ⅳ未知の領域」は学校も地域・保護者の知らない部分である。

　①学校の問題点の指摘…「開かれた学校づくり」にとって，「Ⅰ開かれた領域」を拡大することが目的になるが，そのためには，まず，図の真ん中のタテの軸を右側に移動させ，「Ⅱ盲点の領域」を縮小しなければならない。このことは外部から問題点を指摘する学校関係者評価に期待される。むろん，学校評議員や学校運営協議会にも同様の役割があるとは言え，具体的かつ客観的な問題点の指摘は評価に基づく方がより有効である。

　②地域・保護者の学校理解の促進…学校による地域・保護者に対する情報提供は，図の真ん中

データ12−2　学校評価のタイプと特性

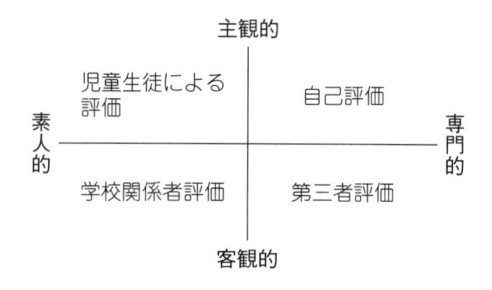

```
              主観的
    児童生徒による  │  自己評価
    評価        │
素人的 ──────────┼──────────  専門的
    学校関係者評価  │  第三者評価
              │
              客観的
```

データ12−3　「ジョハリの窓」

	自分(学校)は知っている	自分(学校)は知らない
他人(地域・保護者)は知っている	Ⅰ. 開かれた領域	Ⅱ. 盲点の領域
他人(地域・保護者)は知らない	Ⅲ. 隠された領域	Ⅳ. 未知の領域

　のヨコの軸を下方に移動させ、「Ⅲ隠された領域」を縮小することになる。そうして「隠された領域」を縮小すれば、地域・保護者の学校理解は深まっていくのである。

　情報提供と学校関係者評価はそうした意義があるにもかかわらず、いくつかの課題を抱えている。学校がいくら情報を提供しても、肝心の地域・保護者がこれをキャッチできないことが少なくない。その原因の一つに、情報チャンネルが限定されていることが指摘できる。学校だよりを地域に配布しても、多忙な住民はなかなか読み取ってくれない。ホームページに情報をアップしても、パソコン環境が整っていない家庭ではその情報をみることもできない。学校は情報を提供するにとどまらず、いかにして地域・保護者のもとに届けるかが課題になる。

　一方、評価に関しては、アンケートと混同される嫌いがある。学校教育法施行規則の文言に、「適切な項目を設定して行う」と記されていることから、多くの学校ではアンケート調査を実施するようになったが、本来、アンケートと評価は異なるものである。しかし、教職員にアンケート用紙を記入させて評価とみなす例がみられたように、両者が混同されることもあった。このことは自己評価に限らず、学校関係者評価にもみられる。

> ## Column
>
> ### 「網戸張り」の学校経営
>
> 　学校にも「可視化」、すなわち「ガラス張り」の経営が重視されるようになった。学校の中で何がどう行われているのかを、「開かれた学校づくり」や「説明責任」の観点から保護者や地域住民に伝え、理解を得ることが求められている。学校教育法はそうした観点から情報提供を義務づけたところである。
> 　しかし、「ガラス張り」よりもっと優れた経営方針を耳にした。埼玉県立本庄特別支援学校の荒井宏昌校長が提唱する「網戸張り」の学校経営である。同校長は前任校の盲学校で「ガラス張り」の学校経営に努めようとしたところ、盲学校の生徒にはあまり意味がないと言われた。そこで保護者や地域との風通しも意図して、「網戸張り」を発想した。「網戸」なら、外から内部の様子が把握でき、内外の風通しもよく、しかも、外部からのマイナス要素の進入を網が防いでくれるというのである。つまり、単に「見せる」だけでなく、内外の動きや情報の交流を意識した経営方針なのである。「網戸張り」とはいかにも名言である。たしかに、「ガラス張り」だと内部は見えるが、内外の風通しはなく、お互いの声も聞き取れないので、外部に対する一定の拒絶姿勢を感じさせる。少し前には執務室を本当のガラス張りにした某県知事もいたが、「網戸」の方がよかったかもしれない。
> 　ところで、コミュニティ・スクールに置かれる学校運営協議会は、校長の作成した基本方針を承認するとともに校長や教育委員会に意見申し出を行い、さらに教職員の任用等に関して意見申し出ができる。そうした「承認」や「意見申し出」行為は、通気性を欠いた「ガラス張り」では不可能である。保護者や地域住民など外部の声を肌で受け止める学校運営協議会こそは、まさに「網戸張り」の学校経営を具現化する仕組みなのである。しかもそれは、法に基づく仕組みであるから、校長が異動しても機能し続ける安定性を有する。
> 　「ガラス張り」よりも「網戸張り」の方が望ましいならば、今後、コミュニティ・スクールが全国に拡がることを期待したい（『内外教育』第6435号［2015年8月25日］中の拙稿「ラウンジ」の一部から引用［一部表現を修正した］）。

　例えば、アンケートを実施したところ、朝食を毎日食べている人が50％いることが分かったとすれば、その50％という数値を明らかにしたのはアンケート結果に過ぎない。そこで、これを多いと解するか、少ないと解するかを判断するのが評価になる。つまり、アンケートは評価のためのデータを提供するにとどまるのである。

　そのほか、評価結果を学校裁量予算に反映させる動きもあるが、評価結果のよくない困難校などは、むしろ教育環境が悪化し、さらに評価結果が低くなるという悪循環を生むという問題もある。安易な成果主義に陥らないことが大切になる。

5　考察とまとめ

　以上に述べたように、地域との連携は学校の任意の努力にゆだねられる課題ではなく、学校支援地域本部事業のような国の施策の一環として、また学校評議員や学校運営協議会のように法的根拠に基づいて設置された仕組みとして推進され、また情報提供や学校評価に関しては法によっ

て義務化ないしは努力義務化されたところである。学校と地域の連携はいわば裏付けをもって展開されるようになったのである。

しかしながら，外部の地域・保護者が学校の内部や運営過程にかかわることに対する学校関係者の拒否的感情は未だぬぐい切れていないという実情にある。その背景には，①不安感，②不要感，③不信感，④不能感があると考えられる。①不安感とは，外部の介入によって学校の自律性が損なわれないかという懸念に基づく。②不要感は，外部の支えがなくても，学校は十分に運営できているという認識である。③不信感は，そもそも外部の人間が学校運営に関与すること自体に反対だという感情である。④不能感は，連携の意義を認めつつも，予算不足や人材確保の困難などよって実現困難ではないかという認識である。

このような四つの感情が地域連携の阻害要因になっているとすれば，一つひとつを解きほぐすことが今後の課題になる。ただ，留意すべきは，学校は教職員の考え方だけで運営されればよいという時代ではなくなったことを改めて認識することである。したがって，学校の自律性を保ちながらもいかにして地域・保護者の力を生かし，さらに効果的な活動を展開するにはどうしたらよいかを検討し，さらに予算や人材を確保するよう努めることが課題解決に向かう道筋になる。

引用参考文献

コミュニティ・スクールの推進等に関する調査研究協力者会議『コミュニティ・スクールを核とした地域とともにある学校づくりの一層の推進に向けて』2015年。
佐藤晴雄『学校を変える　地域が変わる』教育出版，2002年。
佐藤晴雄編『学校支援ボランティア』教育出版，2005年，26頁。
佐藤晴雄「学校のガバナンスからみたコミュニティ・スクールの課題と展望」『季刊　教育法』第181号，2014年，6-11頁。
高橋興『学校支援地域本部をつくる──学校と地域による新たな協働関係』ぎょうせい，2011年。
Pounce, M., *Headteachers and Governing Bodies, a practical guide to making the partnership work-Second edition-*, Adamson Publishing, 2010.

設問

1．学校が地域社会と連携することによって，教職員の仕事にどのような変化が現れるでしょうか。仕事量の問題以外に，仕事の質的な面に焦点を当てて，自ら考えるところを述べなさい。
2．学校支援ボランティア活動は全国的に浸透してきている現在，今後，その活動の拡充を図るためのアイデアについて述べなさい。
3．保護者や地域住民が学校運営に本格的に参画できるコミュニティ・スクール（学校運営協議会）について，その意義と課題を具体的に述べなさい。

推薦図書

- 佐藤晴雄編『学校支援ボランティア』教育出版，2005年
学校支援ボランティアの意義を理論的に解説するとともに，各地の先進事例を数多く取り上げている。また，

ボランティアの活用法や活動上の留意点にも具体的に触れている。
- 高橋興『学校支援地域本部をつくる──学校と地域による新たな協働関係』ぎょうせい，2011年

 本書は，各地の学校支援地域本部事業による取り組みを紹介しながら，その運用のノウハウを具体的に取り上げている。今後，学校支援地域本部を核にして，どのような学校・地域連携を構築していくべきなのか，そのための指南書だと言ってよい。
- 田中正博・佐藤晴雄『教育のリスクマネジメント』時事通信出版局，2013年

 学校が地域と連携することによって，危機管理がより重要な課題になる。そこで，教育関係者，特に学校教員には，教育の危機管理（リスクマネジメント）の手法を身につけることが必須課題になると言えよう。本書は，教育のリスクマネジメントの理論と具体的な方法について危機管理の専門家と教育経営の専門家によって詳細かつ分かりやすく述べられている。実践書としてすぐに役立つ内容である。

（佐藤晴雄）

第13章 新たな道徳教育

　本章では，新たな道徳教育のあり方についての理解を目指す。特に，従来の「道徳の時間」が「特別の教科　道徳」に変わることで，道徳教育の目標・指導内容・指導方法・評価がどのように改善されるのかについて具体的に考察する。その際，2014年10月の中央教育審議会道徳教育専門部会答申や，2015年に公示された学習指導要領とその解説書をふまえて，どのように学習指導を創意工夫すべきかについて多面的に検討することにしたい。

1　道徳教育改革の経緯

　道徳の教科化が議論される直接的な契機となったのは，2013年2月の教育再生実行会議の第一次提言であった。ここでは「いじめ問題等への対応」として道徳教育の充実が求められ，道徳を新たな枠組みで教科化することが提言された。近年はいじめ問題が深刻化して社会的に関心を集めており，特に，2011年に滋賀県大津市の道徳教育推進校で起きた中学2年生のいじめ自殺事件は，道徳教育のあり方を根本的に問い直すものとなった。

　その後，2013年12月に「道徳教育の充実に関する懇談会」が報告書を出し，いじめ問題だけでなく，子どもの人間関係の希薄化，規範意識の低下，自尊感情や自己肯定感の低下などの今日的課題として取り上げられた。こうした様々な生徒指導上の諸問題にも対応できる効果的な道徳教育に改善するよう提言された。

　それに続いて2014年10月に出された中央教育審議会・道徳教育専門部会の答申「道徳に係る教育課程の改善等について」では，道徳科に検定教科書を導入して指導内容を充実させること，問題解決的な学習や体験的な学習などを取り入れること，児童生徒の道徳性に係る成長の様子を評価することなどが求められた。

　これを受けて，2015年3月に学校教育法施行規則の一部を改正する省令及び学習指導要領の一部改正が告示され，学校教育法施行規則の中の「道徳」は「特別の教科である道徳」（以下，道徳科と略記）として教育課程上に位置づけられた。2015年7月には学習指導要領解説の総則編と「特別の教科　道徳編」が公示された。2015年4月からは「移行措置」として一部改正学習指導要領の趣旨をふまえた取り組みを行うことが可能となっている。そして小学校は2018年から，中学校は2019年から検定教科書を導入し「道徳科」を実施することになっている。

こうした歴史的な経緯をふまえて、以下に道徳教育の目標、指導内容、指導方法、評価について検討することにしたい。

2　道徳教育の目標

1　道徳教育の認知的、情緒的、行動的側面

　教育の目的は、子どもの認知的側面と情緒的側面と行動的側面をバランスよく育成し、よりよい人格を形成することである。こうした目的を達成する上で重要な役割を果たすのが、道徳教育である。

　この点を教育基本法に関連づけると、教育の目的は「人格の完成」（第1条）であり、「教育の目標」は「幅広い知識と教養を身に付け、真理を求める態度を養い、豊かな情操と道徳心を培うとともに、健やかな身体を養うこと」（第2条第1項）である。道徳教育は、ここでいう「豊かな情操と道徳心」を培うだけでなく、「幅広い知識と教養を身に付け、真理を求める態度」を養うことや「健やかな身体」を養うこととも関連している。

　この点に関して、新しい学習指導要領の総則では、道徳性が「豊かな心」だけでなく、「確かな学力」や「健やかな体」の基盤となり、「生きる力」を育むために重要であると明記することになった。つまり、道徳性は、従来のように「生きる力」の情意的側面にのみ特化した概念ではなく、「生きる力」の認知的側面や行動的側面とも関連する総合的な概念であることを強調するようになったのである。

　「道徳性」の定義は、2008年の学習指導要領解説・道徳編では、「人間らしいよさ」や「道徳的諸価値が一人一人の内面において統合されたもの」と示されていた。この「人間らしいよさ」という表現は抽象的な概念であり、また観念的な道徳的価値を習得しただけでは道徳性として十分ではない。そこで、2014年の中教審答申では、道徳性を「様々な課題や問題を解決し、よりよく生きていくための資質・能力」と定義した。それに続く2015年の学習指導要領では、道徳性を「人生で出会う様々な問題を解決して、よりよく生きていくための基盤となるもの」と定義した。このように道徳性を問題解決する資質・能力として再定義することで、「生きて働く道徳性」の育成が目指されることになったのである。

2　道徳科の新しい目標

　先の中教審答申では、道徳科の目標として「様々な道徳的価値について自分との関わりも含めて理解し、それに基づいて内省し、多角的に考え、判断する能力、道徳的心情、道徳的行為を行うための意欲や態度を育てることなどを通じて、一人一人が生きる上で出会う様々な問題や課題を主体的に解決し、よりよく生きていくための資質・能力を培うこと」として示した。この目標は、従来のように道徳性の情意的側面ばかり強調する目標とは異なり、特に文章の後半には問題解決能力に対応した「生きる力」の育成が示されており、新しい道徳科の目標を特徴づけるもの

となっている。

　2015年に公示された学習指導要領では，「特別の教科　道徳」の目標が以下のように公示されている。小学校では「よりよく生きるための基盤となる道徳性を養うため，道徳的諸価値についての理解を基に，自己を見つめ，物事を多面的・多角的に考え，自己の生き方についての考えを深める学習を通して，道徳的な判断力，心情，実践意欲と態度を育てる」。中学校では「よりよく生きるための基盤となる道徳性を養うため，道徳的諸価値についての理解を基に，自己を見つめ，物事を広い視野から多面的・多角的に考え，人間としての生き方についての考えを深める学習を通して，道徳的な判断力，心情，実践意欲と態度を育てる」。

　このように道徳科の目標は，学校の各教育活動の特質と関連づけながら，よりよく生きるための基盤となる道徳性を育成することである。この目標を達成するために，指導の内容と方法に関する認知的側面の充実が図られた。

　ここで言う「道徳的諸価値についての理解」とは，人間がよりよく生きるために示されてきた道徳的諸価値を含む内容について基本的な認識を深めることである。これが基になって，それぞれの人生において出会うであろう様々な問題に対して，道徳的諸価値をどのように活用・応用できるかを構想することにもつながるのである。

　「物事を広い視野から多面的・多角的に考える」とは，物事を自己中心的に狭い視野で考えるのではなく，ほかの人々の観点を取り入れながら広く社会的な視野で考え想像することである。その際に，自分やほかの人々が人間としてどのように考え行動すべきかを考え，その原因と結果の関係や行動の道徳的理由などについて，多面的・多角的に考えることが重要になる。

③　「道徳的実践力の育成」から「道徳性の育成」へ

　道徳科では目標を，従来の「道徳的実践力の育成」から「道徳性の育成」へと変更している。2008年の学習指導要領解説・道徳編では，「道徳性」の構成要素（諸様相）は，「道徳的心情，判断力，実践意欲と態度」のほかに，「道徳的行為」や「道徳的習慣」を含むと解されてきた。それゆえ「道徳性」は，単なる内面的資質ではなく，外面的に現れる能力でもあるとみなされてきた。それに対して，「道徳的実践力」の構成要素（諸様相）は，「道徳的心情，道徳的判断力，道徳的実践意欲と態度」に限定され，「内面的な資質」とみなされてきた。

　こうした二つの概念定義をふまえて，道徳授業の目標は「道徳的実践力の育成」であるため，外面に現れる道徳的行為や道徳的習慣を指導してはいけないとされてきた。そして，道徳教育の目標は「道徳性の育成」であるため，外面に現れる道徳的行為や習慣を指導してもよいという解釈にもつながった。

　しかし，新しい道徳科の目標は，道徳教育全体の目標と同様に，「道徳性の育成」であるため，道徳的行為や習慣に関する資質・能力を育成することも原理的には可能となったのである。今回の新しい学習指導要領の画期的なところは，従来の道徳教育で機能不全を引き起こしていた原因を取り除こうとした点である。つまり，道徳教育は道徳性を育成し，道徳授業は道徳的実践力だ

けを育成するという，不毛な区分を排することが目指された。そこで，道徳教育と道徳授業の目標を統一して「道徳性の育成」とすることで，学校や授業の内外で総合的かつ効果的な取り組みを実践できるようにしたのである。

3　道徳科の指導内容

①　指導内容の充実

　道徳科の目標が改善されたことを受けて，道徳科の指導内容も改訂されることになった。まず，道徳の内容は，道徳科を要として学校の教育活動全体で行う道徳教育の内容として位置付けられている。この点は，「道徳の時間」が特設されて以来，変わらぬ基本方針である。

　ただし，上述したように道徳教育の目標と道徳科の目標が「道徳性の育成」として統一される以上，それに対応した総合的で実践可能な指導内容とすることが求められる。道徳の指導内容も，教科となる以上は単なるお題目ではなく，子どもが習得し活用し実践すべき内容であるため，より具体的で機能的な表現にする必要があった。

　また，従来の道徳の内容項目は，一般的かつ抽象的な「方向目標」であり，できるのが望ましい内容を示していた。そこで，できるだけ行動水準までを具体化した「行動目標」とすることが望まれた。それに伴い，新しい学習指導要領では内容項目の文末がすべて「～こと。」という表現に改められた。こうした行動目標とすることで，育成すべき資質・能力が明らかになり，妥当性や信頼性のある評価に結び付けることができるようにした。

　これまで重視されてきた専門用語は，より分かりやすく書き改める必要があった。例えば，これまで学習指導要領において重視されてきた「道徳教育の補充・深化・統合」と言う表現は，学習指導要領の第3章第3-2-(2)では以下のように示されている。「各教科，外国語活動，総合的な学習の時間及び特別活動における道徳教育としては取り扱う機会が十分でない内容項目に関わる指導を補うことや，児童生徒や学校の実態等を踏まえて指導をより一層深めること，内容項目の相互の関連を捉え直したり発展させたりすることに留意すること」。とかく観念的で難解な道徳の専門用語をなくし，誰にでも（教師のみならず保護者や地域の人々にも）理解しやすく活用できる表現に改め，学校現場で広く活用されるように改善したのである。

②　内容項目の変更

　2008年の学習指導要領までは，内容項目を「1　自分自身に関すること」，「2　他の人との関わりに関すること」，「3　自然や崇高なものとの関わりに関すること」，「4　集団や社会との関わりに関すること」の4視点で分類している。この分類は子どもとっての対象の広がりや道徳性の同心円的な発達と関連づけると，視点の3だけ特異な内容であり，整合性がなかった。

　そこで，2015年の学習指導要領では，四つの視点の意義を明確にするとともに，その発展性を適切なものにするために，視点の3と4を入れ替え，①自分から，②他の人，③集団や社会，④

崇高なものへと展開する流れに改めた。その結果，学習指導要領の内容項目は，「A　主として自分自身に関すること」，「B　主として人との関わりに関すること」，「C　主として集団や社会との関わりに関すること」，「D　主として生命や自然，崇高なものとの関わりに関すること」の四視点に分類し直された。内容項目の合計は，小学校低学年で19項目，中学年で20項目，高学年で22項目，中学校では22項目になった。

　こうした指導内容は，どれも均等に取り扱うよりも，子どもの発達段階や特性，取り巻く環境の変化などをふまえて重点化した方が効果は高まる。特に，今日の子どもの道徳的課題とみなされている「生命を尊重する心」，「他を思いやる心」，「自立心や自律性」を育成することは，繰り返し授業を行うことで定着し効果が出てくる。

　また，規範意識を高めるために，法やきまりの意義に関する理解を深め（法教育），主体的に社会の形成に参画する意欲と態度を養い（シティズンシップ教育），わが国の伝統と文化に対する理解を深め，国際社会に生きる日本人としての自覚を身に付けることも重視されている。

　さらに，内容項目に示された道徳的価値をキーワードとして打ち出し，より体系的で効果的な示し方を工夫することになった。従来のように視点の番号だけで，例えば2-(3)のように示すのではなく，「友情，信頼」のようにキーワードを前面に出して有意味に示すのである。その方が，学校現場の教師だけでなく保護者や地域の人々にも理解しやすいし，使いやすいと考えられたからである。このキーワード数は小学校で38個以上，中学校で42個以上ある。

③　重点項目の扱い

　道徳教育を進めるにあたっては，指導内容の重点化を図ることが大切である。重点項目を指導計画に反映させるためには，校長をはじめ道徳教育推進教師が全体計画や年間指導計画を調整しながら，道徳教育をほかの教育活動に関連付け，道徳科において発展的・総合的な指導を行うことが求められる。特に，重点項目については繰り返し指導を行うなど，子どもの実態や学校の実情に応じた効果的な指導計画を作成する必要がある。

　どのような内容を重点的に指導するかについては，各学校において子どもの実態や学校の実情をふまえ工夫するものであるが，社会的な要請や今日的課題についても考慮する必要がある。これらと合わせて，人間としての生き方について理解を深めることは，全学年を通じ，学校教育のあらゆる機会をとらえて，すべての内容項目とかかわるように配慮しながら指導することが求められる。

　新しい学習指導要領によると，小学校の段階では各学年を通じて，自立心や自律性，生命を尊重する心や他者を思いやる心を育てることを共通の重点内容として押さえる。そして各学年の段階における重点内容として，例えば，基本的な生活習慣，善悪の判断，社会生活上の決まりを守ること，法やきまりの定義，伝統と文化の尊重，わが国と郷土を愛することなどの指導内容が段階的に取り扱われる。

　中学校の段階でも，小学校の重点項目をさらに発展させて，自立心や自律性を高め，規律ある

生活をすること，生命を尊重する心や自らの弱さを克服して気高く生きようとする心を育てること，法やきまりの意義に関する理解を深めること，自らの将来の生き方を考え主体的に社会の形成に参画する意欲と態度を養うこと，伝統と文化を尊重し，それらを育んできたわが国と郷土を愛するとともに，他国を尊重すること，国際社会に生きる日本人としての自覚を身に付けることなどがあげられている。

さらに，現代的課題をもっと積極的に取り入れることが求められている。例えば，情報モラル，生命倫理，環境保全（持続可能な社会：ESD）などの今日的課題の扱いを充実させることである。新しい学習指導要領には，第3章3-2-（6）で現代的な課題の一例として，「社会の持続可能な発展など」（小学校），「科学技術の発展と生命倫理との関係や社会の持続可能な発展など」（中学校）を載せている。

こうした課題に関しては明確な答えが出ないもの，一つに答えが絞れないものも多いため，偏った価値観の押し付けとならないように，広い視野から多面的・多角的に考えられる内容にする必要がある。こうした現代的な課題は，先の懇談会や中教審において強調されてきた「シティズンシップ教育」や「法教育」とも関連づけながら検討する必要がある。

こうした道徳科の指導内容は，学校の教育活動全体で取り組むべき課題ではあるが，道徳科とそれ以外の各教科等において求められる取り組みの相違が明確になるよう示すことになる。

4　道徳科の指導方法

① 多様で効果的な指導方法の導入

「道徳の時間」が道徳科になることで最も大きく改善するのは，指導方法である。従来の「道徳の時間」は，画一的でマンネリ化しており，実効性があがらないという批判が多かった。こうした形式的な道徳授業が繰り返される一方で，実際の学校現場における子どもの生活態度や問題行動には改善の効果がみられないことが多かった。こうした道徳授業には実効性がないとみなされたため，新しい道徳科においては，より多様で効果的な指導方法を積極的に導入することが求められてきたのである。そこで，登場人物の心情を「読む道徳」から多面的・多角的に「考え，議論する道徳」への質的転換と銘打ち，教師が価値観を押し付けるのではなく，子ども同士が議論し合う問題解決的な学習や体験的な学習を取り入れることになったのである。

そもそも子どもは日常の生活の中で興味や関心をもって物事に取り組み，様々な問題を解決しながら成長していく。その際，道徳に関する知識や技能を活用したり，自他の考えや気持ちを理解して人間関係を調整したり，実際に道徳的行為を経験したりする中で道徳的価値を体得していく。そうした一つひとつの道徳的行為を積み重ね，たしかな道徳的習慣を形成し，豊かな人格を完成させていくことが重要になってくる。

上述したように道徳科では，「道徳性の育成」という目標や指導内容に対応させて，子どもの発達の段階をふまえた指導方法に改善する必要がある。その際，道徳の内容をただ理解するだけ

でなく，それに関する問題を主体的に考え判断する資質・能力をたしかに育成できる指導方法が求められる。そこでは，子どもがしっかりと課題に向き合い，教師と語り合い，子ども同士で話し合い，内省を深めていくことが大事になる。そのため，道徳でも対話や討論など言語活動を重視した指導が求められる。ねらいの達成に向けた言語活動や表現活動を充実させて，子どもが自ら考え，主体的に判断し，表現することが重視されるのである。

2　子どもが主体的に学習に取り組む工夫

道徳科の授業は，教師が特定の価値観を子どもに押し付けたり，指示通りに行動するよう求めたりするような時間ではない。子ども自身が主体的に自ら多面的・多角的に考え，主体的に判断し，道徳的行為をするような資質・能力を育むことができるような時間にすべきである。

そのためには，道徳科の目標や指導のねらいを明らかにして，子ども一人ひとりが見通しをもって主体的に考え，学ぶことができるようにする必要がある。また，道徳科の目標と指導内容との関係を明確にして取り組み，道徳的な内容を学ぶことの意義を理解させたり，学んだことを振り返らせたりする指導が重要である。その際，後述する「問題解決的な学習」や「体験的な学習」などを取り入れ，生徒が道徳的な内容に興味・関心をもち，自分の判断や生き方とかかわらせながら学習を進めていく態度を身に付けられるようにすることが重要である。

子どもは道徳性が発達するにつれ，自分の考え方や生き方を主体的に見つめ直し，人間としての生き方・あり方について考えを深め，自分自身の人生の課題や目標をみつけようとする傾向が強まる。そこで，道徳科では，子ども自身が人生の課題や目標に向き合い，道徳的価値を視点に自らの人生を振り返り，これからの自己の生き方を主体的に判断するとともに，人間としての生き方・あり方について理解を深めることができるよう支援することが肝心になる。

こうした意味合いで，道徳科では各教科に先駆けてアクティブ・ラーニングを導入することになる。こうした子ども同士が主体的に学び合い，道徳的問題の解決に向けて協働する学習は，他教科等とも共通する学習スタイルである。また，互いの存在を尊重し合い，認め合う小グループ学習（4人一組）を授業に取り入れることは，自尊感情や自己肯定感，他者尊重，思いやり，相互理解，寛容などの道徳的価値を実践することにもつながる。

3　よりよく生きる力の育成

成長するにつれ，子どもは自らの長所や短所をある程度まで自覚するようになり，自分の弱さや人間としての弱さを素直に認めて受容できるようになる。しかし，それをそのまま容認して諦念するのではなく，人間には自らの弱点や短所を克服して，自らの強みや長所をさらに伸ばし，よりよく生きることができる逞しさや素晴らしさがあることも理解できるようにもなる。

そこで，こうした人間として生きることに喜びを見出し，現在の自分の弱さや限界を乗り越え，誇りある人間らしい生き方に近づくことができるようになる学習が望まれる。こうした道徳科の学習では，教師が子どもに対して特定の価値観を教え込むのではなく，教師と子どもがともに人

間の弱さを見つめ合い，考え合った上で，夢や希望などをともに語り合うような学習スタイルが大切になる。

　その際，先の中央教育審議会の答申では，指導のねらいに即して「道徳的習慣や道徳的行為に関する指導」，「問題解決的な学習」，「体験的な学習」を導入するよう推奨している。新しい学習指導要領でも，「問題解決的な学習，道徳的行為に関する体験的な学習等を適切に取り入れる」ことが明記されている。各教科や領域では，すでに問題解決的な学習や体験的な学習を有効に活用することが重視されてきたが，道徳科でも従来の画一的な指導方法にとらわれることなく，問題解決的な学習や体験的な学習等を積極的に取り入れて，授業の活性化を図り，実効性を高めることになったのである。

　以上のように，子どもの発達の段階や特性等を考慮した上で，自己の生き方や人としての生き方・あり方について多面的・多角的に考え，話し合いや討論することを通して，主体的かつ自発的な学習を展開できるように創意工夫することが求められてきたのである。

④　問題解決的な学習の活用

　問題解決的な学習は，子どもが互いに意見を尊重し，協働してよりよき生き方を探究するためにきわめて有効である。子ども自身が道徳的問題について考え，どうすべきか主体的に学び考え判断し，具体的な解決策を検討するような学習が重要である。

　これまでの道徳授業に実効性が欠けていたのは，登場人物の気持ちを共感的に理解できても，「自分ならどう行動するか」「人間としてどう行動すべきか」についてはなかなか考えが及ばず，現実的な問題に応用する能力を育成することが難しかったからである。いくら道徳的価値について学んでも，実際の道徳的な行為や習慣につなげられなければ，人格の形成に何の影響も及ぼさないのは当然である。

　そこで新しい道徳科の授業では，指導のねらいに即して問題解決的な学習を取り入れ，子どもの興味・関心を生かし，自ら課題や問題に取り組み，多面的・多角的に考え，主体的に判断し解決できるように工夫することが大事である。例えば，道徳的問題を具体的に示した後で，「登場人物はどのようにしたらよいか」，「自分ならどのようにするか」，「人間としてどう生きるか」等について多面的・多角的に考え，主体的に判断し，人間としての生き方・あり方について考えを深めることができる。

　また，問題解決的な学習では，葛藤する状況で考え議論する道徳授業にすることが期待されている。例えば，「寛大な心をもって他人の過ちを許す（相互理解，寛容）」という考えと「法やきまりへの放縦で自分勝手な反発を許さない（規則の順守）」という考えの対立を考える。あるいは，「理解し合い，信頼や友情を育む（友情，信頼）」という考えと「同調圧力に流されない（公正，公平，社会正義）」という考えの対立を考える。こうした対立軸を明確にした上で議論し合い，「自己の生き方」や「人間としての生き方」を熟議するのである。

　その際，自分の考えを発表したりワークシートに書いたり互いの意見を交流したりすることで，

よりよい解決策を協働して探究することもできる。こうした問題解決的な学習は，子どもの学習意欲を喚起するとともに，道徳的な判断力や心情を育成することに有効である。こうした学習を通して，子ども一人ひとりが生きる上で出会う様々な問題や課題を主体的に解決し，よりよく生きていくための資質・能力を養うことができる。

　このことは，いじめ問題に対応する道徳授業であれば，なおさら重要である。どれほどいじめ対策の道徳授業をしようと，その後もいじめや校内暴力が続いているようでは実効性があるとは言えない。実際にいじめ問題をどう解決するかを当事者の立場から考え，その防止や解消につながる授業にすべきなのである。

　また，今日的課題としてたとえば情報モラル，生命倫理，環境倫理（持続可能な社会：ESD）等は，情報化やグローバル化の進展によって問題の状況が複雑であり，時には答えが一つではない場合や特定の答えを決めかねる場合もある。こうした緊急性がありながら答えの出しにくい現実的な問題には，子ども自身が主体的に考えるとともに，皆で学び考え協働して探究し合い，実行可能な対応策を創り出すような問題解決的な学習が有効である。

⑤　体験的な学習の活用

　道徳授業でより実効性を高めるためには，指導のねらいに即して，実際の道徳的行為に関する体験的な学習を取り入れることが大事になる。ここではコミュニケーションに係る課題を提示して，具体的な動作や所作のあり方について話し合う学習ができる。例えば，道徳的な問題場面を想定して，どのように行動したらよいかについて考え，その解決策を役割演技で行う中でその是非について考えを深めることができる。

　また，授業で実物を用いたり実体験をしたりすることで実感を深めることもできる。例えば，導入や展開の一部で，車椅子に乗る体験をしたり，目隠しをして歩いたりすることで身体の不自由さを体験的に理解することもできる。

　さらに，礼儀作法やマナーに関する学習は，動作や所作を具体的に理解した上で，それを体験的に学習することも有効である。特に，伝統的な礼儀作法やマナーについては，基本的な知識や技法を理解した上で，実際の様々な場面を想定して，シミュレーション型の体験的な学習を自分でも行ってみることで習得できる。

　ただし，道徳科の授業に体験的な学習を取り入れる際には，単に活動を行って終わるのではなく，子どもが体験を通じて学んだことを振り返り，その意義について考えることが大切である。体験的な学習を通して道徳的価値の理解を深め，様々な課題や問題を主体的に解決するための資質・能力の育成に資するように十分に留意する必要がある。

　こうした問題解決的な学習や体験的な学習は，子ども一人ひとりのその後の学習や生活において生かされ，総合的に働くようになる。こうした学習活動を経て，子ども自身がものの見方や考え方を確立できるように支援することが大切になる。

6 特別活動等の体験活動との関連づけ

　道徳教育の実効性を高めるためには，道徳科の授業で学ぶことを実際の日常生活と関連づけることが大切である。特に，特別活動等の体験活動を道徳的実践として省察する経験が貴重になる。この場合，道徳授業の前に体験した活動を振り返る方法と，授業後に体験活動を行う方法がある。

　前者の方法は，道徳授業の前に特別活動をはじめ，総合的な学習の時間，各教科等において多様な実践活動や体験活動を行っておき，道徳授業の中でそうした活動に含まれる道徳的価値の意義を深く実感するものである。事前に子どもの実態把握をする上でも体験活動と関連づけることは大切である。

　例えば，集団宿泊活動，自然体験活動，運動会・体育祭，修学旅行，職場体験活動，奉仕体験活動などの豊かな体験を道徳的実践として事前に行っておくことができる。そして，子ども一人ひとりが学校や学級の一員として活動した経験をもとに，自分の役割と責任について自覚を深めた体験を道徳授業の導入や展開部で振り返るのである。また，朝夕の登下校や給食時，掃除，休み時間等の出来事，あるいは家庭や地域社会での出来事などを取り上げ，道徳的価値と関連づけて授業中に省察することも有意義である。

　後者の方法は，道徳授業で育成した道徳性（道徳的な判断力，心情，実践意欲，態度）を実際の日常生活に活用するものである。この点は，これまで学習指導要領の解説書でもあまり重視されてきていない。しかし，道徳の授業中にどれほど道徳的価値を深めても，その後の実践や習慣に結び付かなければ，実効性が高まらない。道徳授業をした後にそこで習得した道徳的価値（観）に基づいて道徳的行為を経験することこそが，本物の道徳性を養い，人格の形成によりよい影響を及ぼすのである。

　例えば，道徳科の授業で公共の精神を高めた後に，特別活動等で地域の清掃活動やボランティア活動を道徳的実践として行うことができる。また，道徳科の授業で思いやりの心を養った後に，幼児や高齢者のいる施設を訪問して実際に交流を図ることもできる。体験活動を義務や強制で行うのではなく，自発的で意識的な道徳的行為として行うことが大切になる。

　このように道徳授業と体験活動を関連づける場合は，子どもの発達段階を考慮しながら年間指導計画を立て，道徳的実践の場を有効活用できるように留意する必要がある。

7 複数の内容項目と関連づけた指導

　従来の道徳授業は，ねらいとする内容項目に拘束されて，一単位時間につき一つの内容項目に限定することが多かった。そのために，単一の道徳的価値に拘束された資料が作り出され，教師が授業の終末でねらいとする道徳的価値に強引に結び付けるような展開も少なからずあった。例えば，先人や偉人の物語を取り上げる際も，「不撓不屈」や「人類愛」という一つの道徳的価値に限定してしまい，その人物的な魅力や偉大さ，波乱万丈な生涯を捉え損なうことにもなったのである。

　また，従来の道徳授業では一つの内容項目に限定されるため，文学作品やモラル・ジレンマの

ように複数の道徳的価値が錯綜する資料を扱うことが困難であった。例えば、「正義」を重視した価値観と「思いやり」を重視した価値観が矛盾したり対立したりする資料があったとする。そこで、教師が単に「正義」に関連した内容項目をねらいに設定して、「正義」だけを重視した授業展開をし、「思いやり」の方を切り捨てたとすれば、教師の価値観を押し付けるような授業となるだろう。そこで、道徳科では複数の内容項目を関連付けた指導を行うことや、一つの内容項目を複数の時間で扱うような指導を行うことも推奨されるようになった。子どもの発達段階が上がるにつれて、それぞれの問題状況に柔軟に対応して、多様な道徳的価値観を自由に交流させ、相互に尊重し合うような授業展開も必要となるのである。

5 道徳科の評価方法

1 評価の導入

　道徳科が正規の教科として行われる以上は、適切な評価を導入することが求められる。その際の評価は、子どもの学習状況や道徳性に係る成長の様子を継続的に把握することが求められる。できるだけ子ども一人ひとりのよさを認め、道徳性に係る成長を促すようなものにする必要がある。そして、子ども一人ひとりが自らの現状や目標を見据え、道徳を学習する重要性を認め、学習意欲を高め、今後の生活習慣や行為をよりよくするような評価とすべきである。こうした評価は、子どもがいかに成長したかを積極的に受けとめ、努力を認めたり、励ましたりする個人内評価とすべきであり、ほかの子どもと比較するような相対評価は適切ではない。

　次に、道徳授業を改善するためにも評価は有効活用すべきである。担任の教師が作成した道徳授業の目標や計画がどのような成果をもたらしたか、指導内容や方法がどれほど有効に機能したか、今後どこをどのように改善すべきかを知るためにも、評価は大事になる。

　ただし、新しい学習指導要領でも、評価は子どもの人格にかかわるものであるため、「数値などによる評価」は、今後も行わない。ここの内容や項目ごとの細かい評価ではなく、大くくりなまとまりを踏まえた評価を行うことになる。

2 多様な評価方法

　子どもの道徳性に関して多様な評価を行うためには、従来から重視されてきたように、児童生徒の作文やノート、質問紙、発言や行動の観察、面接など様々な方法で資料等を収集することが、まず大事になる。その上で、上述したように効果的な指導方法として「問題解決的な学習」や「体験的な学習」を取り入れ、各教科のように観点別に多面的に評価することが有効になる。

　こうした多様で効果的な道徳授業を評価するためには、子どもの「思考、判断、表現」などを評価するパフォーマンス評価が推奨される。また、子どもが道徳のワークシートなどに学習の過程や成果などを記録していくポートフォリオ評価も子どもの道徳的な成長の軌跡を認める上で有効である。さらに、道徳の学習に関する「意欲・関心・態度」などでは、子ども自身の自己評価

を尊重する必要がある。

　もちろん，子どもの道徳性は，一人ひとり様々に変容し成長するものであり，時・場所・状況などに応じて変化するものである。そのため，子どもの道徳性の評価については，多面的，継続的に把握し，総合的に評価していく必要がある。子どもの道徳的な成長については中長期的に見守り，努力の積み重ねを認め励まし，さらに意欲的に取り組めるような評価にするとともに，その課題を一つひとつ明確にして，今後の指導の充実を図ることが求められる。

　ただし，この種の評価が導入されると，模範例文を切り貼りしたような記述式評価が横行することになるだろう。そうした一般的な例文は無難な表現ではあるが，個別の子どもの姿とは乖離してしまう傾向にある。できるだけ子どもたちの成長や努力する過程を見届け，担任教師の言葉で個別に具体的な記述をすることが求められる。

③　道徳教育と「行動の記録」

　また，学校の教育活動全体を通じて行う道徳教育についても別に評価を行う必要がある。道徳教育の成果として行動面に表れたものを評価することについては，現行の指導要録の「行動の記録」を改善し活用することもできる。

　現行の「行動の記録」の評価項目は，「基本的な生活習慣」，「健康・体力の向上」，「自主・自律」，「責任感」，「創意工夫」，「思いやり・協力」，「生命尊重・自然愛護」，「勤労・奉仕」，「公正・公平」，「公共心・公徳心」などの約10項目がある。こうした「行動の記録」は，道徳的価値を並べたものであるが，これまで道徳教育は数値など（○や△印を含む）で評価できないため，特別活動や生徒指導等における行動の記録として評価されてきた。しかし，これからは道徳教育でも子どもの行為や習慣について責任ある指導をする以上，それを道徳教育と関連づけて評価することが求められる。今後，指導要録において道徳科を評価する欄と道徳教育全体を評価する「行動の記録」とを結び付け，総合的に子どもの成長を見取る評価が大事になる。

　さらに，道徳教育の評価は，学校教育全体の評価と関連づける必要がある。そのためには，教師だけでなく，子ども同士，保護者，地域の人々が教育活動の様々な場面や実績を総合的に評価すべきである。各種の学校評価の項目に道徳教育の取り組みを入れて，定期的に教育実践の成果を振り返り，その改善を図ることが求められる。

6　今後の課題と展望

　以上のように，道徳科が特別な教科として教育課程上に位置づけられることで，道徳教育は大幅に改革されることになる。その際，道徳教育と道徳授業がともに「道徳性の育成」を目指すことの意義を理解し，子どもの生活経験や現代的な課題にも対応できる指導内容とし，多様で効果的な指導方法として導入された「問題解決的な学習」や「体験的な学習」を有効に活用し，そして目標に準拠した評価を行うことがポイントになる。

第13章 新たな道徳教育

> ### Column
> ### 「読む道徳」から「考え議論する道徳」へ
>
> 　道徳教育の抜本的改善・充実を目指し，文部科学省では道徳教育の指導方法を「読む道徳」から「考え議論する道徳」へと質的に転換することを公示した。
>
> 　昔から「道徳の時間」と言えば，読み物資料を読んで，教師が子どもに「この時，主人公はどんな気持ちだったでしょう」「どうしてそうしたのでしょう」などと心情を問いかける展開が定番だった。子どもたちは，望ましいと思われる分かりきったことをただ言わされたり書かされたりするだけであった。こうした道徳授業は「マンネリ化している」「退屈で面白くない」「実効性がない」と批判されてきた。
>
> 　そこで，道徳が「特別の教科」となることを契機に，子どもたちが道徳的問題について多面的・多角的に考え，みんなで議論するような授業に転換することになった。例えば，読み物資料を読んだ場合でも，「主人公はどうしたらよいか」「自分ならどうするだろうか」「人間としてどう生きるべきか」などと問いかけることで，子どもたちは様々な解決策を考え，話し合うようになる。
>
> 　従来の道徳授業では，価値観の葛藤を語り合ったり，道徳的行為や習慣について指導をしたりしてはいけないという風潮が強かった。しかし，道徳科では，こうした「問題解決的な学習」や「体験的な学習」を活かした道徳授業が柔軟に展開できるようになったのである。
>
> 　特に，いじめ問題をはじめ，情報モラル・生命倫理・環境倫理など今日的課題については，簡単に答えの出せないものが多い。そうした多様で複雑な問題に，子どもたちが主体的に取り組み，協働的に解決する学習を通して，よりよく生きていくための資質・能力を養うことが目指されるようになった。
>
> 　今後，道徳授業をこうしたアクティブ・ラーニング型の学習に切り替えるためには，まず教師自身が古い発想から抜け出し，効果的な指導方法を積極的に習得し，活発に実践することが期待される。

　こうした新しい道徳教育の課題は，いかに目標，指導，評価を一体化して，有効に機能させることができるかである。また，新しい道徳科を各教科，特別活動，総合学習等の特性に応じて関連づけ，学校の教育活動全体を通じて計画的・系統的に指導することも課題となる。

　こうした道徳教育の改革を成功させるためには，教師自身の意識改革が最も大切になる。そのためには，校長を中心に，道徳教育推進教師が率先して道徳教育の充実に図り，教師全員の協力体制を築く必要がある。それとともに，文部科学省と教育委員会と大学が連携して，新しい道徳科の授業に対応する教員養成課程や教員研修をしっかり確立し，教師の指導力向上に努めることが求められる。

引用参考文献
文部科学省『小学校学習指導要領解説　特別の教科　道徳編』2015年7月。
文部科学省『中学校学修指導要領解説　特別の教科　道徳編』2015年7月。

> 設　問
> 1．道徳の時間が「特別の教科」となることで指導方法はどのように改善されるか。
> 2．道徳教育における重点項目は何か。
> 3．道徳教育における評価はどのようにすべきか。

> 推薦図書

- 柳沼良太『実効性のある道徳教育――日米比較から見えてくるもの』教育出版，2015年

「特別の教科 道徳」をめぐって行われた議論を基にして，日米の道徳教育を比較考察しながら，わが国の道徳教育のあり方を根本的に探究した書。

- 柳沼良太『「生きる力」を育む道徳教育――デューイ教育思想の継承と発展』慶應義塾大学出版会，2012年

「生きる力」を育む道徳教育とはどのようなものか。ジョン・デューイの教育思想と関連づけて道徳教育の理論と実践を解明した書。

(柳沼良太)

第14章 小学校における英語教育

　2020年度に向けて公立小学校での英語の授業が大きく変わろうとしている。本章では，はじめに小学校における外国語教育の意義について論じる。次に公立小学校へ外国語活動がどのような経緯で導入されたのかを確認し，その成果をみていく。外国語活動の成果・課題を考えることで教科化への流れが理解できると思われる。最後に実践を紹介しながら公立小学校における目指すべき英語教育について考えていきたい。

1　小学校における外国語教育の意義

　小学校段階における外国語教育については様々な意見があるが，世界的にどのような議論がなされてきたのかをみた後，日本でどのように考えられているのかをみていきたい。

1　世界における早期外国語教育の意義についての議論

　前世紀においても早期外国語教育は一つの重要な教育課題であり，1962年にハンブルグで行われたユネスコの研究会で審議された。当時すでに世界的に外国語教育を推進する気運は高まっており，「早期外国語教育は，ぜいたくな教育などでなく，教育上の選択の問題でもない。国によっては緊急な教育課題であり，ある条件下では，全ての国・地域で早期外国語教育の必要性が生ずる可能性がある」との認識を示した（Stern, 1967, vii）。当会議の報告書や同様の研究から早期外国語教育の利点を次のように考えることができる。

①教育的な見地から

　国家の枠を超えて，異文化の中で生きていく可能性が高い現代社会において，教育課程に外国語教育を配置することは，教育の観点からみても大変重要である。外国語学習はエリートの子どもたちだけでなくすべての子どもたちに与えられるべき教育経験である。

②社会的な見地から

　多文化・多言語社会においては互いの言語を理解することで他集団への理解，共感を育てることができる。また，単一言語集団の中では外国人に対する思いが嫌悪感につながることもあるため，外国語を学習することで他言語を話す人々に対して偏見をもつことなく，彼らへの理解を深めることができる。

③認知発達の見地から

外国語学習において，子どもはことばを分析しないで全体的に把握していく力をもつ。また言語を模倣していく力に富み，間違えることを恐れない。これらの特質は外国語を学習する上できわめて有利に働く。

④神経学言語的な見地から

Lenneberg（1967）が説いた臨界期仮説によると思春期をこえると自然な言語習得が難しくなるとされている。第一言語習得に関するこの仮説を第二言語習得にも応用し，思春期以前に外国語を導入すべきであるとする意見も多く，脳の柔軟性が高い子どものほうが外国語学習には向いていると考える人が多い。

以上のような考え方は早期外国語教育を推進する現代の人々の意見にも反映している。その後ヨーロッパや北米では導入に最適な時期を探る研究が行われ，特に学校教育における外国語教育の効果を検証する研究が行われた。その中でも小学校における早期外国語教育に歯止めをかけたのが，イギリスで行われた研究である。英国・ウェールズにおいて8歳からフランス語を学んだ子どもたちと，11歳から学んだ子どもたちのフランス語能力が比較された。その結果，8歳から始めたグループは僅かにリスニングの力が優れていただけで，早期外国語教育の効果は少ないと報告された（Burstall, 1975）。同様にスペインでも8歳から英語の学習を始めたグループと11歳から始めたグループを継続的に比較した結果，8歳で学習を始めたからといって効果があったわけではないと報告された（Munoz, 2006）。このように学校の授業を通して外国語を学習する場合，決して早ければ早いほどいいというわけではないようである。11歳児といえば小学校5年生にあたるが，日本では教科としての英語の導入を3年生ではなく，5年生から行う予定である。これらの研究からみると妥当な判断であるのかもしれない。

② 日本における小学校英語教育の意義についての議論

早期外国語教育の推進は学術的な検証の結果からというよりも，国の言語状況を反映し，政治的判断によることが多い。日本の英語教育についても同様のことが言えるのではないだろうか。そこで，文部科学省の小学校英語教育についての見解を少しみていきたい。

▶社会や経済のグローバル化が急速に進展し，異なる文化の共存や持続可能な発展に向けて国際協力が求められるとともに，人材育成を充実することが重要な課題の1つとなっている（文部科学省，2008，5頁）。

▶様々な分野で英語力が求められる時代になっており，英語力の有無が企業の採用や昇進など将来に大きな影響を与えているという事態も指摘されている。また，グローバル化に伴い，異なる文化・文明との共存や国際協力の必要性も増大している。（中略）<u>英語をはじめとした外国語は，グローバル社会を生きる我が国の子どもたちの可能性を大きく広げる重要なツールであるとともに，日本の国際競争力を高めていく上での重要な要素となっている</u>（下

線筆者）（文部科学省，2011）。

　これらの記述から明らかなように，英語教育改革の目的は国際的な競争と共存に対処するために国際共通語としての英語を使える人材を育成することにある。そのため現行学習指導要領において初めて小中高を通じて「英語によるコミュニケーション能力の育成」に取り組むことが明示され，目標には「言語や文化に対する理解を深める」と「積極的にコミュニケーションを図ろうとする態度を育成する」という文言が，共通して含まれている。今回審議されている小学校英語の教科化についても，国家戦略の一つとして政治的な判断によるものと考えられる。国際共通言語としての英語を使いこなす力を獲得するためには現在の英語の摂取量では全く足りず，少しでも授業年数，授業量を増やすことが必要である。この判断に，コラムで述べる他国の早期英語教育の実情が影響していることは明々白々である。

2　外国語活動が導入された経緯とその成果

　本節では，まず公立小学校における外国語活動の導入に至るまでの経緯をみていくことにする。またその後，その成果について考えてみたい。

1　公立小学校における外国語活動導入の経緯

　戦後，公立小学校において英語教育を始める可能性について議論されたのは1986年の臨時教育審議会であり，「教育改革に関する第二次答申」に英語教育の開始時期について検討すべきと提案されている。そして，1992年，研究開発学校が指定され，「国際理解教育としての英語教育」が実験的に導入された。1996年，中央教育審議会第一次答申において，総合的な学習の時間の活用等により外国語に触れる機会をつくることが適当であると報告された。2002年度には，総合的な学習の時間の中で国際理解教育の一環として外国語会話の実施が認められた。2007年度には外国語活動に取り組んでいる小学校は全体の97％になったが，これらの学校での平均指導時間数は10〜15時間程度であった（文部科学省，2008）。一方，文部科学省の指定による研究開発学校，また内閣府管轄の「構造改革特別区」においては，通常の学校と異なる独自の英語教育が展開され，英語を「教科」として教えるところもあった。年間指導時間数に関しても35時間から72時間と幅があり，英語の指導に関しては各地域，また各小学校でのばらつきが著しくなった。

　中央教育審議会の下部組織である外国語専門部会では，そのような状況に対し，これ以上英会話活動の取り組みのばらつきを放置することはできないと判断し，2006年3月に全国の小学校高学年に週1回程度の英語活動の時間を確保することを提案した。文部科学省は2007年8月に学習指導要領改訂の基本的な考え方と小学校の教育課程の枠組みの素案を示したが，基本方針を「ゆとりの教育」から「確かな学力の向上」に転換し，30年ぶりに小学校の授業時間を増やし，主要教科の授業時間を約1割増やすこととした。英語活動に関する決定は外国語専門部会からの報告

データ14-1 「あなたは英語が使えるようになりたいですか」に対する回答結果

- そう思う 71.3%
- どちらかといえばそう思う 20.2%
- どちらかといえばそう思わない 4.9%
- そう思わない 3.2%
- 無回答 0.5%

（出所） 文部科学省（2012c）。

データ14-2 理科，算数，国語の「授業が大切」・「役に立つ」について（％）

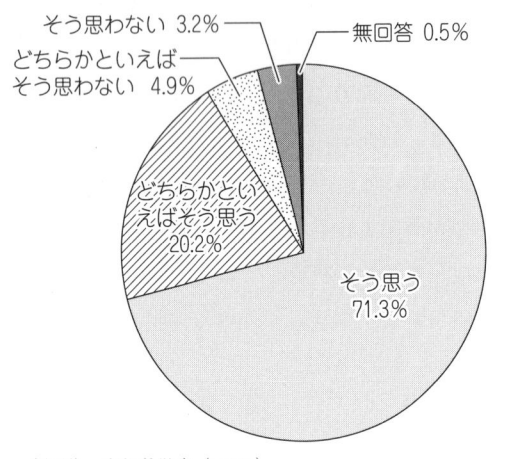

		国語	算数	理科
授業は大切だと思う	大　切	66.4	37.1	57.7
	まあ大切	26.3	28.0	28.7
	合　計	92.7	65.1	86.4
将来，社会に出たときに役立つと思う	役立つ	55.7	68.5	43.0
	まあ役立つ	33.2	21.9	30.4
	合　計	88.9	90.4	73.4

（出所） 文部科学省（2012d）。

に沿う形で，5，6年生を対象に週1回の「外国語活動」という必修科目を新設した。

2　外国語活動とその成果について

　外国語活動の導入にあたり，文部科学省は小学校で使う主要教材として『英語ノート』（文部科学省，2009）という副読本に当たるものを作成し，全国の5，6年生に配布した。これはCDつきのワークブック形式のものであったが，2010年には全国99.4％の小学校に対して配布された。2012年からは『英語ノート』にかわり『Hi, Friends!』（2012年）が使用されている。外国語活動の目標は「外国語を通じて，言語や文化について体験的に理解を深め，積極的にコミュニケーションを図ろうとする態度の育成を図り，外国語の音声や基本的な表現に慣れ親しませながら，コミュニケーション能力の素地を養う」であり，異なる文化や言葉に対して興味や関心をもち，英語でコミュニケーションをとりたいという気持ちを育てることが主たる目的である。

　次に外国語活動の成果について，文部科学省が2012年2～3月に行った「小学校外国語活動実施状況調査」の結果から考えてみたい。これには，(a)小学校第5，6学年の児童約2万人，(b)管理職3000人，(c)学級担任もしくは外国語活動を専門的に担当する教員3400人を対象に実施した小学校部門調査と2012年10～12月，(a)中学校1年生約1万4000人と，(b)管理職3000人，および(c)中学校の英語教員3000人に対して実施した中学校部門調査が含まれる。ここでは2014年4月に行われた英語教育のあり方に関する有識者会議（第3回）に提出された「外国語活動の現状・成果・課題」（資料3-2）のデータを引用している。

　①小学生の外国語活動に関する全体的な感想

　データ14-1は，児童に英語に対する期待について尋ねた，「あなたは，英語が使えるようにな

データ14-3 「あなたは英語の授業が好きですか」に対する回答結果

- 好き 37.8%
- どちらかといえば好き 33.9%
- どちらともいえない 19.6%
- どちらかというと嫌い 5.2%
- 嫌い 3.4%
- 無回答 0.1%

（出所）文部科学省（2012c）。

データ14-4 理科、算数、国語の「授業が好き」について

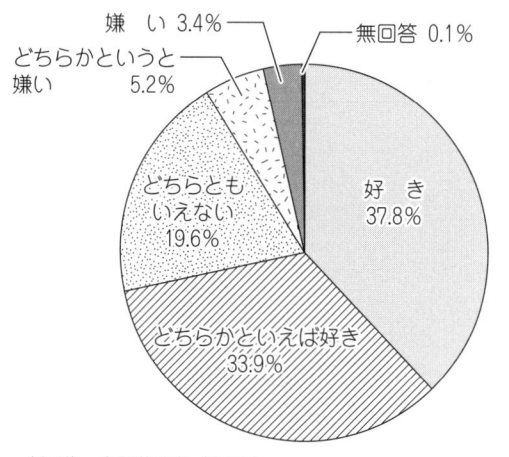

	国 語	算 数	理 科
好 き	25.6%	37.1%	51.6%
まあ好き	37.7%	28.0%	29.9%
合 計	63.3%	65.1%	81.5%

（出所）文部科学省（2012d）。

りたいですか」という項目への回答結果である。回答は，「そう思う」（71.3%），「どちらかといえばそう思う」（20.2%），「どうちらかといえばそう思わない」（4.9%），「そう思わない」（3.2%），「無回答」（0.5%）であった。英語を使うことに対しては「どちらかといえばそう思う」までを含めると91.5%の児童が使えるようになりたいと思っている。これはグローバル化が進む世の中で子どもたちも漠然と自分の将来において「英語を使うことは意味のあることだ」と感じていることを示している。

この結果を2012年4月17日に実施された「平成24年度全国学力・学習状況調査（概要）」（文部科学省，2012）の主体的に学習に取り組む意欲・態度に関連した質問項目の結果と比較してみた（データ14-2）。国語の授業を大切だと思い，将来にも役にたつと考えている児童が9割近くいる。一方，算数では授業が大切だと思う児童は65%程度であるが，将来役に立つと9割の児童が考えている。英語は教科として導入されているわけではなく，学校での評価も記述式となっているので単純に比較はできないが，これらの教科と比較しても，多くの児童が将来にわたって英語が自分にとって重要な言語になると認識していることが分かる。

データ14-3は，「あなたは，英語の授業が好きですか」という質問への回答であるが，「好き」（37.8%），「どちらかといえば好き」（33.9%），「どちらともいえない」（19.6%），「どちらかというと嫌い」（5.2%），「嫌い」（3.4%），「無回答」（0.1%）であった。英語の授業に対しては「どちらかといえば好き」まで含めると約72%の児童が授業を肯定的に捉えていることが分かる。

データ14-4にあるように国語，算数，理科への反応と比べると，国語，算数よりも外国語活動を肯定的にみている児童が多いが，これは前述したように外国語活動では体系的な言語学習を目標としておらず，その評価もされていないことへの反応かもしれない。これらの教科と比べ，

データ14-5　「英語で簡単な会話をすること」に対する回答結果

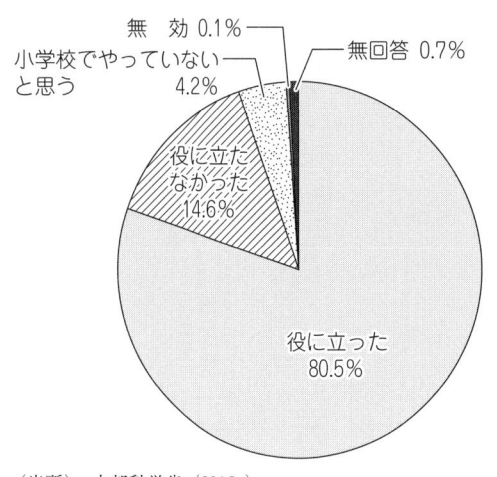

無　効 0.1%
無回答 0.7%
小学校でやっていないと思う 4.2%
役に立たなかった 14.6%
役に立った 80.5%

（出所）　文部科学省（2012c）。

データ14-6　「英語の発音を練習すること」に対する回答結果

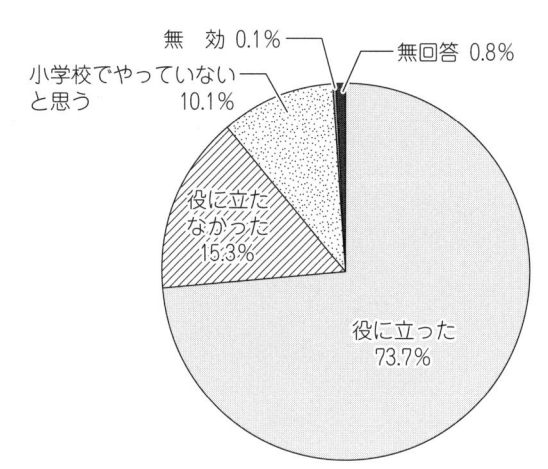

無　効 0.1%
無回答 0.8%
小学校でやっていないと思う 10.1%
役に立たなかった 15.3%
役に立った 73.7%

（出所）　文部科学省（2012d）。

理科では8割以上の児童が「好き」・「まあ好き」と答えており，肯定的に評価していることが分かる。

　②中学に進学した生徒がもつ小学校で受けた外国語活動に対する思い

　次に中学校に進学した生徒が小学校での外国語活動についてどのように考えているのかについてみていきたい。調査では「小学校の英語の授業で学んだことの中で，中学校の英語の授業で役に立ったことがあるか」という質問の中で，具体的に会話と発音について質問している。

　「英語で簡単な会話をすること」について，生徒は「役に立った」（80.5%），「役に立たなかった」（14.6%），「小学校でやっていないと思う」（4.2%），「無回答」（0.7%），「無効」（0.1%）と回答している（データ14-5）。外国語活動の目標及び教材から考えて，会話が中心になっていると思われるが20%弱の生徒が「役に立っていない」または「やっていない」と回答していることになる。「英語の発音を練習すること」については，「役に立った」（73.7%），「役に立たなかった」（15.3%），「小学校でやっていないと思う」（10.1%），「無効」（0.1%），「無回答」（0.8%）と回答している（データ14-6）。つまり7割強の児童が授業を通して英語の発音を学習したと考えている。しかし先ほどの会話への反応同様，「役に立たなかった」もしくは「小学校でやっていない」と思う児童が全体の25%以上いる。このように答えた生徒たちは，小学校でやってきたことを中学校で生かすストラテジーをもたないのか，または外国語活動でやった程度の会話練習では中学校での会話及び発音学習には役立たないと判断したのか，これらに関しさらなる調査が必要である。

　以上のように中学生の多くが外国語活動で行ったことが役立っていると考えている。一方，アンケートでは，「アルファベットを読む」「アルファベットを書く」「英語を聞く」「英語で意見を

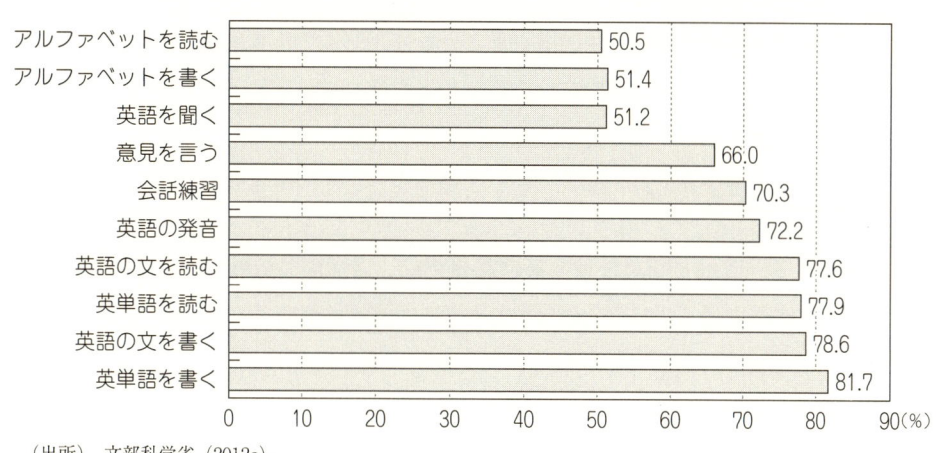

データ14-7　小学校の英語の授業でもっと学習しておきたかったこと

項目	%
アルファベットを読む	50.5
アルファベットを書く	51.4
英語を聞く	51.2
意見を言う	66.0
会話練習	70.3
英語の発音	72.2
英語の文を読む	77.6
英単語を読む	77.9
英語の文を書く	78.6
英単語を書く	81.7

（出所）文部科学省（2012c）。

言う」「英会話の練習をする」「英語の発音練習をする」「英語の文を読む」「英単語を読む」「英語の文を書く」「英単語を書く」という項目について「小学校でもっと学習しておきたかったか」と問い，生徒は「そう思う」と「そう思わない」の２択で答えている。**データ14-7**では「そう思う」と答えた割合をグラフで表している。

「英単語を書く」（81.7％），「英語の文を書く」（78.6％）が高い数値を示し，これらは外国語活動の時間に最もやってほしかったと彼らが思う活動である。このアンケートは２学期の後半に実施されているが，そのころは「現在進行形」や「三人称単数現在」など学習内容も難しくなり英語を苦手だと思う児童が増えるころである。生徒はリタラシーの比重が大きい授業を経験し，書けなければ点数につながらない現実を体験していると思われる。

③　小学校高学年に対する外国語科の教科化

文部科学省は2013年「グローバル化に対応した英語教育改革実施計画」を発表し，「初等中等教育段階からグローバル化に対応した教育環境づくりを進めるため，小学校における英語教育拡充の強化，中・高等学校における英語教育の高度化など，小・中・高等学校を通じた英語教育全体の抜本的充実を図る」とする基本方針を打ち出した。具体的には公立小学校では小学校中学年より活動型のクラスを週１～２回程度設け，コミュニケーション能力の素地を養い，小学校高学年では専科教員を積極的に配置しながら教科型のクラスを週２～３回程度設ける予定にしている。

改革実施計画を発表した後，文部科学省は英語教育のあり方に関する有識者会議を開き，具体的な検討を重ね，2014度「今後の英語教育の改善・充実方策について報告——グローバル化に対応した英語教育改革の五つの提言」を発表した。それによると小学校英語教育については「中学年から外国語活動を開始し，音声に慣れ親しませながら，コミュニケーション能力の素地を養う」，そして教科となる「高学年では身近なことについて基本的な表現によって「聞く」「話す」

に加え，積極的に「読む」「書く」の態度の育成を含めてコミュニケーション能力の基礎を養う」ことが目標になっている。また今までの取り組みを通して，前節でも少し触れたが，「小学校の高学年では，抽象的な思考力が高まる段階であるにもかかわらず，外国語活動の性質上，体系的な学習は行わないため，児童が学習内容に物足りなさを感じている状況がみられるとともに，前述したように中学校１年生の８割以上が「英語の単語・文を書くこと」をしておきたかったと回答していることから，中学校において音声から文字への移行が円滑に行われていない場合がみられる」と分析している。

　この提言を踏まえ，文部科学省は補助教材を作成し，研究開発学校等において2015年度から2016年度までの２年間を通じて試行的に活用しながら，効果を検証することにしている。2015年４月に発表された新教材に含まれるポイントは以下の三つである。

①アルファベット文字の認識。
②日本語と英語の音声の違いやそれぞれの特徴への気づき。
③語順の違いなど文構造への気づき。

3　教科としての小学校英語の可能性

　最後の節において，実践例を紹介しながら教科としての小学校英語のこれからについて考えてみたい。ここで紹介するのは５年間筆者が学級担任とともに授業を行いながら開発した公立小学校高学年に対する英語教育プログラムである。研究を始める前に校長及び外国語教育担当教員，そして主幹と話し合いを何度ももち，英語を他教科同様に学びの時間とし，「主体的な学び（learning-centered）の英語教育」を目指すという共通理解を形成した。授業において主体的な学びが大切にされるということは，すなわち児童（学習者）中心の授業になっているということである。このカリキュラムの特徴は次の三つである。

1　フレームワークとルーティーンを大切にしたカリキュラム

　当該英語カリキュラムの特徴に Bruner（1983）の提唱したフレームワークとルーティーンという考え方がある。カリキュラムはいくつかのフレームワーク（大枠）から構成されており，その中にルーティーン化された活動が組み込まれている。同様の活動を繰り返すことで，Scaffolding（足場）と呼ばれる最適の学習サポートを与えながら，１学期，半年，または１年という長いスパンで児童の英語の発達を促していく。子どもたちは恐れず，英語への慣れ親しみを深め，安心感と適度な緊張感を保ちながら英語に接する。ルーティーン活動の否定的な側面は学習者を飽きさせることであるが，それを防ぐため本カリキュラムでは活動にあわせた can-do リスト[*]を用いて，児童の理解を確認しながら授業を進めている。

　カリキュラム全体を通して二つの主要なフォーマット（枠組み）がある。一つはアルファベット学習を中心としたボトムアップ的なリタラシー能力を育成するものであり，もう一つは文脈を

大切にしたホール・ランゲージ的な指導である。この二つが「学びをおこす英語教育」の鍵となる。

 ＊ can-do リスト：能力記述文「学習した後に，言語を使って行動する主体として何ができるようになったかを記述したもの」（文部科学省の定義）。
 ＊＊ ホール・ランゲージ：全人的な教授法。学習者中心の授業。文字教育に関しては文字に囲まれた環境を与えれば音声言語を身につけたように自然に文字も習得できると考える（アレン玉井, 2010）

② 文脈を大切にした英語の授業の必要性

小学校段階で子どもたちは精神的，肉体的，知的に著しく成長し，特に中学年以降，彼らの母語発達は著しく，言葉を使って抽象的な観念を理解し，表現することができるようになる。しかしメタ認知的，またメタ言語的な能力は十分に発達しておらず，外国語学習においても，分析的なアプローチではなく，直感的・全言語的アプローチが必要であり，またより効果的である（Peck, 2001）。子どもたちは言葉を分析するのではなく，全体として，意味を想像しながら理解している。短くて簡単だから分かりやすいだろうと，1文レベルや単語レベルで教えると，脈絡がなくなり反対に言語習得を難しくする。必然性のある言語のやり取りの中に身を置き，「意味のある文脈（meaningful context）」の中でのみ，本当の言語学習は成り立つのである（内田, 1999）。

外国語学習においても同様のことが言える。最終目標が「英語を使いこなせる学習者を育てる」であるならば，文脈を大切にした英語教育は不可欠である。しかし，週1回45分の授業では豊かな文脈を教室内に展開することは難しい。紙面の関係上詳しく説明することはできないが，筆者の開発したプログラムでは物語を使い文脈をともなう英語教育を実践している（アレン玉井, 2011）。

③ リタラシー指導

中学年以降の母語における高度な言語運用能力の発達を促すのが「読み書き」能力である。言葉は学ぶための力となり，学習を進める上で必要な学習言語能力は読み書きを通してさらに発達する。

英語の場合も同様で深い学習を進めるためには読み書き能力の習得が不可欠となる。このような観点から，前述したように文部科学省も「アルファベット文字の認識」と「日本語と英語の音声の違いやそれぞれの特徴への気づき」を伸ばす教材を作成したと考えられる。大切なのは音声言語と文字言語を対立させ，切り離すのではなく，融合させることである。十分に与えた音声言語をどのようにして文字言語に転換させるのか，そのシフト方法と時期が重要となる。小学校の段階から文字と音声を総合的に扱っていく授業が必要だと考える。

著者がかかわっている当該プログラムだけではなく，リタラシー指導を導入したプログラムの有効性は「高学年で「読むこと」「書くこと」も含めて系統的に指導する教科型の外国語教育を導入することで，児童の外国語の表現力・理解力が深まり，学習意欲の向上が認められている」と文部科学省（2014）も認めるところである。

引用参考文献

アレン玉井光江『小学校英語の教育法 理論と実践』大修館，2010年。

アレン玉井光江『ストーリーと活動を中心とした小学校英語』小学館集英社プロダクション，2011年。

内田伸子『発達心理学』岩波書店，1999年。

文部科学省『「英語が使える日本人」の育成のための行動計画』2008年（http://www.mext.go.jp/b_menu/shingi/chukyo/chukyo3/004/siryo/04031601/005.pdf　2015年6月10日アクセス）。

文部科学省『小学校学習指導要領解説外国語活動編』東洋館，2008年。

文部科学省『英語ノート1』『英語ノート2』開隆堂，2009年。

文部科学省「国際共通語としての英語力向上のための5つの提言と具体的施策」2011年（http://www.mext.go.jp/b_menu/shingi/chousa/shotou/082/houkoku/1308375.htm　2016年1月1日アクセス）。

文部科学省『Hi, Friends 1』『Hi, Friends! 2』東京書籍，2012a 年。

文部科学省「平成24年度全国学力・学習状況調査（概要）」2012b 年（http://www.mext.go.jp/b_menu/shingi/chukyo/chukyo3/047/siryo/__icsFiles/afieldfile/2012/12/07/1328509_02.pdf　2015年6月9日アクセス）。

文部科学省「小学校外国語活動実施状況調査」2012c 年。

文部科学省「平成24年度全国学力・学習状況調査」2012d 年。

文部科学省「外国語活動の現状・成果・課題」2014年（http://www.mext.go.jp/b_menu/shingi/chousa/shotou/102/shiryo/__icsFiles/afieldfile/2014/05/01/1347389_01.pdf　2015年6月9日アクセス）。

文部科学省「今後の英語教育の改善・充実方策について報告――グローバル化に対応した英語教育改革の五つの提言」2014年（http://www.mext.go.jp/b_menu/shingi/chousa/shotou/102/houkoku/attach/1352464.htm　6月3日アクセス）。

Bruner, J. S., *Child's Talk: Learning to use language,* Oxford University Press, 1983.

Burstall, C., "Primary French in the Balance," *Educational Research,* 17(3), 1975, pp.193-198.

Lenneberg, E., *Biological foundation of language,* John Wiley & Sons, Inc., 1967.

Munoz, C., *Age and the rate of foreign language learning,* 2006.

Peck, S., "Developing Children's Listening and Speaking,"In Celce-Murcia, M. (Ed.) *Teaching English as a Second or Foreign Language, 3rd Edition,* Heinle & Heinle, 2001, pp.139-149.

Piaget, J., *The origins of intelligence in children,* International University Press, 1952.

Spada, N., "Teaching and learning foreign languages in schools: What's a good time to start and how much instruction is enough?" at Shaping learning together, A day with Oxford 2014 (2014. November 16th in Tokyo, Japan).

Stern, H., *Foreign languages in Primary Education,* Oxford University Press, 1967.

設問

1．本文に書かれている観点を参考に早期外国語教育の意義について考え，グループで討議しなさい。その際，日本人は最終的にどの程度の英語力を身につけることが必要なのかも考えなさい。

2．外国語活動はいかなる経緯を経て，公立小学校高学年の必修科目となったのか，またその成果についてグループで討議しなさい。他国と比べなぜ日本は教科ではなく活動にしたのかを考えなさい。

3．小学校高学年を対象に英語が教科になることについて課題と解決法をグループで討議しなさい。グループの討議の後，研修会全体でどのような意見があったのか分かちあってください。

Column

他国の小学校英語

　世界的な見地からすると，日本の早期外国語教育はかなり遅れていると言わざるをえない。早期外国語教育の利点はあるが，本文で述べたように小学校低学年からの導入についてはそれぞれの国の政治的な判断によるところが大きい。下の表のように東南アジアの多くの国々では1年生から，またヨーロッパの国々，及び東アジアの国々でも3年から始めるところが多い。この表では一応日本も5年開始としているが，他国が教科として英語の言語技能を教えているのに比べると「活動」として導入しているのは特殊である。

　世界中で幼児・児童を対象とした英語教育（Teaching English to Young Learners：TEYL）への要求が高まってきている。TEYLの共通の問題点は①適性のある教師の絶対的な不足と②小学校から中学校への連携と言われている。これらの問題を解決するためにも教師養成及び，現職教員の研修が必要であるとともに，ほかの専門教科同様に専科教員の育成及び担任教員とのチームティーチングのあり方について研究することが必要であろう。

諸外国での英語教育開始時期の比較

国　名	学年	国　名	学年	国　名	学年	国　名	学年
ブルネイ	1年	オーストリア	1年	台湾	3年	ポルトガル	5年
インドネシア	1年	ノルウェー	1年	韓国	3年	ミャンマー	5年
マレーシア	1年	フランス	2年	中国	3年	日本	5年
フィリピン	1年	フィンランド	3年	ハンガリー	4年	インド	6年
シンガポール	1年	スウェーデン	3年	チェコ	4年		
タイ	1年	デンマーク	3年	メキシコ	4年		
ドイツ	1年	スペイン	3年	イスラエル	5年		

（注）　1：学年は開始学年
　　　　2：ドイツやオーストリア等では州により開始学年が異なる。
（出所）　アレン玉井（2010）及び著者の視察訪問などからの情報より。

推薦図書

- アレン玉井光江『小学校英語の教育法──理論と実践』大修館書店，2010年

　外国語習得に関する理論に触れながら，具体的な教授法等について説明している。必修化を迎える小学校英語を展開していく上で必要な理論と実践を紹介している。

- クレア，エリザベス／大久保洋子・大谷加代子・磯部修一編訳『クレア先生のやさしい英語教室活動集77』ピアソン・エデュケーション，2000年

　原書である Claire, E., *ESL teacher's activities kit*, Paramus, NJ: Prentice Hall, 1998ら日本の児童に有効な教室活動例として77活動が厳選されている。CD付。

- 文部科学省『小学校外国語活動　研修ガイドブック』旺文社，2009年

　これは外国語活動導入に合わせて文部科学省が制作した教員研修用のガイドブックであるが，外国語活動の基本理念の解説から教材の作成方法などの実践的な内容が含まれている。

（アレン玉井光江）

第15章　国際理解及び異文化理解教育

本章では，日本とは異なる文化の下で育った「外国にルーツのある子ども」を事例にして，日常の教育活動や学級経営の中で，国際理解や異文化理解教育を行う時の方法や留意点についての理解を目指す。日常生活の中にある日本と外国の文化の違いを知る機会を活かして，知識偏重ではなく態度形成につながる異文化理解教育のあり方を考える。

1　「外国にルーツのある子ども」の増加

1980年代に臨時教育審議会での議論を契機に，日本の「教育の国際化」の必要性が叫ばれるようになったが，当時の「外なる国際化」論が目指したものとは異なり，昨今では，国際化は実に身近なところで起こっている。それは，「外国にルーツのある子ども」の増加である。かれらは日本語を母語としなかったり，日本とは異なる文化の下で育ったりしていて，「日本人」とは違う何かを強烈に感じさせる存在として，学校現場に登場してきた。日本の公立学校でかれらの増加が目立ち始めたのは1990年代に入ってからであり，主に，首都圏や東海地方でそれが顕著であった。それから20年以上が経ち，現在では日本全国の公立学校に，外国にルーツのある子どもは在籍している。本章を始めるにあたり，まず，「外国にルーツのある子ども」とはどのような子どもを指すのか，そして，かれらの在籍状況はどのようになっているのかについて概観しておこう。

① 「外国にルーツのある子ども」とはだれか

「外国にルーツのある子ども」とは，次の三つの場合の子どもを指す用語である。

ア）「外国人」（外国籍者）の子どものみを指す場合。

イ）両親のいずれかが日本国籍である国際結婚家庭に生まれ，子ども本人が日本国籍をもつ場合。

ウ）国籍変更手続きを経て日本国籍を取得しているが，かつては両親（のいずれか）や子ども本人が外国籍であった場合。

文部科学省の「学校基本調査」では，ア）の外国籍の児童生徒数を集計している（データ15-1）。ここには，国籍上は「日本人」であるイ）やウ）の子どもは含まれない。一方で，文部

データ15-1　公立学校に在籍する外国人児童生徒数の推移

（単位：人）

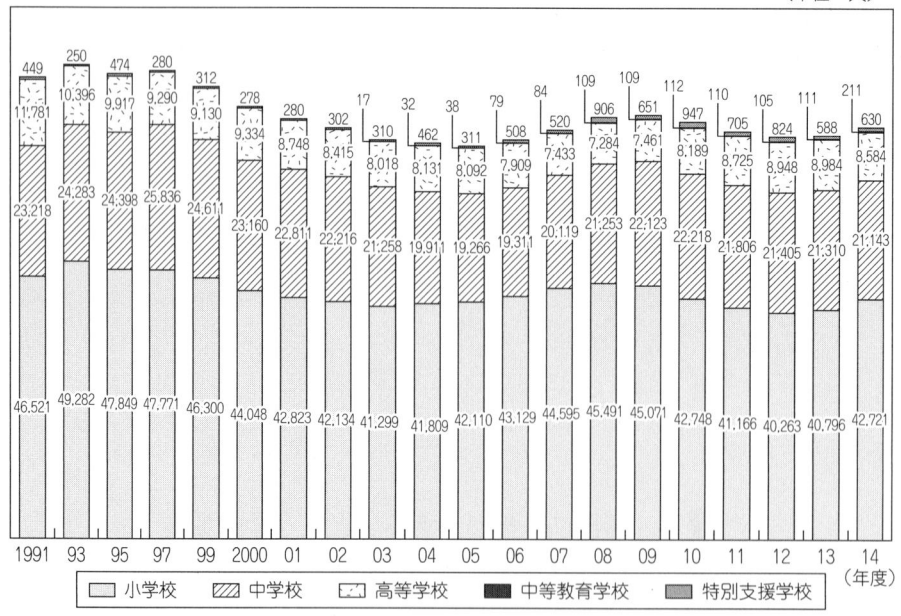

（出所）文部科学省「学校基本調査」（各年度版）より筆者作成。

科学省が行う別の調査では，ア）に加えて，イ）やウ）の児童生徒数も集計している。それは，「日本語指導が必要な児童生徒の受入状況等に関する調査」（**データ15-2**，**データ15-3**）である。データ15-1とデータ15-2を見比べてみると，数に差があることが分かるだろう。これは，データ15-1が，「外国籍」児童生徒すべての数を示しており，日本語指導の必要がない在日韓国朝鮮人や在日中国人を含んでいるのに対し，データ15-2は，「外国籍」で「日本語指導が必要だ」と判断された児童生徒のみの数を示しているからである。また，データ15-3は，「日本国籍」で「日本語指導が必要だ」と判断された児童生徒の数となっている。日本国籍でなぜ日本語指導が必要になるのかと疑問に思うかもしれない。これは，イ）やウ）の子どもの中に，国籍は日本でも，家庭内の言語的・文化的環境が日本語・日本文化一色ではないために，日本語の習得が十分でない子どもがいるからである。

　かつては，「外国人児童生徒」という用語によって，主に国籍を基準として，日本語・日本文化を身につけた者とそうでない者を区別してきたが，現在では，国籍だけでは区別できない言語的・文化的背景に多様性をもった子どもが増加している。また，外国籍の子どもが急増し始めた1990年代初めごろは，かれらは保護者に連れられて（あるいは後から呼び寄せられて）母国から日本にやってくるという「母国生まれ母国育ち」が多かった。しかし最近では，保護者の長期滞在化に伴い，「日本生まれ日本育ち」の子どもが増加している。外国籍の子どもであっても，日本語に支障のない者もいれば，母語が何語になるのか判然としない者もいる。子どもの生活環境によって，日本語・日本文化の習得状況，そして母語・母文化の習得状況には相当な差が生じている。

第15章 国際理解及び異文化理解教育

> データ15-2　公立学校に在籍する日本語指導が必要な外国人児童生徒数の推移

(単位：人)

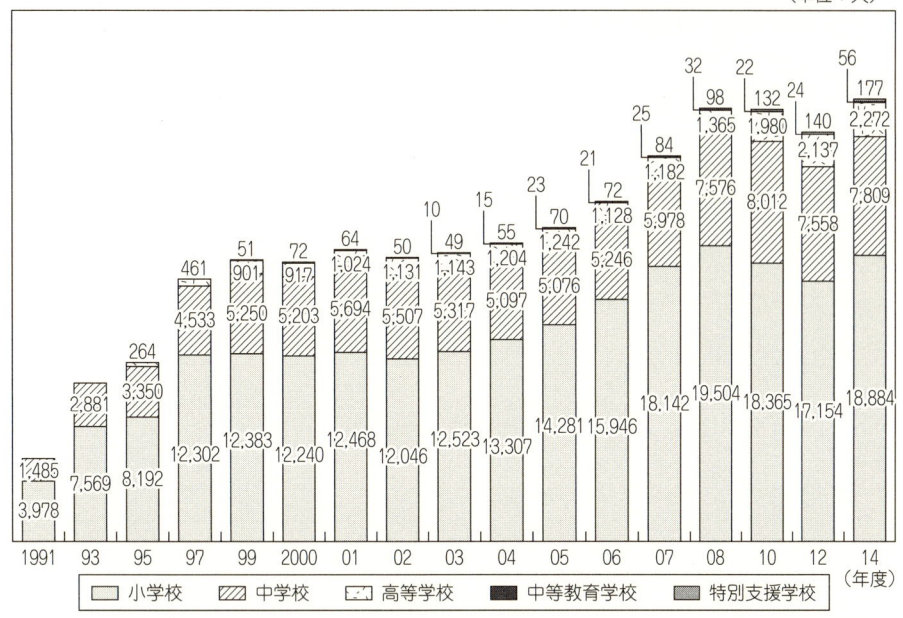

小学校 / 中学校 / 高等学校 / 中等教育学校 / 特別支援学校

年度	小学校	中学校	高等学校	中等教育学校
1991	3,978	1,485		
93	7,569	2,881		
95	8,192	3,350	264	
97	12,302	4,533	461	
99	12,383	5,250	901	51
2000	12,240	5,203	917	72
01	12,468	5,694	1,024	64
02	12,046	5,507	1,131	50
03	12,523	5,317	1,143	49, 10
04	13,307	5,097	1,204	55, 15
05	14,281	5,076	1,242	70, 23
06	15,946	5,246	1,128	72, 21
07	18,142	5,978	1,182	84, 25
08	19,504	7,576	1,365	98, 32
10	18,365	8,012	1,980	132, 22
12	17,154	7,558	2,137	140, 24
14	18,884	7,809	2,272	177, 56

(出所) 文部科学省「日本語指導が必要な児童生徒の受入状況等に関する調査」(各年度) より筆者作成。

> データ15-3　公立学校に在籍する日本語指導が必要な日本国籍の児童生徒数の推移

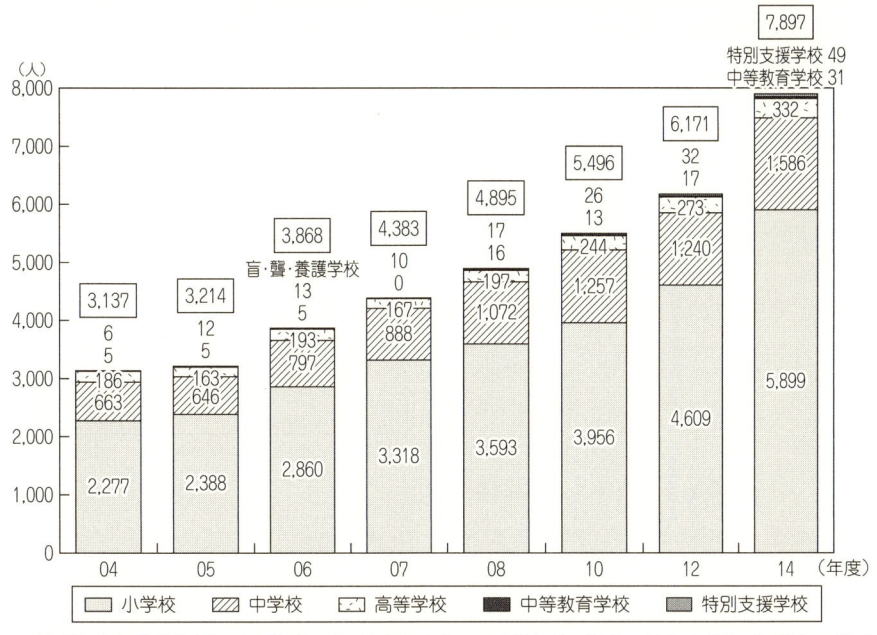

(人)

小学校 / 中学校 / 高等学校 / 中等教育学校 / 特別支援学校

年度	小学校	中学校	高等学校	盲・聾・養護学校	合計
04	2,277	663	186	6, 5	3,137
05	2,388	646	163	12, 5	3,214
06	2,860	797	193	13, 5	3,868
07	3,318	888	167	10, 0	4,383
08	3,593	1,072	197	17, 16	4,895
10	3,956	1,257	1,244	26, 13	5,496
12	4,609	1,240	273	32, 17	6,171
14	5,899	1,586	332	特別支援学校 49, 中等教育学校 31	7,897

(出所) 文部科学省「『日本語指導が必要な児童生徒の受入状況等に関する調査 (平成26年度)』の結果について」。

183

データ15-4　国籍・地域別在留外国人数の推移

国籍・地域	平成15年末(2003)	平成16年末(2004)	平成17年末(2005)	平成18年末(2006)	平成19年末(2007)	平成20年末(2008)	平成21年末(2009)
計	1,804,695	1,863,870	1,906,689	1,989,864	2,069,065	2,144,682	2,125,571
中　国	445,166	470,940	501,960	546,752	593,993	644,265	670,683
韓国・朝鮮	599,231	594,117	586,400	586,782	582,754	580,760	571,598
フィリピン	167,215	178,098	163,890	171,091	182,910	193,426	197,971
ブラジル	269,907	281,413	298,382	308,703	313,771	309,448	264,649
ベトナム	23,003	25,061	27,990	31,527	36,131	40,524	40,493
米　国	46,832	47,745	48,376	50,281	50,858	51,704	51,235
ペルー	47,122	49,483	52,217	53,655	55,487	56,050	54,607
タ　イ	26,044	28,049	29,599	32,029	34,547	36,560	37,812
台　湾	—	—	—	—	—	—	—
ネパール	3,270	4,105	5,314	6,596	8,417	11,556	14,745
その他	176,905	184,859	192,561	202,448	210,197	220,389	221,778

国籍・地域	平成22年末(2010)	平成23年末(2011)	平成24年末(2012)	平成25年末(2013)	構成比(％)	対前年末増減率(％)
計	2,087,261	2,047,349	2,033,656	2,066,445	100.0	1.6
中　国	678,391	668,644	652,595	649,078	31.4	-0.5
韓国・朝鮮	560,799	542,182	530,048	519,740	25.2	-1.9
フィリピン	200,208	203,294	202,985	209,183	10.1	3.1
ブラジル	228,702	209,265	190,609	181,317	8.8	-4.9
ベトナム	41,354	44,444	52,367	72,256	3.5	38.0
米　国	49,821	49,119	48,361	49,981	2.4	3.3
ペルー	52,385	51,471	49,255	48,598	2.4	-1.3
タ　イ	38,240	41,316	40,133	41,208	2.0	2.7
台　湾	—	—	22,775	33,324	1.6	46.3
ネパール	17,149	20,103	24,071	31,537	1.5	31.0
その他	220,212	217,511	220,457	230,223	11.1	4.4

（出所）　法務省「平成25年末現在における在留外国人数について」（在留外国人統計）。

2　「外国にルーツのある子ども」の在籍状況

　データ15-4は，日本に在留する外国人の国籍・地域別人数を示したものである。2013年末現在，外国籍者の最大数を占めるのは「中国」，次いで「韓国・朝鮮」，「フィリピン」となっている。第二次世界大戦後一貫して外国籍者の中で最大数を占めていたのは「韓国・朝鮮」であったが，帰化などで日本国籍を取得するケースも少なくなく，かれらが統計上に「外国人」として占

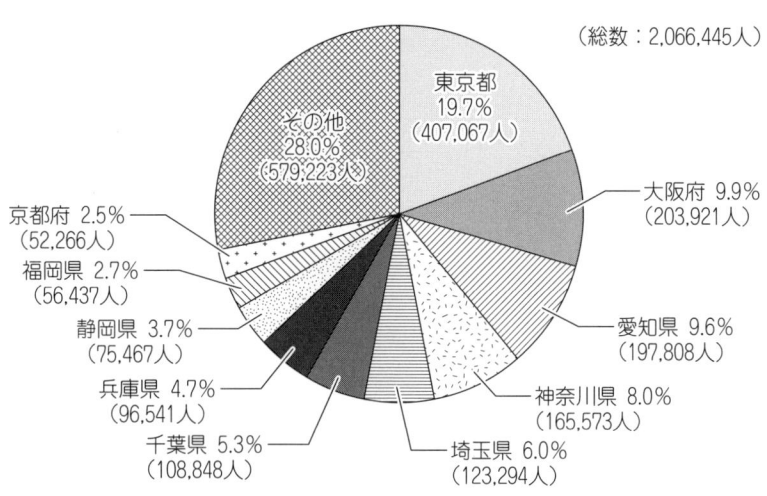

データ15-5　都道府県別在留外国人数（平成25年末現在）

（総数：2,066,445人）

東京都 19.7%（407,067人）
大阪府 9.9%（203,921人）
愛知県 9.6%（197,808人）
神奈川県 8.0%（165,573人）
埼玉県 6.0%（123,294人）
千葉県 5.3%（108,848人）
兵庫県 4.7%（96,541人）
静岡県 3.7%（75,467人）
福岡県 2.7%（56,437人）
京都府 2.5%（52,266人）
その他 28.0%（579,223人）

（出所）法務省「平成25年末現在における在留外国人数について」（在留外国人統計）に筆者一部加筆。

める割合は減少している。2007年には初めて，「中国」が最大数となった。また，「出入国管理及び難民認定法」の改正（1990年）を契機として，「ブラジル」籍の日系人が急増したが，リーマンショック以降は日系人帰国支援事業等により多数が帰国したため，その数は減少し続けている。それに代わって近年増加が著しいのは，「フィリピン」と「ベトナム」である。

データ15-5をみると，在留外国人の居住状況が分かる。就労目的の外国人が多いことから，かれらの居住は首都圏や近畿圏などの大都市周辺に集中していることが分かる。これらの数は全年齢層の在留外国人数であるが，これを日本語指導が必要な児童生徒に限ってみると，大人の場合とは異なる居住傾向をみることができる。

日本語指導が必要な外国人児童生徒の母語を見ると，上位4言語で約8割を占めている。内訳は，ポルトガル語（約3割），中国語（約2割），フィリピノ語（約1.5割），スペイン語（約1割）となっている。大人を含む在留外国人数では中国が最大数を占めているが，日本語指導が必要な外国人児童生徒の数でみると，いまだにブラジル人に代表されるポルトガル語話者が最大数を占めている。また，在籍状況をみると，在留外国人数が多い自治体に，必ずしも日本語指導が必要な外国人児童生徒数が多いわけではないことも分かる（データ15-6，データ15-7）。

2　教員にとっての異文化理解

国際理解や異文化理解教育と言えば，まっさきに想起されるのは，外国の歴史や文化，言語を学ぶ国際理解教育の推進であろう。学習材として国際理解をどのように取り上げるか，教材化するかが主な関心事になってきたと言える。しかしながら，外国にルーツのある子どもの存在は，

データ15-6　日本語指導が必要な外国人児童生徒の母語別在籍状況（都道府県別）

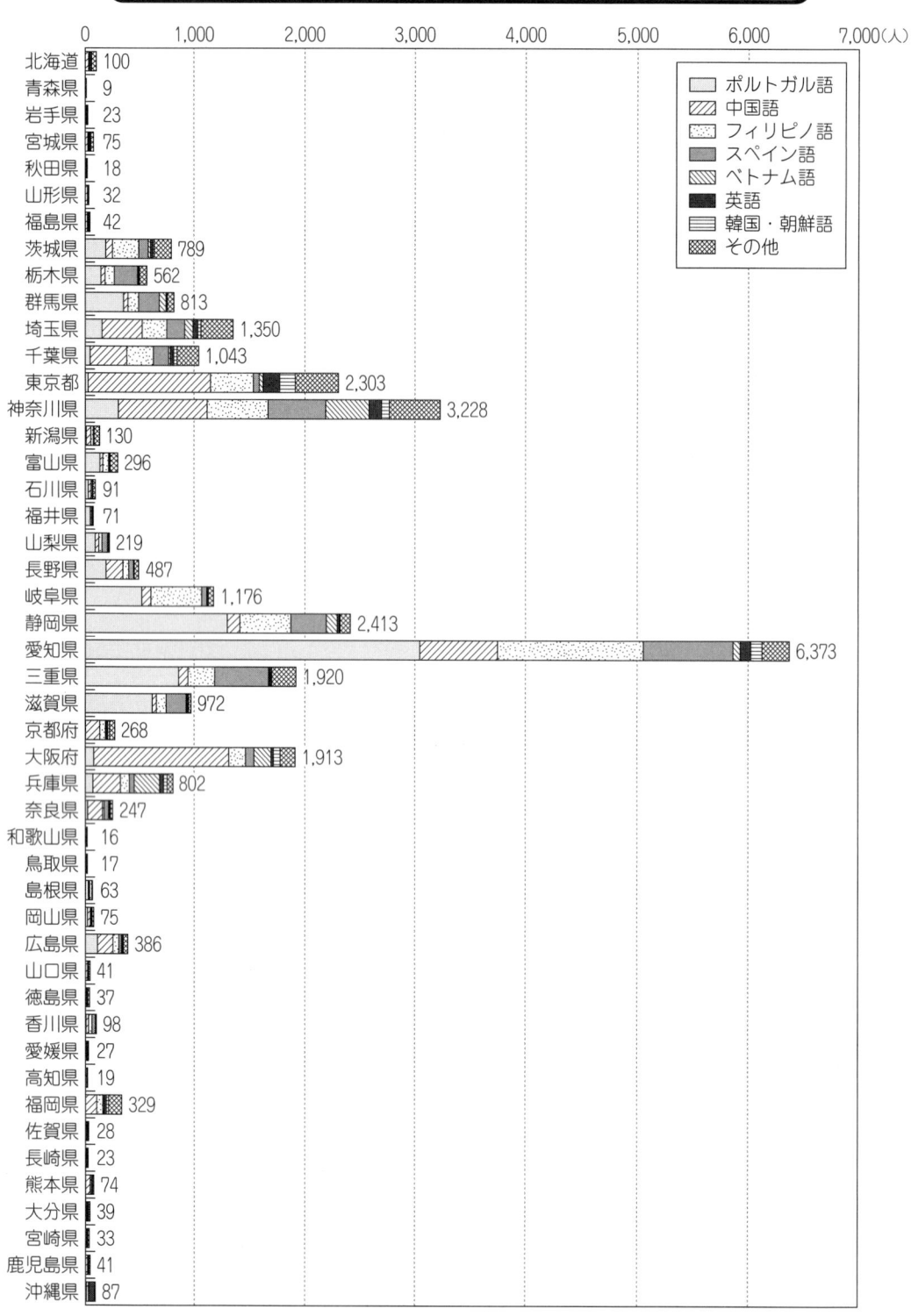

凡例：
- ポルトガル語
- 中国語
- フィリピノ語
- スペイン語
- ベトナム語
- 英語
- 韓国・朝鮮語
- その他

都道府県	人数
北海道	100
青森県	9
岩手県	23
宮城県	75
秋田県	18
山形県	32
福島県	42
茨城県	789
栃木県	562
群馬県	813
埼玉県	1,350
千葉県	1,043
東京都	2,303
神奈川県	3,228
新潟県	130
富山県	296
石川県	91
福井県	71
山梨県	219
長野県	487
岐阜県	1,176
静岡県	2,413
愛知県	6,373
三重県	1,920
滋賀県	972
京都府	268
大阪府	1,913
兵庫県	802
奈良県	247
和歌山県	16
鳥取県	17
島根県	63
岡山県	75
広島県	386
山口県	41
徳島県	37
香川県	98
愛媛県	27
高知県	19
福岡県	329
佐賀県	28
長崎県	23
熊本県	74
大分県	39
宮崎県	33
鹿児島県	41
沖縄県	87

（出所）文部科学省「『日本語指導が必要な児童生徒の受入状況等に関する調査（平成26年度）』の結果について」。

第15章　国際理解及び異文化理解教育

データ15-7　日本語指導が必要な日本国籍の児童生徒の言語別在籍状況（都道府県別）

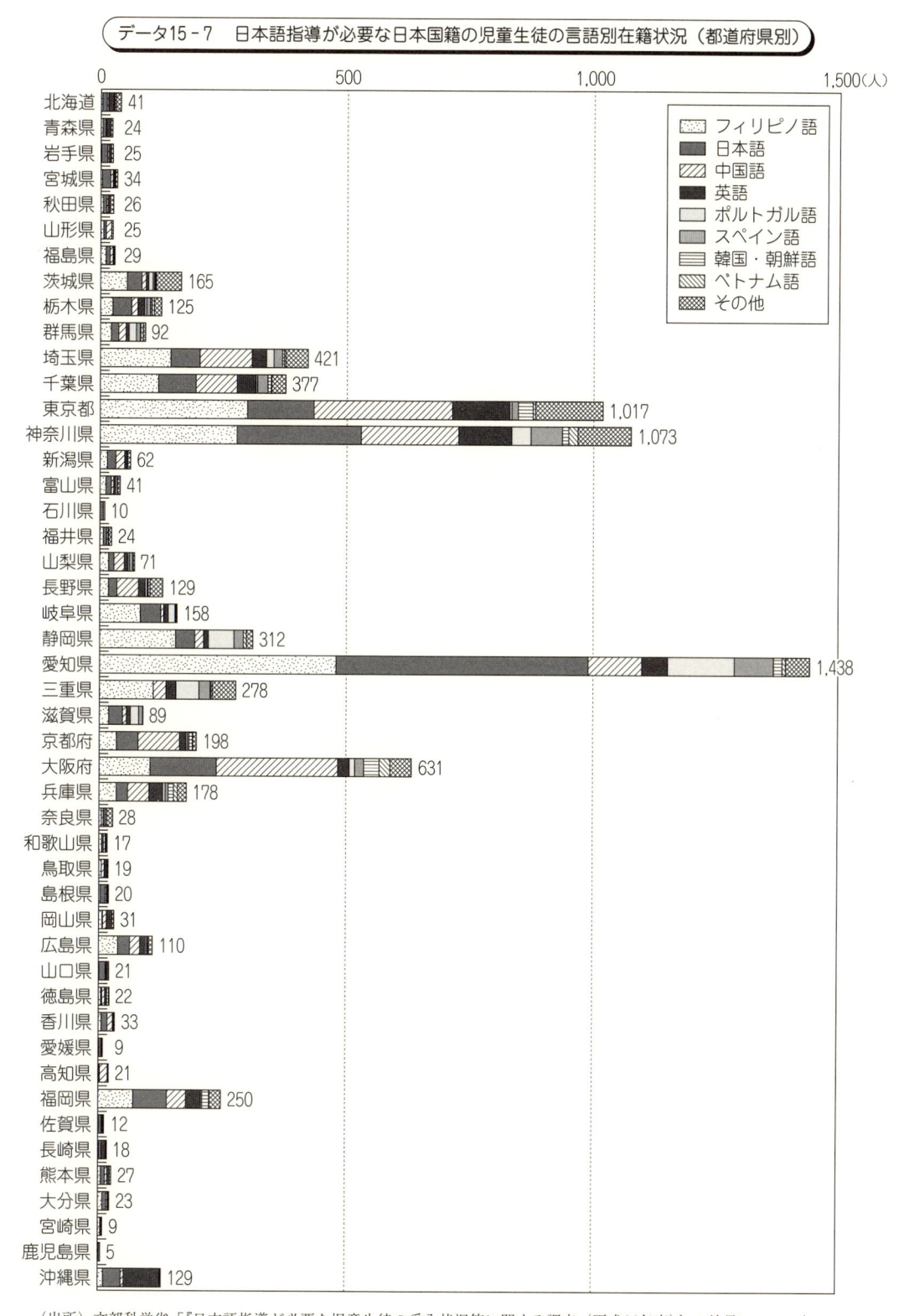

凡例：フィリピノ語／日本語／中国語／英語／ポルトガル語／スペイン語／韓国・朝鮮語／ベトナム語／その他

都道府県	人数
北海道	41
青森県	24
岩手県	25
宮城県	34
秋田県	26
山形県	25
福島県	29
茨城県	165
栃木県	125
群馬県	92
埼玉県	421
千葉県	377
東京都	1,017
神奈川県	1,073
新潟県	62
富山県	41
石川県	10
福井県	24
山梨県	71
長野県	129
岐阜県	158
静岡県	312
愛知県	1,438
三重県	278
滋賀県	89
京都府	198
大阪府	631
兵庫県	178
奈良県	28
和歌山県	17
鳥取県	19
島根県	20
岡山県	31
広島県	110
山口県	21
徳島県	22
香川県	33
愛媛県	9
高知県	21
福岡県	250
佐賀県	12
長崎県	18
熊本県	27
大分県	23
宮崎県	9
鹿児島県	5
沖縄県	129

（出所）文部科学省「『日本語指導が必要な児童生徒の受入状況等に関する調査（平成26年度）』の結果について」。

> **データ15-8　日本と外国との教育制度の違いを調べるときの観点**

```
■Ⅰ　学校教育制度について
　①就学年齢と就学年数（小中学校教育の年数，義務教育の年数，落第制の有無，就学率）
　②修了・入学試験制度（義務教育修了認定試験の有無，高校入試の有無）
　③学期の始まりと終わり（年度が何月始まりか，何学期制なのか，長期休業がいつか）
　④一日のスケジュール（多部制か否か，午前のみか否か）
　⑤授業料，教科書代や副教材代などの費用負担（無償か有償か，貸与か）
　⑥日本と異なる教科（日本にあって外国に無いもの，外国にあって日本に無いもの）
　⑦日本と異なる学校行事（校外学習の有無，運動会や部活動の有無，休日登校の有無）
■Ⅱ　学校生活について
　⑧「宿題」に対する考え方や習慣
　⑨昼食（自宅に帰って食べるのか学校のカフェテリアで食べるのか，「給食」への理解度）
　⑩おやつや軽食，ジュース（持参や購入が認められているのか）
　⑪「清掃」に対する考え方や習慣
　⑫服装（衣替えの必要性，制服の有無，上履きの有無，体操服の有無）
　⑬学校と保護者との関わり方（日常の連絡方法，行事への参加）
■Ⅲ　宗教面への配慮の必要について
　⑭服装（身体露出の程度，アクセサリーの着用）
　⑮食事（禁忌食材，食事のマナーやルール，断食月）
```

（出所）　臼井（2014, 49頁）。

子どもの側に国際理解や異文化理解を求めるよりも前に，教員に対して，異なる文化への理解と寛容，そして相互理解につながる知識の獲得を求めている。

1　学校生活場面で現れる異文化

データ15-8に示したのは，外国にルーツのある子どもの在籍にあたり，保護者との信頼関係構築や子どもの円滑な学校生活のスタートのために，教員が確認しておく必要がある事項である。日本文化の中で育ち日本の学校教育を受けてきた者にとっては当たり前すぎるルールや習慣の一つひとつに，日本文化が色濃く反映されている。これらは，外国文化の中で育ち外国の学校教育を受けてきた者には，わざわざ説明されないと理解できないものが少なくない。しかし，学校生活の中にあふれる文化の違いに教員が気づかず，外国人保護者への説明が足りなかったために，外国人保護者と教員との間でトラブルが生じたり，学級で子どもが安心して過ごせなかったり，といった事態に至ることは少なくない。

例えば，しばしば起こるトラブルの例として，「雨が降ったら学校に来ない」という外国人の行動があげられる。日本の学校教育を受けて育った者にとって，よほどの悪天候でない限り，雨が降った程度で学校を休むという行動は理解しがたい。しかし，生活の中での学校の位置づけの高さは，学校観という形でそれぞれの国の文化によって形成されており，日本と同様に高い位置づけがされているとは限らない。こうした文化間の相違を知らないと，「なぜ学校に来ないんだ」「休み癖がついている」などと，子どもを叱る行動に出てしまいがちである。しかし，逆に外国人保護者からすると，「なぜ，雨が降っているのに学校に行く必要があるのか？」と疑問をもつのである。こうした考え方の違いや行動様式の違いが，それぞれが育った社会の文化によっても

データ15-9　日本とブラジルの学習内容・学年の違い

【5年生】

ブラジル：出版社　MODERNA		日本：啓林館（H23度使用）	
第1課：小数の使い方		小4上	小数
自然数・数字と大きさとその並べ方			
十億という数・十億より大きい数		小4上	一億をこえる数
比較・概数			
第2課：四則計算			
たし算・ひき算		小1	たしざん
たし算の特徴		小1	ひきざん
かけ算・かけ算の特徴		小2下	かけ算
わり算		小3上	わり算
一桁の除数のわり算をもっとやってみよう		小4上	1けたでわるわり算の筆算
二桁以上の除数のわり算		小4上	2けたでわるわり算の筆算
かけ算とわり算の関係		小4上	式と計算の順じょ
第3課：倍数と約数		小5上	整数
わり切れる 　倍数・最小公倍数 　約数・最大公約数 　素数			
第4課：幾何学			
立体図形		小5下	角柱と円柱
方眼紙に描いた平面図形の拡大と縮小		小6上	図形の拡大と縮小

（出所）三木市外国人児童生徒に対する指導推進委員会（2011, 33頁）。

たらされていることに気づき，知識の獲得と話し合いによってその差を埋めていくことが不可欠である。こうした相互理解の過程に現れる「異文化」は，これまで国際理解教育という形で学習材として静的に存在してきたものとは異なり，自分たちの判断基準の再考や確認を迫るという点で，自分たちに変化を迫る動的な契機だと言える。

② 教科学習場面で現れる異文化

　学校生活場面だけでなく，教科等の学習場面にも日本文化はあふれている。教育制度によってつくられた文化もあれば，社会が育んできた文化もある。学習場面に日々現れる日本と外国との文化の違いに教員が気づかないために，外国にルーツのある子どもは，授業中にしばしば「？」という思考停止の状態に陥ってしまう。

　例えば，**データ15-9**は，日本とブラジルの小学校で，算数のどの内容をどの学年で学習する

> **データ15-10　計算過程に現れる文化の違い**

問1）　200円もっています。
　　　160円のあめを1つ買いました。
　　　おつりはいくらでしょう。

　　　し　き（160＋10＋10＋10＋10＝200）
　　　こたえ（40円）

問2）　38.7÷9の答えを筆算で求めましょう。

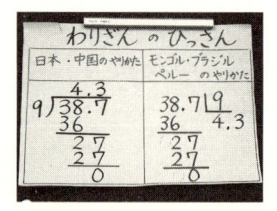

日本・中国のやりかた	モンゴル・ブラジル ペルー のやりかた
4.3 9)38.7 　36 　　27 　　27 　　　0	38.7|9 36　4.3 　27 　27 　　0

（出所）筆者作成。

かを比較したものである。日本では第1学年で学習するたしざんとひきざん，第2学年で学習するかけ算は，ブラジルでは第5学年で学習する。ということは，日本の学校に第4学年で編入学してきたブラジル人児童は，かけ算を学校で学習した経験がないので，授業中の計算活動についていけないことになる。しかし，こうした教育制度の違いを教員が知らないと，計算が遅れがちな子どものことを，「計算が苦手な子ども」「学力が低い子ども」と評価してしまいがちである。本人の意欲や能力の問題ではなく，未習であるのに。

　国語科や社会科のような文系科目の場合，学習内容の中に日本文化が反映されていることは容易に想像できる。しかし，日本文化は，文系科目だけでなく理系科目の中にも反映されている。**データ15-10**は，日本と外国の計算の仕方の違いを例示したものである。問1を解答する際，日本では「200円－160円＝40円」のように引き算を用いるだろう。しかし国によっては，160円にあといくら足せば200円になるかというふうに考え，足し算を用いることがある。また，割り算の筆算の書き方も，日本と外国とでは大きく異なることもある。このように，日本文化の中で育った者には思いもよらないところに文化の違いがあり，その違いへの配慮や注意がないために，外国にルーツのある子どもの学習が妨げられることがあるのである。つまり，文系科目・理系科目を問わず，教科の学習内容はその国の文化の影響を強く受けていることを，教員は知っておく必要がある。学習場面で理解がうまく進まない子どもがいた時，その原因が子どもの学力の程度ではなく，文化の違いにあるのではないかと考えられるようになると，学習上で困っている子どもを救うこともできるようになる。

3　児童生徒にとっての異文化理解

　外国にルーツのある子どもの学級担任をしてみて，日々の学校生活の中にこんなにも日本と外国の文化の違いが現れるのかと驚くように，子どもたちもまた同様の驚きを感じ違和感をおぼえている。外国にルーツのある子どもと日本の子どもの双方に，そうした日々出くわす大小様々な

驚きや違和感に対処していく方法を教えていくことが，日常化された異文化理解教育の実践であると言える。実際に子どもが文化が異なる場面に遭遇し，その場面で喜怒哀楽を感じ，自分にとってはなじみのなかった文化についての知識を得たり，次に同じような場面に出くわした時に互いに傷つくことのないように行動できたりする。そのような知識を与え，行動できる態度を養うことが，今求められている。子どもにとって，見知らぬどこかの国の歴史や文化遺産，衣食住の文化を学ぶことは，それ自体興味をそそられるものであろうが，一方で，同じ学校や学級で学ぶ友達と自分の間にある文化の違いは，日々子どもなりに感じているものであり，そうした子どもの疑問に応えていくことが，国際理解や異文化理解を，知識のレベルだけでなく態度のレベルで実現できる近道とも言える。今，外国にルーツのある子どもの在籍は，一部の地域や学校に限ったまれなケースではないため，日本の子どもが態度育成につながる異文化理解教育を経験できる機会はたくさんあると言える。そうした機会を活かし，イベント型の国際理解や異文化理解教育ではなく，他者理解や共生につながる教育へと深めていきたい。

1　「外国にルーツのある子ども」にとっての異文化

　外国にルーツのある子どもは，本人が外国生まれ外国育ちの場合はもちろんのこと，日本生まれ日本育ちであったとしても，保護者に日本の学校教育経験がない場合は，日本の学校生活の中で様々な文化の違いに出会い困惑している。この困惑が解消されるためには，教員や同級生が，日本ではこのようなルールがある，このようにふるまう，ということを一つひとつ説明していく必要がある。そうした配慮を欠き，外国にルーツのある子どもの行動面だけをみてそれを逸脱行動として罰するのは，子どもの心を傷つけることになる。場合によっては，母文化への劣等感を喚起してしまいかねない。

　データ15-11は，外国にルーツのある子どもが日本の学校生活の中で直面する典型的な「困る場面」をあげたものである。いずれも，日本と外国の学校文化や生活文化が異なることから，外国にルーツのある子どもには，"適切に"ふるまうことが難しい場面である。例えば，外国にルーツのある子どもの"失踪"事件が起こることがある。昼休みにいなくなるのである。学級担任らが必死で探しているうちに，ひょこんと現れる。どこに行っていたのかと聞くと，「家でご飯を食べていた」と。子どもの所在が分からず心配していたからこそ，思わず「なぜ家に帰るの！」と叱りたくなるかもしれない。しかし，日本のように，朝登校して夕方近くまで学校で過ごすような教育制度の国ばかりではなく，二部制や多部制をとっていて，一日中学校にいるわけではない国もあれば，昼食は自宅で食べたり近隣の食堂や屋台でとったりすることが当たり前の国もある。こうした学校生活に慣れてきた子どもは，わざわざ説明されないと，下校時刻までは勝手に学校から出ないことというルールは理解できない。日本の子どもとは異なるふるまいに対して，教員が叱ったり落胆したりすると，そうした思いは子どもに伝わり，かれらの心を傷つける。また，周囲の日本の子どもにも，「ブラジル人は……しない」とか「中国人だから……できない」という思いを抱かせかねない。文化の違いから起きたトラブルであり，文化の違いが分か

> データ15-11　外国人児童生徒に説明する学校生活上のルール

■　学校生活上のルールについて
1　一日のスケジュールに関するルール
　　①時間割・時程　②休み時間（業間休憩）　③部活動
2　特別教室や設備などの使用に関するルール
　　④教科教室の種類と教室移動　⑤職員室の使用　⑥保健室の使用　⑦給食室の使用
　　⑧トイレの使用　⑨廊下や運動場の使用
3　登下校に関するルール
　　⑩登下校指導　⑪交通安全指導　⑫登下校中の安全指導
4　学級での生活に関するルール
　　⑬学級目標やきまり　⑭挨拶などの日常のコミュニケーション　⑮班活動や役割分担
　　⑯朝の会と帰りの会　⑰掃除当番　⑱給食指導

（出所）　臼井（2014, 84頁）。

っていれば避けられたトラブルであるということを，外国にルーツのある子どもと日本の子どもの双方に理解させる必要がある。そうしないと，文化の違いに起因するトラブルの場面に日々出くわすからこそ余計に，偏見という形で異文化に対するネガティブイメージが形成されかねない。子どもにとっては，行動規範の中に現れる文化の違いを理解していくことが，友達づくりをしていく上で欠かせないのである。

② 日本の子どもにとっての異文化

　日本の子どもが外国にルーツのある子どもと過ごす中で感じる文化の違いは，大人が思いもよらないところにあったりする。もちろん，給食の時にみなと同じものを食べていない（→宗教上の理由により，食材制限がある）ことや，アクセサリーを身につけることを許されている（→宗教上の理由により，お守りの役割がある）ことなど，目でみて分かる違いにも，いろいろな思いを抱いている。が，それらは顕在化しているからこそ，予め教員や外国にルーツのある子ども本人が説明するので，文化衝突は大きくならなくてすむ。しかし，形をもたない文化の違いには教員も気づきにくく，子どもも理解しにくい。

　例えば，日本の子どもと外国にルーツのある子どもとの間でしばしば起こるケンカの原因の一つに，「物を貸したのに何も言わない（「ありがとう」と言わない）」「勝手に他人のものを使う（「貸して」と言わない）」といった，コミュニケーションの不成立がある。日本で育つと，幼いころから，人にものを借りる時は「貸して」と言って許可を取り，貸してもらったら「ありがとう」と感謝の意を伝えることを，当然のふるまいとして教えられる。しかし，これもまた日本文化の中で育つからこそ身につくふるまいであり，日本とは異なる文化の下で育つと，このようなふるまいは，当たり前のように身につくわけではない。そのため，ケンカが起こらないようにするためには，日本には外国とは異なる行動規範があることを外国にルーツのある子どもに予め教えるか，あるいは，日本の子どもに対して，「自分たちにとって当たり前のことが〇〇さんには当たり前ではないから，教えてあげてね」と伝えておくかをする必要がある。

Column 自分と他者を区別する「文化」の機能

　そもそも「文化」とは非常に多義的な語である。言語や価値観のように，目に見えないけれど確かに人の行動を一定の規則の下にまとめる役割をもっているものを「文化」と呼ぶ。また，衣服や食べ物のように，目に見える物質の形となって人の嗜好を表すものも「文化」と呼ぶ。芸能や遺産など，長い時間をかけて保護し，精神的愛着を感じさせるものも「文化」と呼ぶ。

　「文化」の捉え方や役割は多様であるが，いずれにせよ，その大きな特徴は，それを身につけている人同士の中では，ある種のルールとして機能し，行動予測性をもたらすということである。他者の行動が予測できるとき，あるいは，他者の行動が予測の範囲内に収まるとき，人はその他者を「同じ文化」を身につけている人として受け入れる。一方で，行動が予測できず，自分の予想とは異なる行動をとる他者を「異なる文化」を身につけている人として拒絶する。

　文化には，その文化を身につけている人・集団と，そうでない人・集団とを区別する役割がある。逆に言うと，自分とは異なる集団を区別するために，わざと「文化」が持ちだされることもある。つまり，自分と他者とを区別する上で，必ずしも「文化」に実体は無くてもよく，「文化が異なる」という理由によって，容易に他者を区別しうるということである。他者が自分とは異なる集団に属していることを，「文化」を用いて明確にすることによって，自分の所属を確かめたり，自分の立場の安全を確認したりするのである。

　文化の中身が何であれ，「文化」には行動予測性が内包され，同じ文化を身につけている集団の中では安心感を与える。しかし，他方では，他の文化を身につけている集団に対しては，行動予測性が成り立たないがゆえに，自分と同じ文化を身につけるように迫ったり（＝同化），同じ文化を身につけていないことを理由として，攻撃的ないし排除的にふるまうことを正当化したりする。

　このように，「文化」とは，決して"静的"で"中立的"なものではなく，恣意的に利用される，マジョリティの権力の道具となる側面を持ち合わせていることを忘れてはならない。そのうえで，どのようにして，こうした文化の権力性を克服し，「文化」を共生の潤滑油に変えていくのかを考える必要がある（[臼井，2013]一部抜粋）。

　知識や助言がないために，子どもが異文化に対して偏見や差別心をもつきっかけになりそうな出来事が，学校の中にはたくさんある。だからこそ，自分とは異なる言動をとる他者を批判したり攻撃したりするのではなく，まず，なぜ異なる行動をとるのか，その背景となる理由に思いを至らせようとする思考習慣を身につけさせていく必要がある。文化が異なる他者を理解する上で，知識がもつ力は大きい。もし，学級の中で子どもたちが納得のいかない"事件"が起きた時，なぜそのような気持ちになるのかを考えることを契機にして，その気持ちを収めていくために文化の違いを知っていく活動をつなげていくことを日常化していきたい。

引用参考文献

臼井智美「学校において多文化共生を実現する教育の在り方」兵庫県教育委員会『兵庫教育』2013年11月号，No. 753．

臼井智美『学級担任のための外国人児童生徒サポートマニュアル』明治図書出版，2014年。
三木市外国人児童生徒に対する指導推進委員会『外国人の子どものための指導支援ハンドブック』2011年。

> 設　問

1．あなたの学級にある身近な異文化理解の機会をあげ，異文化理解を深めるためにどのように教材選択や指導を行うのかについて，具体的に述べなさい。
2．国際理解や異文化理解教育を行う上で，あなた自身（教員）が留意すべきことは何か，具体例をあげながら述べなさい。
3．国際理解や異文化理解教育において，なぜ「文化」の権力性について考慮する必要があるのかを説明しなさい。

> 推薦図書

- 臼井智美編『イチからはじめる外国人の子どもの教育』教育開発研究所，2009年
  本書は，外国人の子どもの多様な文化的背景に目を向けながら，かれらにどのような指導や配慮をしたらよいのかを，学級担任，日本語指導担当教員，学校管理職，教育委員会のそれぞれの立場ごとに解説している。
- 臼井智美『学級担任のための外国人児童生徒サポートマニュアル』明治図書出版，2014年
  本書は，外国人児童生徒が在籍する学級の担任教員に向けて，学習指導や学級経営上の留意点，外国人保護者との協力関係の築き方，外部機関等との連携のあり方などについて，具体的な方法を解説している。
- 千葉県教育委員会『外国からの子どもたちと共に（母国の教育事情）』(https://www.pref.chiba.lg.jp/kyouiku/shidou/gaikokujin/gakkou-sensei/bokoku.html　2016年1月1日アクセス)
  本ウェブサイトは，46か国の外国の教育制度や生活習慣についてまとめている。同様の内容で児童生徒用に編集された『知りたいな　友だちの国のこと』もあり，国際理解教育用の教材として活用できる。

（臼井智美）

第16章 教育の情報化

　本章では，教育の情報化について，最近の話題を含めて解説している。教育の情報化の進展は急速であり，情報通信技術（以下，ICT）が日進月歩であることに対応して，学校への影響も大きくなっている。本章では，授業におけるICTの利活用と情報活用能力の育成について，最近の文部科学省（以下，文科省）の実証研究事業の成果や，調査研究の結果を基に解説している。さらに，今日注目されている情報モラルについて，実践研究をふまえて解説している。

1　教育の情報化と情報教育

1　用語の定義

　初めに，教育の情報化や情報教育などの言葉の定義を明らかにしておきたい。学校関係者の間でも，明確に理解されていないことが多いので，図示して解説したい。**データ16-1**は，その概念図を示す。

　データ16-1において，教育の情報化や学校の情報化とは，他の分野における情報化との対比の上で用いられる用語である。医療では，カルテは電子カルテになっているので医療の情報化は納得できるし，日常生活でもカードなしでは買い物もできず電車にも乗れないことを考えれば，金融や交通の情報化が，大きく進展していることは，誰もが知っている。学校も例外ではなく，図書の貸し出しは，ほとんどが電子化やバーコードシステムになっており，スポーツデータや出欠席などのデータ管理もコンピュータなしでは不可能で，教育委員会の事務管理も，ICTを利用していることを思えば，教育や学校の情報化の意味は理解されるだろう。

　この内容は，大きく二つに分かれる。一つは，ICTを教育にどのように利活用するかという，ICTを手段として捉えた活用法である。したがって，ICTは道具であり手段であり，ICTを使うことが目的ではない。その中に，データ16-1に示すように，授業におけるICT活用と，成績処理や出欠席管理などの校務の情報処理がある。

　もう一方，情報を正しく扱う能力を育成する目的の教育を，情報教育と呼んでいる。これは，手段としてのICTではなく，情報そのものを正しく扱えるような能力育成であるから，他の教科，例えば国語ならば，正しい文字の読み方ができる，正しい表現ができる，算数ならば，数の

データ16-1　情報教育の範囲と用語

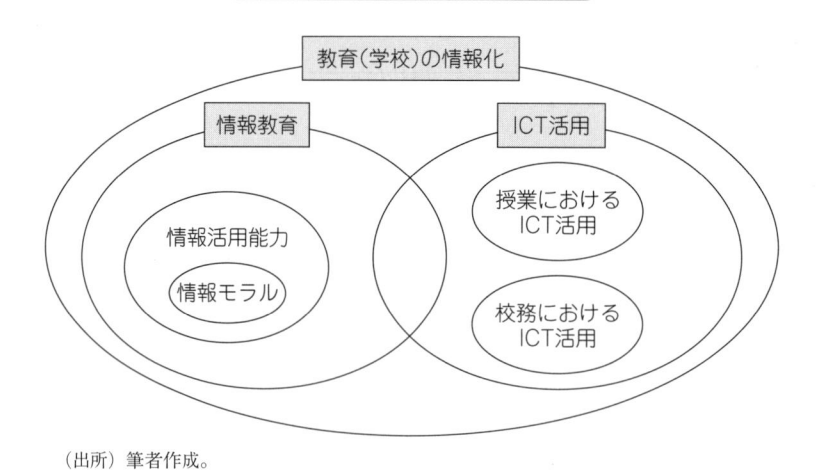

（出所）筆者作成。

概念が理解できる，論理的な思考ができるなどと同じように，教育目標が設定される。したがって，この教育は，教科としても独立させることができる。高等学校では，教科「情報」が2単位の選択必修になっている。このように，情報教育は，教育内容と言ってもよい。ICTの活用が，教育方法としての位置づけなので，教育の情報化は，このように，教育内容としての情報教育と，手段としてのICT活用の二つに分かれている。

　情報教育の目的である，正しく情報を扱える能力を，情報活用能力と言うが，その能力は三つの下位能力に分類されている。すなわち，A.情報活用の実践力，B.情報の科学的な理解，C.情報社会に参画する態度であり，さらに八つの下位目標に分類されて，3観点8要素と呼ばれているが，後で述べる。以上が，用語の定義の概略である。

2　学習指導要領における情報教育

　ここで学習指導要領において，ICTの利活用や情報教育がどのように扱われているか，整理しておきたい。**データ16-2**として，小学校から高等学校の学習指導要領における情報教育に関する記述を掲載する。

　小学校から高等学校までの学習指導要領における記述を，教育方法（手段）と教育内容に分けてまとめた図を，**データ16-3**に示す。

　このデータ16-3から分かるように，小学校から中・高等学校にしたがって，情報手段としての活用の仕方は，慣れ親しむから，主体的，実践的となり，教育内容としても，小学校の総合的な学習の時間から，中学校の技術分野へ，高等学校での教科へと，統合から分化へのカリキュラムになっている。このように，情報教育のカリキュラムは，他の教科と同じように，体系化されていると言える。データ16-2の中で，総則にみられるように，情報モラルが強調されていることも，特徴である。これは，本章でも改めて述べておきたい。

> データ16-2　情報教育に関する小学校から高等学校までの学習指導要領

小学校学習指導要領
第1章　総則
第4-2-(9)　各教科等の指導に当たっては，児童がコンピュータや情報通信ネットワークなどの情報手段に**慣れ親しみ**，コンピュータで文字を入力するなどの基本的な操作や**情報モラル**を身に付け，**適切**に活用できるようにするための学習活動を充実するとともに，これらの情報手段に加え視聴覚教材や教育機器などの教材・教具の適切な活用を図ること。
第5章　総合的な学習の時間
第3-1-(5)　学習活動については，学校の実態に応じて，例えば国際理解，**情報**，環境，福祉・健康などの横断的・総合的な課題についての学習活動，児童の興味・関心に基づく課題についての学習活動，地域の人々の暮らし，伝統と文化など地域や学校の特色に応じた課題についての学習活動などを行うこと。
第2章　各教科
第2節　社会　第3-1-(3)　学校図書館や公共図書館，**コンピュータ**などを活用して，資料の収集・活用・整理などを行うようにすること。また，第4学年以降においては，教科用図書「地図」を活用すること。

中学校学習指導要領
第1章　総則
第2章　各教科
第8節　技術・家庭〔技術分野〕　2-D情報に関する技術

高等学校学習指導要領
第1章　総則
第2章　各学科に共通する各教科
第1節　国語　　　第2節　地理歴史　第3節　公民　　第4節　数学　　第5節　理科
第6節　保健体育　第7節　芸術　　　第8節　外国語　第9節　家庭　　**第10節　情報**

（出所）文部科学省（2008；2009）。

> データ16-3　小学校から高等学校までの学習指導要領のまとめ

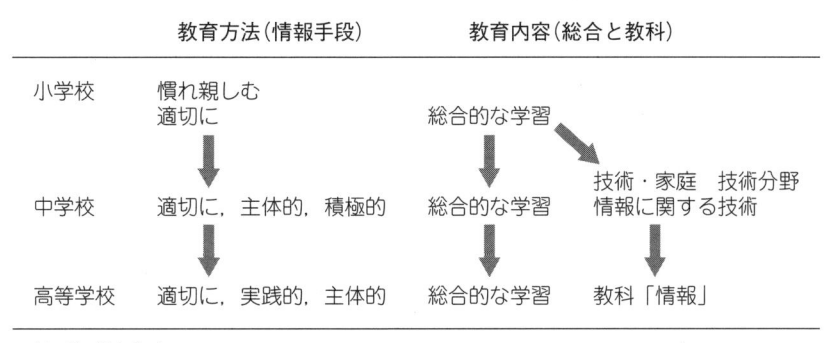

	教育方法（情報手段）	教育内容（総合と教科）	
小学校	慣れ親しむ 適切に	総合的な学習	
↓	↓	↓	↘
中学校	適切に，主体的，積極的	総合的な学習	技術・家庭　技術分野 情報に関する技術
↓	↓	↓	↓
高等学校	適切に，実践的，主体的	総合的な学習	教科「情報」

（出所）筆者作成。

以下，教育手段としてのICT活用と，教育内容としての情報活用能力について，最近の動向をふまえて，解説する。

データ16-4　ICTを活用した指導方法の類型化

3　ICTを活用した指導方法の開発
〈学習場面ごとのICT活用を類型化し、そのポイント及び実践事例を掲載〉

A　一斉学習	B　個別学習	C　協働学習
挿絵や写真等を拡大・縮小、画面への書き込み等を活用して分かりやすく説明することにより、子供たちの興味・関心を高めることが可能となる。	デジタル教材などの活用により、自らの疑問について深く調べることや、自分に合った進度で学習することが容易となる。また、一人一人の学習履歴を把握することにより、個々の理解や関心の程度に応じた学びを構築することが可能となる。	タブレットPCや電子黒板等を活用し、教室内の授業や他地域・海外の学校との交流学習において子供同士による意見交換、発表などお互いを高めあう学びを通じて、思考力、判断力、表現力などを育成することが可能となる。

A1 教員による教材の提示
画像の拡大提示や書き込み、音声、動画などの活用

B1 個に応じる学習
一人一人の習熟の程度等に応じた学習

B2 調査活動
インターネットを用いた情報収集、写真や動画等による記録

C1 発表や話合い
グループや学級全体での発表・話合い

C2 協働での意見整理
複数の意見・考えを議論して整理

B3 思考を深める学習
シミュレーションなどのデジタル教材を用いた思考を深める学習

B4 表現・制作
マルチメディアを用いた資料、作品の制作

B5 家庭学習
情報端末の持ち帰りによる家庭学習

C3 協働制作
グループでの分担、協働による作品の制作

C4 学校の壁を越えた学習
遠隔地や海外の学校等との交流授業

（出所）文部科学省生涯学習政策局情報教育課（2014.4.）。

2　ICTを用いた授業の展開

ICTを用いた授業の展開で，最も参考になる活動は，学びのイノベーション事業である。この事業については，文部科学省が，総務省と連携し，1人1台の情報端末，電子黒板，無線LAN等が整備された環境の下で，ICTを効果的に活用して，子どもたちが主体的に学習する「新たな学び」を創造するための実証研究を行ったとして，その成果を「実証研究報告書」としてまとめている（文部科学省生涯学習政策局情報教育課，2014年4月）。2011年度から2013年度の3年間にわたる実証研究であるが，その結果の中で参考になる知見を，以下の通り示す。

1　ICTを活用した指導方法の類型化

ICTを用いて，どのような授業が展開できるのか，多くの事例をまとめて類型化した図を，**データ16-4**に示す。この図によると，A一斉学習，B個別学習，C協働学習の三つに分類し，さらに，その下位の授業形態として，データ16-4のように示している。ただし，1時間の授業がすべてこの類型になるのではなく，一斉学習，個別学習，協働学習が，混在して展開されている場合が多い。また，ICTは数分から20分程度のように，いくつかの場面で用いられることも

データ16-5　ICTを活用した教育効果

<児童生徒の意識>
○約8割の児童生徒が全期間を通じて，授業について肯定的に評価している。

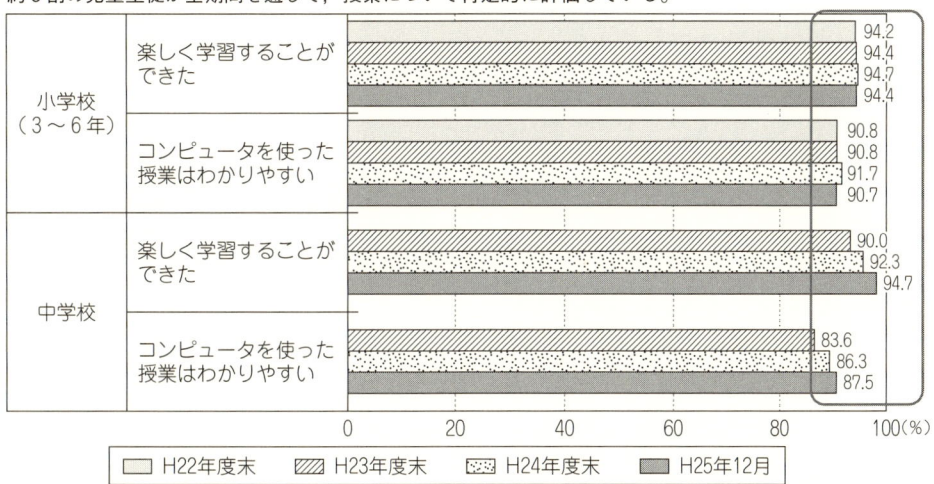

		H22年度末	H23年度末	H24年度末	H25年12月
小学校（3～6年）	楽しく学習することができた	94.2	94.4	94.7	94.4
	コンピュータを使った授業はわかりやすい	90.8	90.8	91.7	90.7
中学校	楽しく学習することができた	－	90.0	92.3	94.7
	コンピュータを使った授業はわかりやすい	－	83.6	86.3	87.5

○全国学力・学習状況調査では，「コンピュータや電子黒板を使った授業は分かりやすい」「本やインターネットを使ってグループで調べる活動をよく行っている」が，特に全国より高い数値となっている。

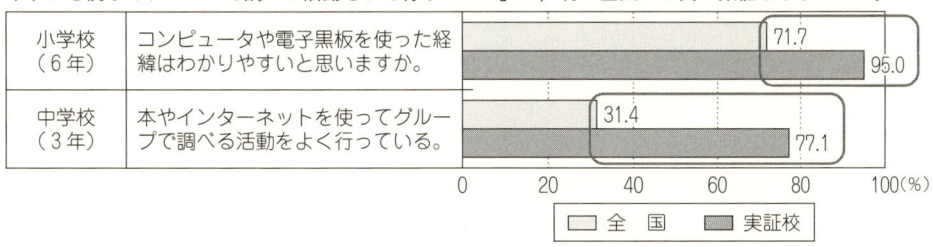

		全国	実証校
小学校（6年）	コンピュータや電子黒板を使った経緯はわかりやすいと思いますか。	71.7	95.0
中学校（3年）	本やインターネットを使ってグループで調べる活動をよく行っている。	31.4	77.1

<教員の意識>
○ICTを活用した授業は効果的であると，全期間を通じて約8割以上の教員が評価している。

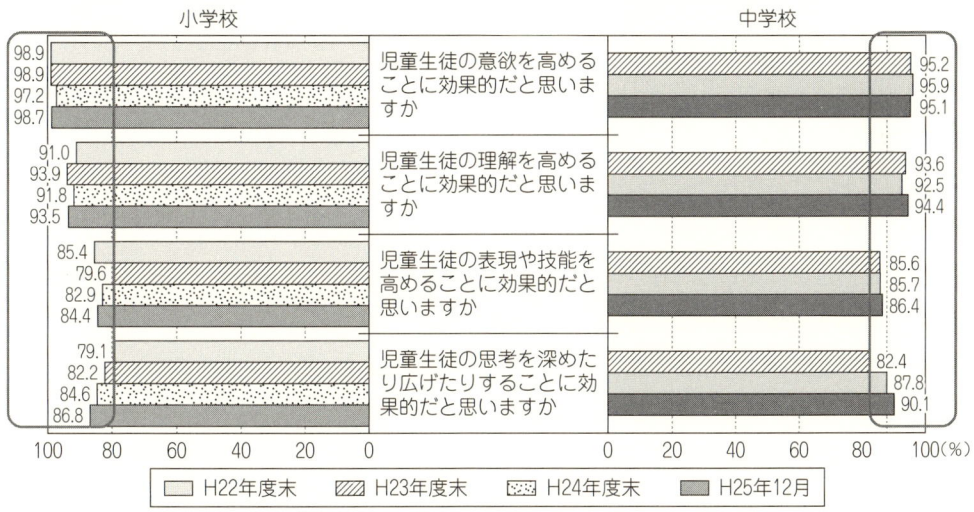

小学校

	H22年度末	H23年度末	H24年度末	H25年12月
児童生徒の意欲を高めることに効果的だと思いますか	98.9	98.9	97.2	98.7
児童生徒の理解を高めることに効果的だと思いますか	91.0	93.9	91.8	93.5
児童生徒の表現や技能を高めることに効果的だと思いますか	85.4	79.6	82.9	84.4
児童生徒の思考を深めたり広げたりすることに効果的だと思いますか	79.1	82.2	84.6	86.8

中学校

	H22年度末	H23年度末	H24年度末	H25年12月
児童生徒の意欲を高めることに効果的だと思いますか	－	95.2	95.9	95.1
児童生徒の理解を高めることに効果的だと思いますか	－	93.6	92.5	94.4
児童生徒の表現や技能を高めることに効果的だと思いますか	－	85.6	85.7	86.4
児童生徒の思考を深めたり広げたりすることに効果的だと思いますか	－	82.4	87.8	90.1

（出所）文部科学省生涯学習政策局情報教育課（2014.4.）を筆者一部修正。

当然の結果である。しかし，このような類型化されたICTの活用が提示されると，分かりやすく，導入しやすい。さらに　1時間の授業における展開のモデルも，多くの事例として掲載されているので，是非参考にしてほしい。

②　ICTを用いた教育効果

先の学びのイノベーション事業では，ICTを用いた効果検証を行っている。この結果を，**データ16-5**に示す。この結果も分かりやすく，子どもたちは，ICTを使った授業を高く評価しており，分かりやすく理解しやすいと，述べている。また，教員も，学習の動機づけ，知識・理解，表現・技能，思考・判断などに，効果的だと言っている。この結果から，授業でICTを導入する効果は，確かにあると言えるだろう。

ただし，いくつかの課題はある。学びのイノベーションのような特定の学校だから，教育効果が高くなったという指摘もある。普通の学校で，ICT環境が整備されていない学校，教員研修も頻繁に行っていない学校，教員がICTに対して否定的な印象をもっている学校などでは，その実態はどうなっているのかという声もある。

さらに，教育効果が高いから，成績が伸びるから，という理由よりも，教員自身の授業が質的に高くなるのか，子どもたちが意欲的に授業に参加できるのか，教科の特性に合っているのかなどが，重要な視点になるだろう。それは，授業観，教材観，指導観のような，教員としての考え方や思想などと近い視点と言ってもよい。この視点に合うかどうかが，ポイントになる。その点では，まだ議論が続いているが，教科の特性に合わせて，ICTに振り回されるのではなく，そのICTの特性が授業に合った時に，教員の授業観にしたがって使えばよいと考える教員が多くいることが，現状ではないだろうか。その意味で，ICTの特性について，次に述べておきたい。

③　授業に活用する時のICT特性

ICTと書いたが，ここでは特にタブレットに焦点化して，その特性を述べる（赤堀，2015；D-project編集委員会，2014）。今後は，学校には基本的にタブレットが導入される傾向が強いからである。

①タブレットには，触れたくなる，操作したくなる，などの道具からの誘発性，アフォーダンスがある。このことは，子どもたちがタブレットに触れて学習したくなるという学習意欲につながる。それは同時に，優れた教材やコンテンツが大切になってくる。紙と同じ内容を眺めるだけなら，飽きがきて，誘発性が低くなる。

アフォーダンスとは，誘発するという意味で，雨の日に傘をもつとゴルフのように振りたくなる，チョークをもつと黒板に書きたくなるなどのように，自分の意思よりも，対象や道具が人間に働きかけて，行動や意欲を引き出す働きをいうが，主に認知心理学で用いられる。

大人でも，電車の中で，すぐにケータイに触れてメールなどをチェックする人をみかける。大人でも子どもでも同じで，スマートフォンやタブレットは，そのような触れたくなる特性をもっ

ている。だから授業中に，遊びにならないように，優れた教材やコンテンツが必要である。遊びと学習は紙一重であり，遊びのように夢中にさせる授業ができれば，大成功のタブレット活用になる。このように，子どもたちに，主体的に活動させたい。見るだけでタブレットを渡すと，落書きをしたり，触れたりするだけの道具になってしまう。

②子どもでも大人でも，人前で発表する時には，文字だけではなく，図表，写真，場合によって映像などを組み合わせて，プレゼンテーションをする。つまりプレゼンテーションでは，タブレットやパソコンのほうが，紙より表現力が高くなる。

今日では，学生も大人も発表する時に，話だけとか紙だけよりも，プレゼンテーションソフトを使うことが，普通になった。写真や図表を入れて，どう相手に伝えるかを工夫するようになった。つまり，表現力を高める道具として利用される。写真などはタブレットで撮影して，そのままプレゼンテーションできるので，簡便である。

③タブレットは，コンピュータであるから，ドリルなどの正解不正解などは，即時に採点できる。タブレットは，紙に比べてはるかに効率的に利用できる。

つまり，採点機でもある。採点することは，子どもの学習動機付けには欠かせないが，教員が採点する時は，教室で子どもたちの周りを回って，神業のような素早さで採点するのをみて，驚いたことがある。教員はこのように忙しすぎて，子ども一人ひとりに対応できないのが現状であろう。タブレットのドリルのアプリを活用したい。

④タブレットの操作は易しく，どの子どもでもすぐに慣れる。操作のために時間をかける必要はなく，むしろ子どもが自ら問題を解いたり，課題を追求したりする，子どもが主体になる学習に適している。

どう授業デザインするかであるが，操作にあまり時間をかけなくてよい。今の子どもたちは，操作にすぐに慣れるのは，生まれた時からデジタル環境に慣れているので，操作法は直感的にわかるからである。それよりも，いかに課題を設定するか，どのようにタブレットの特性を生かすかという視点で，授業デザインをしたい。

⑤写真や映像をタブレットで見ることはできるが，見るだけでは学習効果はあがらない。見るだけよりも，指で触れる，下線を引く，メモするなどのアノテーションを付加して，動作をさせることで，学習効果が高くなる。計算するなどの複雑な動作が必要な場合は，紙と併用することが望ましい。アノテーションとは，注釈という意味で，下線を引く，蛍光ペンで強調する，コメントを書く，○や□で囲むなどのことをいうが，記憶の再生に有効だといわれている。

タブレットはコンピュータであるが，コンピュータと違う特性は，下線を引くなどのペンや指の操作にあると言える。子どもでも大人でも重要だと思えば，下線をひきたくなる。紙では鉛筆で簡単にできるが，コンピュータではキーボードかマウスなので，簡単ではない。つまり，特性からみると，タブレットはコンピュータよりも，紙に近いと言える。その特性を生かして，授業で指導するほうが，学習効果が高くなる。

小説は読むだけであり，下線を引く人はいない。それは，小説は楽しむものであり，学習する

目的ではないからだと，アメリカの研究者が述べているが，その通りである。学習には，必ず下線やメモや，何か動作が伴う。そして，その動作を簡便にできる道具性が重要である。その意味で，タブレットは，キーボードやマウスで操作するコンピュータよりも優れている。

⑥タブレットは，指で触れる，操作するなどの直接的な操作が可能である。紙は，文字や図表を鉛筆や指で触れても，何も変化は生じないが，タブレットは，子どもの操作に応じて，画面の内容が変わる。つまり，「応答する紙」と言ってもよい。そこで，簡単で直観的な操作をさせるような活動が，学習上効果的である。

画面を見ているだけでは，学習効果はあがらず飽きがくると指摘した。タブレットは指で画面の対象を，直接に動かすことができる。この直接に指でということが，学習にとって重要である。先に述べたように，動作を伴って学習することが，タブレットの特性であり，特に指で画面を触れることで，学習が促進される。例えば，足し算も引き算も掛け算も，二つの数の間の動作が介在している，需要と供給という概念も，二つの対象の間の動作や状態で表される，などのように考えれば，そこに動作が伴う。その動作を指で直接的にできる特性が，タブレットの良さであると言える。

3 情報活用能力の育成

1 情報活用能力の定義

この内容も，文科省の情報活用能力調査（小・中学校）の調査結果が参考になる。この調査は，2013年10月から2014年1月に調査されたもので，2015年3月に公表されたので，詳細は引用参考文献をご覧いただきたい（文部科学省，2015年3月）。

この節では，その概要の一部を述べる。先に情報活用能力は，3観点8要素に分類されると述べたが，それぞれの項目を以下に示す。

A. 情報活用の実践力
　A-1. 課題や目的に応じた情報手段の適切な活用
　A-2. 必要な情報の主体的な収集・判断・表現・処理・創造
　A-3. 受け手の状況などを踏まえた発信・伝達能力
B. 情報の科学的な理解
　B-1. 情報活用の基礎となる情報手段の特性の理解
　B-2. 情報を適切に扱ったり，自らの情報活用を評価・改善するための基礎的な理論や方法の理解
C. 情報社会に参画する態度
　C-1. 社会生活の中で情報や情報技術が果たしている役割や及ぼしている影響の理解
　C-2. 情報モラルの必要性や情報に対する責任

> データ16-6　小学生の低い通過率の問題例（通過率は17.9%）

D4S3　新しい公園ができるって！（通過率17.9%）
小問3　A2-2-1整理（A1-1-1操作・活用）：A4整理・解釈

> 問3　たろうさんのはんでは，平日の午後に公園を利用する人に，「公園でこまっていること」と「新しい公園で実げんしてほしいこと」を聞き取り調査（ちょうさ）することにしました。右のアからシのカードは聞き取ったことをかんたんにまとめたものです。
>
> 　カードを，右の表の見出しの当てはまるところにドラッグして入れましょう。
>
> 【カードの分類】
> ・黄色のカード　子どもたちの意見
> ・水色のカード　おとしよりの意見
> ・ピンクのカード　赤ちゃん連れの人の意見
> ・緑色のカード　その他，公園を利用していた人の意見
>
> ＊「ドラッグ」とは，マウスを左クリックしてカードを動かすことです。一度表に入れたものも，動かすことができます。

正答：・遊び道具（困る：ケ　実現：ア・ウ）
　　　・自　然　（困る：サ　実現：オ・ク）
　　　・設　備　（困る：エ　実現：コ・シ）
　　　・ボール　（困る：キ　実現：イ・カ）または（困る：キ・カ　実現：イ）

（出所）文部科学省（2015）。

C-3. 望ましい情報社会の創造に参画しようとする態度

　これらの観点や要素に応じて，問題を作成し，コンピュータを用いたテスト法（Computer Based Testing, CBT）で実施された。この結果が，現在の小中学生の情報活用能力の実態を示しているので，興味深い。代表的な結果だけを以下に示す。国レベルで，CBTで能力を測定したのは，この調査が初めてであり，貴重なテストと言える。

② **主な調査結果の概要**
すべてを掲載することは難しいので，興味深い一部だけを紹介する。
①小学生で，整理された情報を読み取ることはできるが，複数のWebページから目的に応じて，特定の情報を見つけ出し，関連づけることに課題がある。
②中学生についても，ほぼ上記の傾向はあるが，受け手の状況に応じて情報発信することに課題がある。

　具体的な問題で示したほうが分かりやすいので，**データ16-6**に示す。これは，小学生に出された問題の一部である。
　この問題は，小学生が，公園で困っていること，新しい公園で実現してほしいことについて，子どもからお年寄りまでの具体的な調査データを元に，分類するテストである。例えば，子ども

に聞いたら，ア）アスレチィックのような道具がたくさんほしい，公園を利用している人に聞いたら，サ）落ち葉がたくさん落ちると歩道がすべってあぶない，と答えた。このような回答が12個用意されていて，これらの意見を，遊び道具，自然，設備，ボールに分け，それぞれの分類の中で，さらに，困っていることと，実現してほしいことに，分類するというテストである。したがって，このように色々な意見を，複数の観点で関連づけなければならない。ア）は，遊びで，実現してほしい内容，サ）は，自然で，困る内容が，正解である。このような複数の観点で関連づけるには，思考力が必要であり，その力が弱いことが分かった。

同様に，中学生の問題例は，紙面の都合上省略するが，相手の状況に合わせて，どのようなメッセージを送ったらいいかという問題で，状況に応じた判断力が弱いことが分かった。図や写真で訴えるとか，誰へのメッセージかを明らかにして，スライドを作成したかをテストする問題で，通過率が39.1％であった。

このように考えると，情報活用能力は，学習指導要領に記されている，思考力・判断力・表現力に近い能力であることが分かる。この調査結果のさらに大きな知見は，日常の学習場面で，子どもたちの考えを表現させたり，情報を整理させたり，子どもたち同士のコミュニケーションを行わせたり，ICTを使った発表や調査などを多く行っている学校は，高い得点を示したことである。つまり，情報活用能力の育成は，このような高次の認知能力と強く関連しており，道具としてのICTは，その能力育成に役立っていると言える。

4 情報の光と影への対応

最後に，情報活用能力の1部でもあり，今日注目されている情報モラルの指導の仕方について，いくつかの実践事例に基づいて，以下述べておきたい（赤堀，2014）。

①デジタルには，光と影がある。効率的に情報を処理できるプラス面と，ネット依存症などのマイナス面の両面である。

すべての道具には，光と影がある。車も交通事故を起こせば，走る凶器になることは言うまでもない。そのために交通ルールを決めて車社会を安全に生きるような指導がされている。同じように，情報社会でも安全に生きることができるような指導が必要である。ただし，この教育は，学校だけでは無理であり，家庭や地域との連携が不可欠になっている。学校や教育委員会でも，そのような取り組みが多くなっている。

②その両面性は，薬と似た面があり，適度な使い方をすると，効果をもたらすが，薬が切れたり過度に使ったりすると，禁断症状や副作用が出てくることと，同じである。

この表現は比喩的であるが，現代社会で薬のお世話にならなかった人は，多分皆無であろう。必要不可欠なのである。しかし，使い過ぎや誤った使い方をすると，危険な事態になる。したがって，正しい使い方が必要になり，医者や薬剤師がアドバイスをして，薬の調合や診断をするように，学校教育できちんとした指導が必要になる。情報手段の正しい使い方は，情報活用能力の

一部である。

③その意味で，薬を正しく使うことと同じように，情報を正しく扱う能力が求められるが，これまでの研究から，メディアから逃げているだけでは身につかず，ある程度の経験が必要であると言える。

色々な研究や調査では，頭で理解しても態度や行動までには至らず，この意味で，学校教育の中で，疑似体験も必要である。例えば，社会科，道徳，総合的な学習の時間などで，情報モラルを扱い，実際の画面や被害などについても，話し合う必要がある。

④ゲームには，欧米と日本では受け取り方に文化的な見方の差があるが，例えば，競争する，得点化するなどのゲームの要素は，多くの学習場面に反映されている。

ゲームの学習弊害についてはよく言及されているが，ゲームにも光と影がある。日常の学習場面で，ゲーム化する指導はよくみられており，これも正しく取り入れることが求められている。ゲームを受けとる感覚は，日本人と欧米諸国では異なるようで，テレビゲームにはまってしまうことを心配することが一般的だが，それほど強力ならば，そのゲームの方法を，日常の授業に活かすことは自然である。ベテラン教員やALTの教員は，子どもの動機づけで，よく用いている。

⑤ゲームやデジタルには，いたずら書き，依存症，仮想と現実のあいまいさなどを，誘発するマイナス面があるので，ルールが必要である。

マイナス面を回避するには，ルールが必要であることは言うまでもない。ゲームとはある約束の元で行われる競技であり，ルールについて道徳の時間などで指導していきたい。基本は，ルールを守れるような自立する子どもを育てることである。

⑥その意味で，正しく使う能力，情報活用能力や情報リテラシーの育成が，ますます重要になってくる。その能力は，スマートフォンを使っているだけでは身につかず，基本的な知識を学習することが，効果的である。

先に述べたように，総合的な学習の時間，各教科・領域，中学校の技術，高等学校の教科「情報」での指導が求められており，これからさらに重要な能力となる。

⑦情報活用能力を高める具体的な方法として，ゲームやデジタルから離れてみる体験，予定表や時間割などによる時間の管理，完全さを求めない育て方，自然に触れさせる経験，家族も含めた人との対話，などが効果的である。

いくつかの学校での実践，教育委員会での取り組み，家庭における教育などでは，上記のような取り組みが効果的である。ノーメディアデーによってケータイに触れない日，予定表などによる自己管理，つまり自立する態度の育成，人とのコミュニケーションにおける，ゆるやかな感情のもち方，つまり機械で言えば，あそびや余裕があること，自然に触れて相手を認める態度の育成，そしてなによりも，家庭などで直接対話を通して相手を理解することなどが，有効な方法である。

Column

デジタル教科書の行方

　2015年に，デジタル教科書の有識者会議が文部科学省に設置され，関係者の注目を集めた。デジタル教科書は，指導者用と学習者用に分かれるが，学習者用を対象とした会議である。学習者用は，紙の教科書がすでに児童生徒に無償配布されているので，その紙の教科書を中止して，その代わりにデジタル教科書を無償配布するのかという考えが，すぐに浮かんでくる。紙の教科書が無くなると言われれば，本当かという声が聞かれるであろう。

　その背景は，デジタルの情報は，紙の情報である文字や図表に加え，動画，音声，アニメーションなど多様な情報を扱えるため，紙の教科書と併用する意味がないという意見である。紙の教科書が無くなると，教科書会社や印刷業者などへの影響は必至で，ほかにも大きな課題がある。教科書は検定をしなければならないが，デジタル教科書の中に出てくる，英語の発音の仕方や，映像やアニメーションなどを，教科書調査官は検定できるのか，また教科書会社は，指摘された個所を，決められた期間で修正できるのか，紙に比べてはるかに厳しいことは，当然である。また，著作権も同様である。そもそも教科書検定は紙教科書を前提として制定されているので，法改正が必要になる。

　費用もまた議論になる。教科書なので，児童生徒に1人ひとりに配布されるが，おそらくタブレット端末にインストールすることになり，その保守なども専門的な支援者がいないと難しい。また，授業中に故障したらどうするのか，という声がある。さらに，本当に紙の代わりになるのかという学習効果への疑問もある。紙には紙の良さ，デジタルにはデジタルの良さがあるので，両方を併用すべきだという声は多いが，それならば，デジタル教科書ではなく，デジタル教材で良いではないか，という意見や，教科書が主教材なので，デジタル副教材と言ってもよいが，もし副教材の位置づけならば，この有識者会議で議論する必要がない。財政的には両方の教科書を無償配布することは難しいと，財務省は答えている。

　いずれにしても，大きな議論が巻き起こっている。読者の皆さんは，どうお考えでしょうか。紙とデジタルの学習効果については，推薦図書を参照していただきたい。

引用参考文献

赤堀侃司『タブレットは紙に勝てるのか——タブレット時代の教育』ジャムハウス，2014年。

文部科学省生涯学習政策局情報教育課「学びのイノベーション事業実証研究報告書（概要）」2014年（http://jouhouka.mext.go.jp/school/pdf/manabi_no_innovation_report_gaiyo.pdf　2015年8月アクセス）。

文部科学省「情報活用能力調査（小中学校）」2015年（http://www.mext.go.jp/component/a_menu/education/detail/icsFiles/afieldfile/2015/03/24/1356195_1.pdf　2015年8月アクセス）。

設問

1．あなたの学校で，授業におけるICTの活用は，どのように実施されているか，述べなさい。そして，現状を改善する方法について，述べなさい。

2．情報活用能力の育成について，日ごろは意識しないことが多いが，正しく情報を収集・処理・発信することであり，教科やすべての活動の中で行われている。あなたの経験で，どのような場面で，情報活用能力が関連するか，述べなさい。

3．情報モラルは，今日的な重要な課題であるが，あなたは，どのように取り組む必要があると思うか，述べなさい。

推薦図書

- 赤堀侃司『タブレットは紙に勝てるのか──タブレット時代の教育』ジャムハウス，2014年
 著者の本で恐縮であるが，情報教育に関する基本的な考え方が網羅されている。タブレットと紙との違い，タブレットを用いた授業実践，メディアと教育の歴史，情報モラルの考え方や実践，情報社会での生き方などについて，解説している。
- D-project 編集委員会『つなぐ・かかわる授業づくり──タブレット端末を活かす実践52事例（Gakken ICT Books)』学研教育出版，2014年
 タブレットの活用は，今日的課題であるが，本書は，実際にタブレットを授業に使っている先生方の執筆による単行本で，明日からの授業にすぐに使える事例が豊富にあり，推薦したい。
- 赤堀侃司『タブレット教材の作り方とクラス内反転学習』ジャムハウス，2015年
 本書は，タブレット教材を簡単に作成する方法と，誰でもできるクラスの中で反転学習を行う教材の作り方を，紹介している。アプリの操作法も含めて，筆者が作成した25教材を紹介している，実践的な本である。

（赤堀侃司）

あ と が き

　一般に専門職の要件が知的な技能による社会的サービスの提供にあるとすれば，そのサービスの質を維持するためには「長期にわたる専門的訓練」を必要とする。その意味では「準専門職」と呼ばれる教師も例外ではなく，採用後においても「長期にわたる専門的訓練」が求められる。

　しかし，その「専門的訓練」は単に新しい技術の「使い勝手」を習得するだけではなく，技術を超えた不確実な状況への「自省力」を必要とする。実際，教師は校内においては児童生徒による授業評価を受け自らの実践者としての省察が求められている。一方，校外からは保護者や組織（学校運営協議会など）による学校評価を受け，自らの組織者としての省察が求められている。

　教員免許状更新講習は，その意味では「中堅」期の教師が自省的に自らの専門職としての力量を向上させる機会と考えることができる。

　本書は，「中堅」期の教師が個人としての役割のみならず組織の中核（ミドルリーダー）として，広く教育の制度や現象，さらに学校の制度や経営，そして教育実践の方法を自省的に学ぶための指針として編集した。

　本書は，教員免許状更新講習制度の改正に対応した質の高い新しいテキスト及び参考書としての内容となっている。実際，世界の教育動向，教育相談，キャリア教育，学校の危機管理，学校と地域との連携など，多くの領域を設定し，個々の領域で研究実績と力量のある研究者の方々に執筆を依頼した。

　そのため，編著者として本書の初稿を通読した時，自らが改めて多くのことを学ぶことができたと感じる。執筆者の方々に改めて感謝したい。

2015年10月22日

編著者　篠原清昭

索　引

◆ あ 行 ◆

ICT　195, 200
ICT 環境　200
アカウンタビリティ　71, 88, 147
アクティブ・ラーニング　48, 70, 73, 161
生きる力　156
いじめ　14, 15, 118, 120
いじめ防止対策推進法　76
いじめ問題　155
一斉学習　198
居場所　40, 41
異文化理解　181, 185, 188, 190, 191, 194
インクルーシブ教育　27, 30
インターンシップ　136
インフォームド・コンセント　147
APDSI論　68
エデュケーショナル・マインド　16

◆ か 行 ◆

外国語活動　172
外国人児童生徒　182, 185, 186, 192, 194
外国にルーツのある子ども　181, 184, 185, 190, 191, 192
外発的学校改善　92, 100
外部評価　148
カウンセリング　119
カウンセリング・マインド　37, 41, 117
格差構造　38
学習指導要領　196
学習障害　29
学力向上策　9, 10
学力問題　14
過重労働　81
課題遂行機能　42
学級崩壊　51
学校運営委員会　3
学校運営協議会　1, 57, 139
学校会議　3
学校改善　89-91, 99
学校関係者評価　6, 145
学校教育法　66
学校教育法施行規則　66
学校経営改革　88, 92, 93
学校支援地域本部　142
学校支援ボランティア　140
学校のガバナンス　143

学校の危機管理　101
学校の教育目標・計画　90
学校の裁量権　3
学校の自主性・自律性　55
学校の情報提供　97
学校の責任　103
学校の説明責任　146
学校の組織特性　59
学校ビジョン　94
学校評価　6, 9, 72
学校評議員　57, 139
学校評議員制度　57
学校評議会　3
学校法　77
学校理事会　2, 3, 147
カリキュラム　64, 65, 67
カリキュラムデザイン　71
カリキュラムの開発　68, 70, 95
カリキュラムの実施　68
カリキュラムの評価　68, 71, 72
カリキュラムの編成　68
カリキュラムマネジメント　63, 67, 68
管理責任　110
管理評議会　3
官僚制　21
危機管理能力　103
記述式評価　166
基礎的・汎用的能力　44, 48, 132, 134, 137
寄附金　82
寄附文化　82
ギャップ・アプローチ　99
CAPD論　68
キャリア　129
キャリア教育　43, 45, 127-129, 132, 134
教育意識　21, 23
教育改革国民会議　54, 139
教育改革プログラム　140
教育課程　64
教育課程の届出　67
教育課程編成の根拠　65
教育関係法の体系　76
教育基本法　66
教育基本法改正　75
教育効果　200
教育再生実行会議　145
教育相談　116
教育相談体制　116, 122

教育的ニーズ　27, 31, 33
教育の情報化　195
教育の目標　75
教育法　75
教員研修　200
教員の地位に関する勧告　14
教科「情報」　196
教科の特性　200
教師の勤務時間　6, 7
教師の自己効力感　6
教職アイデンティティ　13
教職専門性　17, 18, 23
教職像　18
協働学習　198
緊急対応　106
近代学校制度　17, 18
勤務場所外研修　83
クライシス・コミュニケーション　106
グローバル化に対応した英語教育改革実施計画　175
経営　57
ゲーム　205
権利としてのキャリア教育　136
高機能自閉症　29
校則　80
校長の資格　4, 5
校長の属性・資格　4
校長の年齢　5
校長の平均年齢　4
校長のリーダーシップ　56, 59
校務総理権　84
校務分掌　95, 96
合理的配慮　30, 31
個業化指向　87
心の居場所　40
心の危機管理　108
子ども観　20, 21, 23
個別学習　198
コミュニティ・スクール　1, 57, 139
コンプライアンス　105

◆ さ 行 ◆

査察　8
参加　22
SHELLモデル　111
思考力・判断力・表現力　204
自己管理　205
自己指導能力の育成　37
自己評価　6, 147
資質・能力　158
支持的風土　42

自主研修　84
シティズンシップ教育　159
児童虐待相談件数　39
児童虐待防止法　39
指導内容　158
事務処理特例制度　77
社会スキル　43
社会的・職業的自立　135
社会的なリテラシーの育成　43
社会の持続可能な発展　160
宗教教育　81
宗教的情操の教育　80
終身雇用制　130
集団維持機能　42
授業デザイン　201
主権者教育　136
守秘義務　83
準拠集団　42
障害者の権利に関する条約　30
小学校外国語活動実施状況調査　172, 178
省察的実践者モデル　22
情報活用能力　196, 202, 205
情報活用の実践力　202
情報教育　195
情報社会に参画する態度　202
情報手段　196
情報の科学的な理解　202
情報モラル　163, 196, 204
条例　77
職員会議　56
職業教育　129
職場体験活動　134
職務専念義務免除　83
所属集団　42
ジョハリの窓　149
人格の完成　129
進路指導　127
数学的リテラシー　11
スクールカウンセラー（SC）　46, 84, 115, 122
スクールソーシャルワーカー（SSW）　46, 84, 122
スクールリーダー　69, 70
ステーク・ホルダー　143
ストレングス　31
スマートフォン　205
生活指導統一基準　76
政権交代　76, 77
政治教育　83
生存権　77
生徒指導提要　43
説明責任　110
潜在的カリキュラム　65

専門職性　19, 21, 22
専門性　18, 20, 22
相対的貧困率　38
相談機関　124
組織過程　90
組織の変革プロセス　90
組織マネジメントサイクル　68
組織類型　87, 96

◆　た　行　◆

体験的な学習　155, 161-163, 166
第三者評価　6, 148
第2期教育振興基本計画　44
体罰　16, 79
多動性障害　29
タブレット　200, 201
多忙化　13, 14, 16
多面的・多角的　157
チームとしての学校　95
地方教育行政の組織及び運営に関する法律　66, 145
注意欠陥　29
懲戒　16
出口教育　136
出口指導　128
寺子屋　17
2E／二重の特別支援教育　121
同調圧力（ピア・プレッシャー）　119
道徳科の新しい目標　156
道徳科の指導内容　158
道徳科の指導方法　160
道徳科の評価方法　165
道徳教育推進教師　159, 167
道徳教育と「行動の記録」　166
道徳教育の認知的，情緒的，行動的側面　156
道徳教育の目標　156
道徳性　156, 157, 165
道徳性の育成　166
道徳的実践の場　164
特別活動　164
特別活動等の体験活動との関連づけ　164
ドリル　201

◆　な　行　◆

内発的学校改善　92, 100
内容項目の変更　158
ナショナル・カリキュラム　10
日本国憲法　66
日本語指導　182, 183, 185-187, 194

◆　は　行　◆

ハームプリンシプル　79
パターナリズム　79
発達障害　27, 29
発達障害者支援法　28
発達段階　134, 162
パフォーマンス評価　165
パブリシティ対応　110
PFA（サイコロジカル・ファーストエイド）　108
PDS論　68
PDCA論　68
評価情報　93
評価の導入　165
開かれた学校づくり　139
貧困の世代間連鎖　38
部活動指導　81
不登校　51, 119, 120
プレイング・マネジャー　58
プレゼンテーション　201
分散型リーダーシップ　91
法化現象　76
法教育　159
法的教育実践　78
ポートフォリオ評価　165
保護者対応　107
保護者面談の進め方　107
ポジティブ・アプローチ　99
ポストモダン　52

◆　ま　行　◆

マトリクス組織　95
学びのイノベーション事業　198
マネジメント　58
ミドル・アップダウン・マネジメント　91
ミドルリーダー　87, 91-99
民間人（出身）校長　57, 59
目的効果基準　78, 81
モニトリアム・システム　17
問題解決的な学習　155, 161, 162, 166

◆　や　行　◆

有形力の行使　79
ユニバーサルデザイン　33
指の操作　201
読み書き能力　177
読む道徳　160

◆　ら　行　◆

ライマー，エヴァレット　55

ラポール　41
リーガリズム　75
リーガル・マインド　14, 16
リーダーシップ　58, 60
リスク　103

リタラシー指導　177
リレーション　41
臨界期仮説　170
ルール　205
連携　98

執筆者一覧（所属，執筆担当，執筆順，＊編者）

＊篠原　清昭（岐阜大学教職大学院教授　まえがき・第1章・あとがき）
　辻野　けんま（上越教育大学教職大学院准教授　第2章）
　平澤　紀子（岐阜大学教職大学院教授　第3章）
　原田　信之（名古屋市立大学大学院人間文化研究科教授　第4章）
　末松　裕基（東京学芸大学教育学部講師　第5章）
　山﨑　保寿（静岡大学教職大学院教授　第6章）
　佐々木　幸寿（東京学芸大学教授　第7章）
　大野　裕己（兵庫教育大学教職大学院准教授　第8章）
　阪根　健二（鳴門教育大学大学院教授　第9章）
　片山　紀子（京都教育大学教職大学院教授　第10章）
　若槻　健（関西大学文学部准教授　第11章）
　佐藤　晴雄（日本大学文理学部教授　第12章）
　柳沼　良太（岐阜大学教職大学院准教授　第13章）
　アレン玉井　光江（青山学院大学文学部教授　第14章）
　臼井　智美（大阪教育大学准教授　第15章）
　赤堀　侃司（東京工業大学名誉教授　第16章）